高等院校经济管理核心课程精品教材

# 市场营销学


主　编　朱媛玲

副主编　朱丽蕊　甄玉敏

参　编　田雨露　艾美杰
　　　　李中梅　刘　洋
　　　　李圣状



上海财经大学出版社

**图书在版编目(CIP)数据**

市场营销学/朱嫒玲主编．—上海：上海财经大学出版社，2015.9
(高等院校经济管理核心课程精品教材)
ISBN 978-7-5642-2255-0/F·2255

Ⅰ.①市… Ⅱ.①朱… Ⅲ.①市场营销学-高等学校-教材
Ⅳ.①F713.50

中国版本图书馆 CIP 数据核字(2015)第 203847 号

□ 责任编辑　李宇彤
□ 封面设计　钱宇辰

SHICHANGYINGXIAOXUE

**市 场 营 销 学**

主　编　朱嫒玲
副主编　朱丽蕊　甄玉敏
参　编　田雨露　艾美杰
　　　　李中梅　刘　洋
　　　　李圣状

上海财经大学出版社出版发行
(上海市中山北一路 369 号　邮编 200083)
网　　址：http://www.sufep.com
电子邮箱：webmaster @ sufep.com
全国新华书店经销
江苏凤凰数码印务有限公司印刷装订
2015 年 9 月第 1 版　2021 年 8 月第 2 次印刷

787mm×1092mm　1/16　16 印张　409 千字
印数：4 001—4 500　　定价：35.00 元

# 前言

市场营销学是一门建立在经济科学、行为科学和现代管理理论基础上的应用学科，它研究以满足消费者需求为中心的企业营销活动过程及其规律性，具有综合性、实践性、创新性等特点。在市场竞争激烈的今天，它已经成为指导企业发展的必要的营销思想和理念，而且营销思想已经成为新一代人的核心思维方式。营销无处不在，时刻影响着我们每一个人。

本教材以培养学生应用能力为目标，注重培养其实践能力和创新能力，为此，本教材以市场营销基本理论为研究框架，精炼地阐述了市场营销的基本原理、营销战略和营销策略。为了使学生能够更好地掌握理论与方法，每章设置了学习目标和案例导入，采用营销小链接的方式对关键知识点进行说明，并利用知识拓展方式对知识进行深层次拓展，以有效提升学生学习的灵活性。课后习题中包含了理论与操作部分的题目，强调应用性，在帮助学生巩固理论知识的同时提高其实际操作能力。

本教材力求吸纳国内外市场营销理论研究和应用研究的最新成果，内容紧跟营销学科前沿理论，实用性强，思路创新。本书既可作为应用型本科、大专学生市场营销课程的实用性教材，也可作为商科类高职高专、中职学校市场营销专业的教材，还可作为企业营销人员的培训教材和参考书、工具书。

本教材在编写过程中直接借鉴了国内外大量市场营销研究学者的研究成果，在此表示由衷的感谢。由于时间仓促，水平有限，书中难免存在疏漏和不妥之处，敬请广大读者及同行提出宝贵意见和建议。

编者

2015 年 7 月

# 目　录

# 第一章
# 市场营销学导论

**【学习目标】**

1. 建立对市场营销学的基本认识，并深刻理解学习市场营销学的重要性；
2. 了解市场的含义、分类及市场营销的一般概念；
3. 明确市场营销管理的理论体系及主要内容；
4. 掌握市场的三要素、市场营销的内涵；
5. 了解企业营销观念的发展和演变。

**【案例导入】**

**让奥运金牌托起孩子的希望**

在奥运期间，海尔正式启动了"一枚金牌，一所希望小学"计划，即在北京奥运会上，中国运动员每获得一枚金牌，海尔就将为贫困地区的孩子捐建一所希望小学。

为期17天的北京奥运会已经圆满闭幕，通过健儿们的奋力拼搏，中国体育代表团交出了一份优异的答卷，在邹市明和张小平为中国夺得两枚奥运拳击金牌之后，中国以51枚金牌的成绩傲居金牌榜第一，并在女子体操、射箭、击剑、赛艇、蹦床、拳击等多个项目上取得了历史性的突破。

相应地，海尔"一枚金牌，一所希望小学"计划也遍地开花——共捐建希望小学51所，遍布全国25个省，其中就包括四川北川地震灾区的15所，3万多名贫困地区的孩子也因此收获了"希望"，有了新的学校。

海尔的这项计划不但完美地诠释了奥运精神，更使金牌"增值"，承载了更为深刻的社会意义。海尔集团新闻发言人张铁燕表示，海尔一直积极支持希望工程，将反哺社会、致力公益作为企业的使命，而北京奥运会是全人类的盛会，是中国的盛事，所以海尔的"一枚金牌，一所希望小学"计划就是为了让更多贫困地区的孩子也能感受到奥运的喜庆气氛，分享奥运带来的"希望"。

**思考：**

1. 海尔的"一枚金牌，一所希望小学"计划体现了哪一种营销管理哲学或观念？

2. 在这项计划中，海尔是如何处理有关各方的利益的？

3. 海尔这项计划的社会意义是什么？

# 第一节　市场营销学概述

## 一、市场及其分类

在现代市场经济条件下，市场是一切经济活动的集中体现。从生产企业到消费者个人，无不与市场有着千丝万缕的联系。市场是所有企业从事生产经营活动的出发点和归宿，是不同国家、地区、行业的生产者相互联系和竞争的载体。

### (一)市场的含义

市场，对于我们并不陌生。早在我国古代就有了用于商品交换的"市场"。古人所说的"随行就市"就是对市场的认识。关于市场的说法非常多，其内涵也非常丰富。具体来说，可以从以下几方面来理解：

在日常生活中，人们习惯将市场看作买卖的场所，如集市、商场、批发市场等，这是从时间和空间来理解市场的概念。

经济学家从揭示经济实质角度提出市场概念。他们认为市场是一个商品经济范畴，是商品内在矛盾的表现，是供求关系，是商品交换关系的总和，是通过交换反映出来的人与人之间的关系。经济学家指出，市场是社会分工和商品生产的产物。

管理学家则侧重从具体的交换活动及其运行规律去认识市场。在他们看来，市场是供需双方在共同认可的条件下所进行的商品或劳务的交换活动。

著名营销学家菲利普·科特勒从生产者角度进一步指出：所谓市场，是指某种产品的实际购买者和潜在购买者的集合。这些购买者具有某种欲望或需要，并且能够通过交换得到满足。因此，市场规模取决于具有这种需要及支付能力，并且愿意进行交换的人的数量。一般来说，他们往往把卖方的集合称为行业，而将买方称为市场。

由此可知，市场营销学中的市场由三部分组成，即人口、购买力和购买欲望三个要素。用公式表示为：

市场＝人口＋购买力＋购买欲望

(1)人口。人口是构成市场的第一要素，人口数量的多少直接决定着市场的规模和容量，而人口的构成及其变化则影响着市场需求的构成和变化。

(2)购买力。购买力是指消费者具有购买商品或劳务的货币支付能力，它是构成现实市场的物质基础。购买力的高低由消费者的收入水平决定。

(3)购买欲望。购买欲望是指消费者内在发出的购买商品或劳务的动机、愿望和需求，它是使消费者的潜在购买力转化为现实购买力的必要条件。

人口、购买力和购买欲望三个要素互相制约，缺一不可。只有三者结合起来，才能构成现实的市场。

### (二)市场的类型

从不同的角度和层次,市场可以划分为各种不同的类型。

1. 按流通领域划分,市场可分为国内市场和国际市场

国内市场可以分为当地市场、区域市场和全国市场,也可以分为城市市场和农村市场等;国际市场可以分为单一外国市场、多国市场和全球市场。

2. 按商品属性划分,市场可分为一般商品市场和特殊商品市场

一般商品市场指的是狭义的商品市场,又称货物市场,即消费品市场和工业品市场;特殊商品市场是指为满足人们对资金及各种服务的需要而设立的市场,包括金融市场(或资本市场)、劳动力市场和技术信息市场等。其中,一般商品市场是市场营销学的主要研究对象。

3. 按购买主体划分,市场可分为消费者市场和组织市场

消费者市场又称最终产品市场,是指个人或家庭为满足生活需求而购买产品和服务的市场。组织市场是各种组织为了生产、销售、维持组织运作或履行组织职能而购买产品和服务的市场。组织市场根据购买主体的不同,又分为生产者市场、中间商市场、非营利组织市场和政府市场。

## 二、市场营销的含义及核心概念

### (一)市场营销的含义

关于市场营销的含义,国内外学者对其有上百种定义,企业界的理解更是各有千秋。著名现代营销学家、美国西北大学教授菲利普·科特勒指出:“市场营销是与市场有关的人类活动,市场营销意味着和市场打交道,为了满足人类需要和欲望,去实现潜在交换。”“市场营销是一种社会过程:个人和团体通过创造以及与别人交换产品和价值来满足其需要和欲望。”科特勒把市场营销定义为企业的活动,其目的在于满足目标顾客的需要,以此实现本企业的目标。这是一个微观的定义。

美国市场营销协会(AMA)对于市场营销的一系列表述被视为营销领域的权威定义。1960年,AMA定义委员会提出:“市场营销是引导货物和劳务从生产者流转到消费者所进行的一切企业活动。”1985年,AMA修订了对市场营销的表述,提出“市场营销是计划和执行关于商品、服务和创意的观念、定价、促销和分销,以创造符合个人和组织目标的交换的一种过程”。2004年,AMA对市场营销所下的定义是:市场营销是一项有组织的活动,它包括创造价值、向顾客沟通和传递价值,以及维系企业与顾客之间的关系,从而使企业和相关者都受益的一系列过程。由此,我们可以从以下几个方面理解市场营销的含义:

第一,市场营销分为宏观和微观两个层次。宏观市场营销是反映社会的经济活动,其目的是满足社会需要,实现社会目标。它由三部分构成:(1)国家、企业和政府三个参加者;(2)资源和产品两个市场;(3)资源、货物、劳务、货币及信息五个流程。微观市场营销是一种企业的经济活动过程,它是根据目标顾客的要求,生产适销对路的产品,从生产者流转到目标顾客,其目的在于满足目标顾客的需要,实现企业的目标。

第二,市场营销与推销、销售的含义不同。市场营销包括市场研究、产品开发、定价、促销、

服务等一系列经营活动。而推销、销售仅是企业营销活动的一个环节或部分，是市场营销的职能之一，不是最重要的职能。

第三，市场营销的内涵随着社会经济的发展而不断变化和扩充。第二次世界大战前的几十年只强调推销和销售，今天，市场营销已发展为系列化的经营过程，随着企业营销实践的发展而不断丰富其内涵。

第四，市场营销活动的核心是交换，但其范围不仅限于商品交换的流通过程，还包括产前和产后的活动。产品的市场营销活动往往比产品的流通过程要长。现代社会的交易范围很广泛，已突破了时间和空间的壁垒，形成了普遍联系的市场体系。

本教材是采用著名营销学家菲利普·科特勒教授的定义：市场营销是个人和群体通过创造并同他人交换产品和价值以满足需求和欲望的一种社会和管理过程。

**（二）市场营销的核心概念**

为了更好地理解和掌握市场营销的内涵，还需要了解与市场营销相关的几组核心概念。

1. 需要、欲望与需求

（1）需要。人类的需要与欲望是市场营销的基石。需要是指人类没有得到某些基本满足的感受状态。如人们需要食物、衣服、栖身之处以及安全、归属和受尊重。这些需要是人们与生俱来的，存在于人类自身生理和社会之中，市场营销者只能用不同方式去满足它，但不能凭空创造。

（2）欲望。是指人们想得到上述某些基本需要的具体满足物的愿望，是个人受不同文化及社会环境影响表现出来对需要的特定追求。如为满足充饥的需要，美国人可能选择汉堡包，中国人可能选择米饭或面条。市场营销者无法创造需要，但可以影响欲望，并通过创造、开发及销售特定的产品和服务来满足欲望。

（3）需求。是指人们有能力购买并且愿意购买某个具体产品的欲望。当具有购买能力时，欲望便转化为需求。很多人都想拥有一套乡间别墅，但只有极少数人能够买得起。对于企业来说，有支付能力的欲望才能形成现实的需求。市场营销者最重要的任务就是分辨出消费者的购买力层次，挖掘他们的需求并最大限度地满足他们的需求。

2. 产品

产品是能够满足人的需要和欲望的任何东西。产品的价值不在于拥有它，而在于它给我们带来的对欲望的满足。人们购买小汽车不是为了观赏，而是为了得到它所提供的交通服务。产品实际上只是获得服务的载体。这种载体可以是有形物品，也可以是无形的“服务”，如人员、地点、活动、组织和观念。市场营销者必须清醒地认识到，其创造的产品不管形态如何，如果不能满足人们的需要和欲望，就必然会失败。

3. 交换、交易和关系营销

（1）交换。交换就是通过提供某种物品（包括劳务）作为回报，从他人那里取得自己所需物品（或劳务）的行为。交换的发生必须符合以下条件：第一，至少有两方；第二，每一方都被对方认为拥有有价值之物；第三，每一方都能沟通信息和传送物品；第四，每一方都能自由接受或拒绝对方的物品；第五，每一方都认为与另一方交换是称心如意的。具备了上述条件，就有可能发生交换行为。但交换能否真正发生，取决于双方能否找到交换条件，即交换之后双方都比交换前更好。因此，交换被描述成一个价值创造的过程。

（2）交易。交换是一个过程而不是一个事件或行为，而交易仅仅是一种行为。交易是指交换双方之间的价值交换,它是交换活动的基本组成单位。如 A 把 X 给 B,以此换得 Y,这就是交易。如果双方正在谈判,并趋于达成协议,则意味着他们正在进行交换;而一旦达成协议,我们就说双方发生了交易。

(3)关系营销。关系营销是指企业与其顾客、分销商、供应商等建立、保持并加强合作关系,通过互利交换及共同履行诺言,使各方实现自己目的的营销方式。建立在交易基础上的营销称为交易营销,而关系营销则是交易营销的进一步发展,它可以使企业获得比交易营销更多的利益。关系营销可以节约交易的时间和成本,使市场营销宗旨从追求每一笔交易最大化转向追求各方利益的最大化。

4. 顾客价值与顾客满意

(1)顾客价值。顾客价值是指顾客购买产品时获得的价值与为取得该产品所付出的成本之差。顾客并非能经常准确客观地判断产品价值,他们是根据自己所理解的价值来行事的。

(2)顾客满意。顾客满意是指顾客将产品满足其需要的感知效果与其期望进行比较所形成的感觉状态。

顾客是否满意,取决于其购买后实际感受的绩效与期望的差异:如果绩效小于期望,顾客就会不满意;如果绩效与期望相当,顾客就会基本满意;如果绩效大于期望,顾客就会非常满意。

顾客期望的形成,取决于顾客过去的购买经验、朋友和同事的影响,以及营销者和竞争者的信息与承诺。如果企业使顾客期望过高,则容易引起购买者的失望,降低顾客满意度。但是,如果企业把期望定得过低,虽然能使顾客满意,却难以吸引大量的购买者。

顾客对满足其需要的感知效果是,企业通过营销努力而提供给消费者的产品价值或实际利益。它既是企业的预期,也是顾客通过购买和使用产品的一种感受。顾客将这种感受同期望进行比较,就会形成自己对某种产品、品牌的满意、不满意或十分满意。

企业怎样才能提高顾客价值并保持较高的顾客忠诚度呢?方法有很多,但从根本上讲,是向顾客传递较高的顾客让渡价值。

顾客让渡价值是指企业传递给顾客且能让顾客感受到的实际价值,它一般表现为顾客购买总价值和顾客购买总成本之间的差额。这里的顾客购买总价值是指顾客购买某一产品或服务所期望获得的一系列利益,包括产品价值、服务价值、人员价值和形象价值。其中,产品价值是由产品的功能、特性、品质、品种与式样等所产生的价值;服务价值是指伴随产品实体的出售,企业向顾客提供的各种附加服务,包括产品介绍、送货、培训、维修保养、技术培训等;人员价值主要指企业员工的素质,比如知识、技能、责任心、沟通能力等;形象价值主要指企业及其产品在社会公众中形成的总体形象所产生的价值。顾客购买总成本是顾客购买某一产品所耗费的时间、精力以及所支付的金钱等成本之和,包括货币成本、时间成本、体力成本和精神成本。由此可见,提高顾客让渡价值必须从提高顾客购买总价值、降低顾客购买总成本两个方面进行。提高顾客购买总价值,就是要提高产品价值、服务价值、人员价值和形象价值;降低顾客购买总成本,就是要降低货币成本、时间成本、精神成本和体力成本。如图 1—1 所示。

值得注意的是,提高顾客让渡价值会增加企业的成本,导致利润率降低。这就需要处理好两者之间的平衡关系,达到企业与顾客利益的平衡。

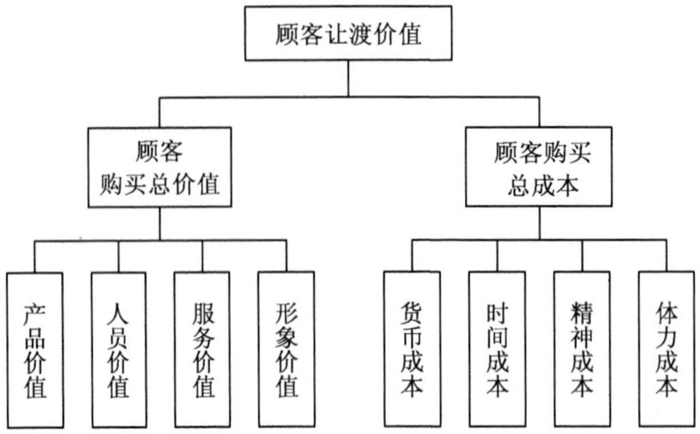


**图 1—1　顾客让渡价值**

## 营销小案例

“残缺”的“产品”

这是一家全球化的庞大的电梯维修企业，但是由于顾客关系管理出了点问题，有一段时间企业一直亏损。为了找出顾客流失的真正原因，企业进行了一次大规模的顾客调查。调查表是建立在“维修和养护可以为顾客提供有益的服务”这样一个前提下的。定量分析和调查的结果表明，这家企业的服务质量低劣，而且服务价格过高。这样的结果明显与现实不相符合，作为一家最重要的电梯维修企业，他们的员工接受了最好的培训，他们拥有最好的检测设备、最好的维修工具和设备，维修所需的配件种类也是最齐全的。

为了反映真实的情况，找到根本的原因，公司进行了第二次调查。调查对象包括 100 名曾接受过服务的顾客，也包括那些办公楼和家属住宅楼的顾客。

虽然对调查结果进行了一些修正，但是流失顾客所表述的意见却基本上是一致的：

“我们非常清楚贵公司拥有一流的设备和一流的员工，也知道大多数情况下你们的工作是令人满意的，但是我们对你们提供服务的方式感到不舒服，也无法相信贵公司的维修人员能像你们承诺的那样开展维修工作，而且你们通常对诸如维修准确时间之类的问题不做出承诺。虽然公司一些维修人员能够对顾客所关心的问题表示关注，但大多数的维修人员却表现出冷漠的态度，甚至扔下未修完的电梯扬长而去。对这些行为我们无法忍受，作为贵公司的顾客会感觉很累、很复杂。所以，我们认为你们的服务质量低劣，而且价格过高。”

## 三、市场营销学的产生与发展

市场营销学从产生到现在大体上经历了四个阶段：

### (一)形成阶段

市场营销学于 19 世纪末 20 世纪初创建于美国，在这段时期，一些主要的资本主义国家先后完成了工业革命，垄断组织加快了资本的积聚和集中，使生产规模迅速扩大。企业为了扩大销售而绞尽脑汁，迫切需要有科学的销售方法、技巧引领，以刺激需求。为适应这种经营实践活动的需求，一些经济学家开始对市场进行研究。1902 年，美国一些大学正式开设了市场营销学课程。1912 年，第一本以“Marketing”命名的教科书问世于美国的哈佛大学。但是，这一时期的市场营销学还缺乏明确的理论体系,研究的内容主要侧重于实体分配和推销方法,而且研究仅局限于大学,所以在当时还没有形成广泛的社会影响。

**(二)发展阶段**

20世纪30年代到第二次世界大战结束是市场营销学的发展时期。1929～1933年资本主义国家爆发了空前的经济危机,社会购买力急剧下降,生产严重过剩,产品销售困难。这时,关系到企业存亡的根本问题是:如何将产品销售出去?为适应这种新的形势,企业家们把主要精力转移到流通领域,注重市场调查、市场预测以及推销术和广告术的运用,用各种方法刺激顾客需求,并在实践中积累了丰富的资料和经验。与此同时,市场营销学科研究大规模开展。1926年美国建立了"全国市场学和广告学教员协会"。在此基础上,1931年又成立了美国市场学协会(American Marketing Association,简称AMA),并在全国组织了几十所分会,培养了大量的营销管理人才,对市场营销学的普及和发展起到了重要的推动作用。至此,市场营销学得到了长足发展,并在企业经营实践中广泛应用。但在这一阶段,营销研究主要集中在销售推广方面,应用范围基本上仍局限于商品流通领域。

**(三)变革阶段**

20世纪50年代至70年代为现代市场营销学的变革时期。第二次世界大战结束以后,各国经济由战时经济转为民用经济。战后经济的恢复及科学技术的发展,促进了西方国家经济的发展。以美国为例,社会劳动生产率迅速提高,产量剧增,花色品种不断翻新。从社会需求方面看,垄断资产阶级接受了第一次世界大战到1930年的教训,采用一系列刺激购买力的措施和政策,尽最大可能挖掘社会需求潜力,从而出现了消费者需求和欲望的新变化。尽管如此,生产和消费之间的矛盾仍然非常尖锐。劳动生产率的提高相对来说超过了人们消费水平提高后所能实现的消费能力,买方市场全面形成。而且企业所面临的是一个非常复杂的需求市场,社会需求复杂化、多样化,需求周期相对缩短。可以看出,在这种复杂的市场环境下,以推销术为主体的旧的市场营销观念已经完全不适应企业的需要。于是,出现了市场营销学的"革命",即形成了"以消费者为中心"的现代市场营销学的概念、原则和理论体系。

**(四)创新阶段**

20世纪80年代至今是现代市场营销学的创新阶段。市场营销理论在指导企业的市场营销实践中作出了重要的贡献。但20世纪80年代以来随着市场竞争的日益加剧和营销环境的不断变化,常规的市场营销理论及方法已显露出某种局限和不足。一般的营销理论认为,社会、文化、法律等一系列外部环境都是不可控制的,企业在制定营销决策时,只能通过它的"可控要素",即营销组合去适应外部环境变化。1984年以后,科特勒提出了"大市场营销"理论,他认为在以往的营销组合策略中,必须加上两个新的重要因素,即权力(power)和公共关系(public relations),这两个新的营销战略手段的目标在于,打破封闭的或被保护的市场,即"进入某特定的市场或者在某特定的市场上开展经营,而运用经济、心理、政治和公共关系等手段,以获得外国或地方各有关方面的合作与支持"。大市场营销理论是20世纪80年代西方市场营销战略思想的新发展,这一崭新的营销理论,为企业在营销中打破各种市场"壁垒"、成功开展市场营销活动提供了有力的武器。20世纪90年代,国际经济与贸易日益呈现出一种全球化和一体化的趋势,国际竞争空前激烈。为适应这种变化和发展趋势,全球管理理论应运而生。全球营销理论在审视世界市场时，其角度与视野都发生了某些本质上的变化。它突破了国界的概念，从世界市场范围来考虑企业营销战略的发展，以求取得企业的综合竞争优势。全球营销管理理论的形成与发展，使国际营销管理不仅在理论上更加成熟，而且在更大的规模和更广泛的意义上拓展了国际化企业在全球市场上开展营销活动的战略思想。

**营销小知识**

著名营销大师——菲利普·科特勒

菲利普·科特勒生于1931年，是当代世界营销学权威之一，也是对全球经济发展最具影响力的十位管理大师之一，现任美国西北大学凯洛格管理学院终身教授，具有麻省理工学院博士、哈佛大学博士后及苏黎世大学等其他8所大学的荣誉博士学位。

科特勒出版了许多成功著作，主要有《营销管理》《非营利机构营销学》《新竞争与高瞻远瞩》《国际营销》《营销典范》《营销原理》《社会营销》《旅游市场营销》《市场专业服务》，以及《教育机构营销学》《亚洲新定位》和《营销亚洲》等。此外，他还在一流刊物上发表了100多篇论文。作为营销领域的杰出领先者，他获得过许多重大奖项，并且是唯一得过三次"阿尔法·卡帕·普西奖"的学者，该奖是专门奖励发表在《营销学》杂志上"最优秀年度论文"的作者的。

## 四、市场营销学的性质及研究方法

### （一）市场营销学的性质

市场营销学是一门建立在经济科学、行为科学、现代管理理论基础之上的，研究以满足消费者需求为中心的企业市场营销活动及其规律性的综合性应用科学。从历史上看，市场营销学是从西方经济学中分化出来的一门独立学科，其在发展过程中不断吸纳了经济学、管理学、社会学、行为学等多门学科的相关理论，形成了自己的理论体系。然而，市场营销学本身不是一门经济科学，而只是一门经济方面的应用科学，是一门具有综合性、边缘性特点的应用科学，也是一门研究经营管理的"软科学"。从某种意义上来说，市场营销学不仅是一门科学，而且是一门艺术。

### （二）市场营销学的研究方法

1. 消费者研究法

消费者的需求和欲望是市场营销的起点，根据消费者需求的不同，采用适当的营销策略是企业经营的重要原则。因此，根据消费者收入不同、社会阶层不同、生活方式不同来研究消费者需求的特点及发展变化规律并制定正确的营销策略，是研究市场营销的重要方法之一。

2. 商品研究法

这种研究方法是研究特定的商品或商品大类，研究各类商品，如农产品、纺织品、机械产品等如何生产以及怎样分销到不同的经销商和最终消费者等。其优点是具体实用；缺点是有许多共同的方面，易造成重复。这一方法的研究结果形成了各大类商品的市场营销学，如农产品市场营销学等。

3. 机构研究法

这种研究方法主要研究分销系统中的各种机构的性质、职能和发展，包括生产企业、批发企业和零售企业，金融、保险、运输等各种辅助机构的具体职能等。其研究结果形成了批发学、零售学等。

4. 管理研究法

这是从管理决策的角度来研究市场营销问题。它脱离了具体的商品和具体的业务，把一般的概念抽象出来，然后与企业的经营管理密切结合。这种方法非常重视和强调营销决策、营销策略的制定，以及营销计划的执行、控制和调整等。20 世纪 60 年代以后，在西方出现的一系列市场营销著作都使用了管理研究法，由于管理研究法在指导企业市场营销实践中取得了显著的成就，因而管理研究法不仅为市场营销学研究领域所采用，而且在实践中已经被企业界所接受并渗透到企业的经营管理中。

5. 社会研究法

这种方法主要是研究市场营销活动和各种市场营销机构为社会作出的贡献及所付出的成本。市场营销给社会创造了巨大的贡献，同时也带来了一些问题，如企业营销造成环境污染、社会公害等。因此，市场营销学必须致力于研究解决这些问题，这是市场营销学不断发展、完善的一个重要保证。正因为如此，这种方法日益受到市场学界和企业界的重视。

## 第二节　市场营销管理过程

企业的市场营销管理是在特定的指导思想和经营观念指导下进行的。市场营销管理哲学作为企业营销活动的根本指导思想，对企业经营成败具有决定性意义。因此，了解市场营销管理哲学在实践中的演变、现代市场营销观念的基本特征、以顾客满意为焦点的全面贯彻现代市场营销观念，建立真正面向市场的企业，是企业的一项重要任务。

在现代市场经济条件下，企业为了实现战略计划规定的各项任务、目标，必须十分重视市场营销管理，根据市场需求的现状和趋势，制定计划、配置资源，通过有效满足市场需求来赢得竞争优势，求得生存与发展。

### 一、市场营销管理的概念及实质

市场营销管理是指企业为实现其目标，创造、建立并保持与目标市场之间的互利交换关系而进行的分析、计划、执行和控制过程。市场营销管理的基本任务，就是通过营销调研、计划与控制，来管理目标市场的需求水平、时机和构成，以实现企业目标。由此可见，市场营销管理的实质是需求管理。在现实生活中，企业市场营销管理的任务会随着目标市场的不同需求状况而有所不同。营销者通常需要应付各种不同的需求状况，调整相应的营销管理任务。常见的需求状况主要有以下八种不同的类型：

#### （一）负需求

负需求是指绝大多数人不喜欢，甚至花费一定代价也要回避某种产品的需求状况，如高胆固醇食品等。对于负需求，市场营销管理的任务是“改变市场营销”，即分析市场为什么不喜欢这种产品，通过重新设计产品、降低价格和更积极的促销方案，改变市场对这种产品的信念和态度，将负需求转变为正需求。例如，将核桃皮制成肥料，可节省处理核桃皮所花费的人力、物力、财力，还可避免一定程度的环境污染。

### (二)无需求

无需求是指目标市场对产品毫无兴趣或漠不关心的需求状况，如消费者陌生或不熟悉的新产品，或与消费者传统观念、习惯相抵触的产品，或被认为是无价的废旧物资，或在特定市场上被认为是无价值的东西等。对于无需求，市场营销管理的任务是“刺激市场营销”，即通过大力促销及各种营销措施，努力将产品所能提供的利益与人的自然需要和兴趣联系起来，将无需求转变为有需求。

### (三)潜伏需求

潜伏需求是指现有产品或劳务尚不能满足的、隐而不现的需求状况，如人们对无害香烟、节能汽车和癌症特效药品的需求。对于潜伏需求，市场营销管理的任务是“开发市场营销”，即开发有效的新产品和服务来满足这些需求，将潜伏需求变为现实需求。

### (四)下降需求

下降需求是指市场对一个或几个产品的需求呈下降趋势的需求状况。对于下降需求，市场营销管理的任务是“重振市场营销”，即分析需求下降的原因，决定能否通过开辟新的目标市场、改变产品特色，或采取更有效的促销手段重新刺激需求，扭转其下降趋势。

### (五)不规则需求

不规则需求是指市场对某些产品或服务的需求在不同季节、不同时期，甚至一天内的不同时段呈现出很大波动的需求状况，如对旅游宾馆、公园、公共汽车、博物馆等服务需求就是不规则需求。对于不规则需求，市场营销管理的任务是“协调市场营销”，即通过灵活定价、大力促销及其他刺激手段来改变需求的时间模式，努力使产品(服务)的供给与需求在时间上协调一致。

### (六)充分需求

充分需求是指市场某种产品或服务的需求水平和时间与预期的需求水平和时间相一致的需求状况，即供求平衡状况。这是一种最理想的需求状况。对于充分需求，市场营销管理的任务是“维持市场营销”，即密切注视消费者偏好和竞争状况，经常测量顾客满意程度，不断提高产品质量，设法保持现有的需求水平。

### (七)过量需求

过量需求是指市场对某种产品或服务的需求水平超过了企业所能供给或愿意供给水平的需求状况，即供给小于需求的状况。对于过量需求，市场营销管理的任务是“降低市场营销”，即通过提高价格、合理分销产品、减少服务和促销等手段，暂时或永久地降低市场需求水平。

### (八)有害需求

有害需求是指市场对某些有害物品或服务的需求，如消费者对烟、酒、毒品、色情电影和书刊等的需求。对于有害需求，市场营销管理的任务是“反市场营销”，即宣传其危害性，劝说消费者放弃这种爱好和需求。

## 二、市场营销管理过程与市场营销组合

### (一)市场营销管理过程

市场营销管理过程是指企业为了实现自身的任务和目标而发现、分析、选择和利用市场机会的管理过程。具体来说,市场营销管理过程包括以下四个步骤:

1. 分析市场机会

市场机会是指市场上存在尚未满足或尚未完全满足的需求。在现代市场经济条件下,由于市场需求不断变化,任何产品都有其生命周期,没有一家企业可以依赖目前的市场和产品而长盛不衰。所以,任何企业都必须不断地寻找、发现和分析新的市场机会,为企业的生存和发展寻找出路。

2. 目标市场战略

(1)市场细分。企业按照某种标准将市场上的顾客划分为若干顾客群的市场分类过程。

(2)目标市场选择。在市场细分的基础上,企业打算进入或打算满足的、具有某种需求的顾客群体。

(3)市场定位。在拟定的目标市场上,塑造本企业产品与众不同的鲜明个性或形象并传递给目标顾客,使该产品在细分市场上占有强有力的竞争位置。

3. 制定市场营销策略

市场营销策略是企业及其经营单位期望在目标市场上实现其目标所遵循的主要原则。它包括以下两项基本决策:

(1)市场营销组合。企业准备采取哪些市场营销手段,并如何运用这些营销手段赢得目标市场的顾客。

(2)市场营销预算。企业决定在各个经营单位、各项业务以及产品的市场营销上分别投入多少资金,资金如何在各种市场营销手段、各个市场营销环节之间进行分配。

4. 实施市场营销活动

企业在制定市场营销策略的基础上,为各个经营单位以及不同的产品分别制定市场营销计划,并通过市场营销执行系统和控制系统将计划变为行动。

市场营销管理过程如图 1—2 所示。

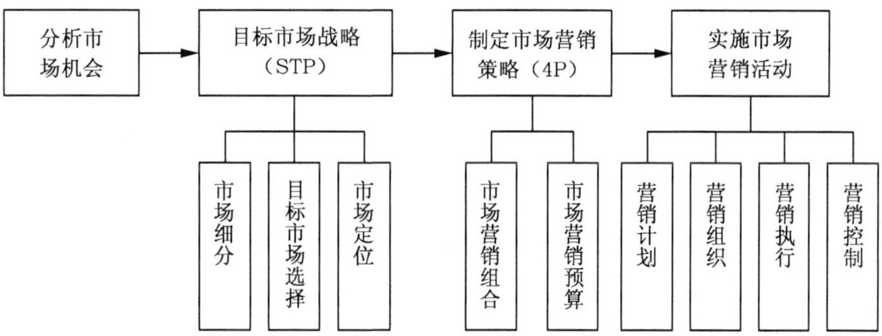


**图 1—2　市场营销管理过程**

### (二)市场营销组合

市场营销组合(marketing mix)是现代市场学中一个十分重要的概念,是企业为了进占目标市场和满足顾客需求而加以整合、协调使用的可控因素。这一术语是由美国教授尼尔·鲍登于1953年在美国营销协会的就职演说中首先提出的。1960年,杰罗姆·麦肯锡又在文字上将它们表述为著名的"4P",即产品(product)、价格(price)、地点(place)和促销(promotion)。后人又在"4P"的基础上提出了"6P"组合,加入政治权力(power)及公共关系(public relation),即著名的"大市场营销理论"。菲利普·科特勒教授在此基础上进一步提出了"十要素说",即在"6P"基础上再加上市场调研(probing)、市场细分(partitioning)、市场择优(priorizing)以及市场定位(position)。甚至有人提出"11P"组合之说,认为营销的最终目标是为了顾客(人,people)。近年来,人们对营销组合又提出了新理论,以舒尔茨教授为首的营销学者从顾客的角度提出了"4C"理论,即顾客的需求和期望(customer)、营销活动和成本(cost)、购买的方便性(convenience)以及顾客与企业的沟通(communication)。但目前广为流传的,依然是以"4P"为基础的提法。

综上所述,市场营销组合是指企业为了进占目标市场和满足顾客需求而加以整合、协调使用的可控因素,这些因素归纳为产品、价格、渠道(分销)和促销四大因素,简称为"4Ps"。

产品、价格、渠道(分销)和促销是市场营销中可以控制的因素,也是企业进行市场营销活动的主要手段。对它们的具体运用,则形成了企业市场营销策略。

市场营销组合如表1—1所示。

**表1—1　　市场营销组合**

| 产品策略 | 价格策略 | 渠道策略 | 促销策略 |
|---|---|---|---|
| 产品实体 | 目标 | 目标 | 目标 |
| 产品特征 | 基本价格 | 渠道类型 | 促销组合 |
| 产品质量 | 折扣价格 | 区域分布 | 广告 |
| 附件 | 价格水平 | 中间商类型 | 人员促销 |
| 安装 | 心理价格 | 物流 | 公共关系 |
| 说明书 | 组合价格 | 储存 | 销售促进 |
| 担保 | 信用条件 | 运输 | 媒体类型 |
| 品牌 | 支付期限 | 服务标准 | …… |
| 包装 | …… | …… | |
| …… | | | |

### (三)市场营销组合的特点

(1)可控性。构成市场营销组合的各种手段,是企业可以调节、控制和运用的因素。如企业根据目标市场的需求,决定生产什么产品、制定什么价格、选择什么销售渠道、采用什么促销方式。市场营销管理的核心,正是企业通过艺术地运用其可控制的因素,动态地适应市场营销中不可控制的因素。

(2)动态性。市场营销组合不是固定不变的静态组合,而是变化无穷的动态组合。组成特定市场营销组合的手段和因素,受到企业内部条件、外部环境变化的影响,必须能动地做出相应的反应。比如,同样的产品、同样的价格和渠道,企业可以根据需要改变促销方式;或其他因素不变，企业提高或降低产品价格等，都会形成新的、效果不同的市场营销组合。

(3)复合性。构成市场营销组合的四大类因素或手段，各自又包括了多个次一级或更次一级的因素或手段组合。以产品为例，它由质量、外观、品牌、包装、服务等因素构成，每种因素分别又由若干更次一级的因素构成。又如促销手段包括广告、人员推销、营业推广、公共关系等，其中广告依据传播媒体不同，有电视广告、广播广告、报纸广告、杂志广告和网络广告等，每一种还可继续细分。因此，市场营销组合不仅要求四种手段的协调配合，而且每种手段的组成因素之间以及每个组成因素的更次一级组成单位之间，都必须协调配合。

(4)整体性。市场营销组合的各种手段及组成因素，不是简单地相加或拼凑集合，而应成为一个有机的整体。在统一目标的指导下，彼此配合、相互补充，能够求得大于局部功能之和的整体效应。

# 第三节　市场营销管理哲学

市场营销管理哲学是指企业对其营销活动及管理的基本指导思想。它是一种观念、一种态度，或一种思维方式。任何企业的营销管理都是在特定的指导思想或观念指导下进行的。确立正确的营销管理哲学，对企业经营成败具有决定性意义。

企业的市场营销管理哲学是由企业在特定时期内所处的客观环境决定的，它是随着社会、经济与市场环境的变迁以及企业经营经验的积累而发生改变的。一些营销学者将企业市场营销管理哲学的演变划分为生产观念、产品观念、推销(销售)观念、市场营销观念和社会营销观念五个阶段。前三个阶段的观念一般称为旧观念，是以企业为中心的企业利益导向观念；后两个阶段的观念是新观念，分别是以顾客利益为中心和以社会长远利益为中心的导向观念。具体内容如图 1—3 所示。

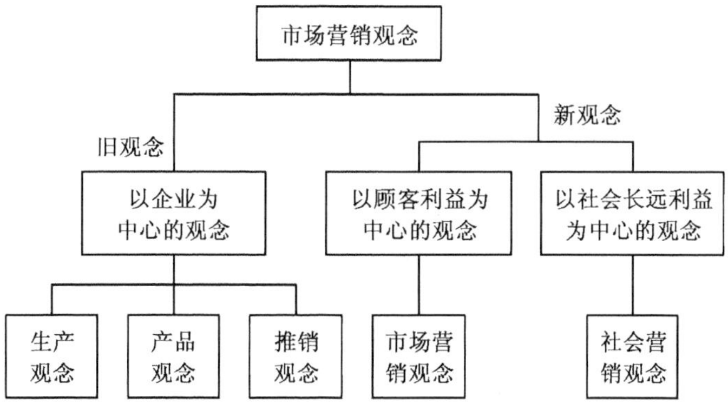


**图 1—3　市场营销观念分类**

## 一、生产观念

生产观念(production concept)产生于 19 世纪末 20 世纪初。由于社会生产力水平还比较低，商品供不应求，市场经济呈卖方市场状态。正是这种市场状态，导致了生产观念的流行，表现为企业生产什么产品，市场上就销售什么产品。在这种营销观念指导下，企业的经营重点是努力提高生产效率，增加产量，降低成本，生产出让消费者买得到和买得起的产品。因此，生产观念也称为“生产中心论”。

生产观念是指导企业营销活动最古老的观念。曾经是美国汽车大王的亨利·福特为了千方百计地增加T型车的生产，采取流水线的作业方式，以扩大市场占有率，至于消费者的有关汽车款式、颜色等主观偏好，他全然不顾，车的颜色一律是黑色。这就形成了企业只关心生产而不关心市场的营销观念。我国卷烟市场在20世纪80年代初期也曾出现过不尊重消费者偏好、对产品强行搭配出售的情况，这也是一种只顾卖产品而不顾消费者需求的生产观念。

## 二、产品观念

产品观念(product concept)认为，消费者喜欢质量优、性能好和有特色的产品。因此，企业管理的核心是致力于生产优质产品，并不断精益求精。“酒香不怕巷子深”是这种观念的形象说明。企业总是在生产更好的产品上下功夫，却常出现顾客“不识货”、不买账的情况。由于这个原因导致企业失败，就是因为这种生产观念仍是从自我出发，孤芳自赏，使产品改良和创新处于“闭门造车”状态。

产品观念虽然较生产观念进了一步，但其实质同样是以生产为中心，以产品求利润。产品观念很容易导致“营销近视症”。过分重视自己的产品而忽视市场(顾客)的实际需求，必然导致经营的失败。

### 营销小链接

爱尔琴钟表公司的经营观念

美国爱尔琴钟表公司自1869年创立到20世纪50年代，一直被公认为美国最好的钟表制造商之一。该公司在市场营销管理中强调生产优质产品，并通过由著名珠宝商店、大百货公司等构成的市场营销网络分销产品。1958年之前，公司销售额始终呈上升趋势，但此后其销售额和市场占有率开始下降。造成这种状况的主要原因是市场形势发生了变化：这一时期的许多消费者对名贵手表已经不感兴趣，而趋于购买那些经济、方便、新颖的手表；而且，许多制造商迎合消费者需要，已经开始生产低档产品，并通过廉价商店、超级市场等大众分销渠道积极推销，从而夺得了爱尔琴钟表公司的大部分市场份额。爱尔琴钟表公司竟没有注意到市场形势的变化，依然迷恋于生产精美的传统样式手表，仍旧借助传统渠道销售，认为自己的产品质量好，顾客必然会找上门，结果致使企业经营遭受重大挫折。

**思考题：**

1. 爱尔琴钟表公司持有什么样的经营观念？
2. 该经营观念与市场营销观念有什么区别？

## 三、推销观念

推销观念(selling concept)，也称销售观念，它产生于20世纪三四十年代。在这一时期，由于西方各国科学管理和大规模生产盛行，因此商品产量迅速增加，整个市场供过于求，卖主之间的市场竞争日益激烈。1929年爆发的严重经济危机，致使堆积如山的货物卖不出去，市场极度萧条。这种现实使许多企业家认识到，企业不能只顾生产，即使有物美价廉的产品，也要努力推销才能保证被人购买。企业为了在竞争中立于不败之地，纷纷重视推销工作，致力于研究推销术，大力进行广告宣传等，以诱导消费者购买产品。这种营销观念是“我们会做什么，就努力去推销什么”。

由生产观念、产品观念转变为推销观念，是企业经营指导思想上的一大变化。但是，这种变化没有摆脱“以生产为中心”“以产定销”的范畴。前者强调生产产品，后者强调推销产品。所不同的是，生产观念是等顾客上门，而推销观念是加强对产品的宣传。

## 四、市场营销观念

市场营销观念(marketing concept)形成于20世纪50年代。第二次世界大战后，随着第三次科学技术革命的兴起，西方各国企业更加重视研究和开发，大量军工企业转向民用企业，社会产品供应量迅速增加，市场竞争进一步激化，买方市场形成。这种形势迫使企业改变以卖方为中心的思维方式，转向以顾客为中心。这种观念认为，企业实现各项目标的关键在于正确确定目标市场的需要与欲望，比竞争者更有效地传送目标市场所期望的物品或服务，进而比竞争者更有效地满足目标市场的需要和欲望。推销观念与营销观念的比较如表1—2所示。

**表1—2　　推销观念与营销观念的比较**

| | 出发点 | 中心 | 方法 | 目的 |
|---|---|---|---|---|
| 推销观念 | 厂商 | 产品 | 强势推销 | 通过销售获利 |
| 营销观念 | 目标市场 | 市场需求 | 整合4Ps | 通过满足客户获利 |

营销观念与推销观念的根本不同是：推销观念以现有产品(即卖主)为中心，以推销和销售促进为手段，刺激销售，从而达到扩大销售、取得利润的目的。市场营销观念是以企业的目标顾客(即买主)及其需要为中心，并且以集中企业的一切资源和力量、适当安排市场营销组合为手段，从而达到满足目标顾客的需要、扩大销售、实现企业目标的目的。

可见，市场营销观念把推销观念的逻辑彻底颠倒过来了，不是生产出什么就卖什么，而是首先发现和了解消费者的需要，消费者需要什么就生产什么、销售什么。消费者需求在整个市场营销中始终处于中心地位。它是一种以顾客的需要和欲望为导向的经营哲学，是企业经营思想的一次重大飞跃。

### 营销小链接

英国航空公司的“顾客至上”

英国航空公司的一架波音747飞机在东京起飞前，因机械故障，不得不向购买该航班机票飞往伦敦的191名乘客发出通知：008号航班推迟20小时才能起飞，请各位乘客换乘其他航班。随后，190名乘客被劝说改乘其他航班，唯有一位日本乘客大竹秀子坚持非008号航班不乘。在此情况下，008号航班经排除故障后，载着大竹秀子一位乘客飞往伦敦，15名空乘人员和6名机组人员热忱地为她一个人服务。英国航空公司在这件事上所表现出来的“顾客至上”的经营理念被媒体报道后，一夜之间成为航空界的美谈，使千千万万的乘客为之惊叹，并以能乘上该航班为自豪。

## 五、社会营销观念

社会营销观念(social marketing concept)出现于20世纪70年代,它的提出,一方面是基于对“在环境恶化、爆炸性人口增长、全球性通货膨胀和忽视社会服务的时候,单纯的市场营销观念是否合适”的认识,另一方面也是基于对广泛兴起的以保护消费者利益为宗旨的消费主义运动的反思。他们认为,单纯的市场营销观念提高了人们对需求满足的期望和敏感度,导致了满足眼前消费需要与长远的社会福利之间的矛盾,导致产品过早陈旧、环境污染更加严重,也损害和浪费了一部分物质资源。正是在这种背景下,人们又提出了社会营销观念。

这种经营思想是对市场营销观念的重要补充和完善。其基本内容是:企业提供产品不仅要符合消费者的需要与欲望,而且要符合消费者和社会的长远利益;企业要关心与增进社会福利;强调将企业利润、消费者需求、社会利益三个方面统一起来。具体内容如图1—4所示。

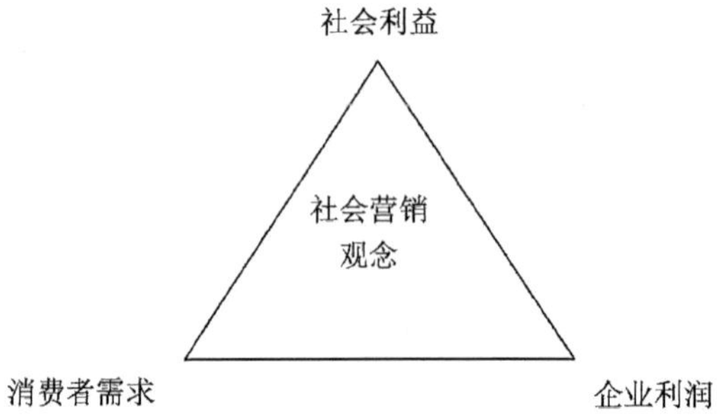


**图1—4 社会营销观念**

### 营销小链接

各种营销观念的比较:以餐饮业为例

| | |
|---|---|
| 生产、产品导向 | 我们的菜色非常丰富,一定受到市场的欢迎 |
| 销售导向 | 我们要尽量发传单、上电台大力宣传,一定可以掌握市场 |
| 市场营销导向 | 我们必须先了解目标客户的口味等需求,设法满足他们 |
| 社会营销导向 | 我们必须秉持最高的卫生与环保原则,并定期回馈社区 |

## 本章习题

**一、名词解释**

市场　市场营销　交换　需要　需求　关系营销　市场营销管理　市场营销管理哲学

**二、简答题**

1. 简述市场营销学的产生与发展过程。
2. 简述市场营销学的主要研究方法。
3. 简述市场营销管理哲学的演变及其背景。

4. 简述市场营销管理的过程。

5. 简述市场营销组合及特点。

6. 何为社会营销观念？为什么企业必须树立社会营销观念？

**三、论述题**

1. 试述市场营销观念、社会营销观念与传统的市场经营观念的本质区别。

2. 试述市场营销的管理导向及其意义。

**四、操作训练题**

1. 宝洁公司和一次性尿布

1956年，宝洁公司开发部主任维克·米尔斯在照看其出生不久的孙子时，深切感受到一篮篮脏尿布给家庭主妇带来的烦恼。洗尿布的责任给了他灵感。于是，米尔斯就让手下几个最有才华的人研究开发一次性尿布。

一次性尿布的想法并不新鲜。事实上，当时美国市场上已经有好几个牌子了。但市场调研显示：多年来这种尿布只占美国市场的1%。原因首先是价格太高；其次是父母们认为这种尿布不好用，只适合在旅行或不便于正常换尿布时使用。调研结果为：一次性尿布的市场潜力巨大。美国和许多其他国家正处于战后婴儿出生高峰期。将婴儿数量乘以每日平均需换尿布次数，可以得出一个大得惊人的潜在销量。

宝洁公司产品开发人员用了一年的时间，最初样品是在塑料裤衩里装上一块打了褶的吸水垫子。但在1958年夏天的现场试验结果却是：除了婴儿身上的痱子和父母们的否定意见以外，一无所获。

1959年3月，宝洁公司重新设计了它的一次性尿布，并在实验室生产了37 000个样品，拿到纽约州去做现场试验。这一次，有2/3的试用者认为该产品胜过布尿布。降低成本和提高新产品质量，比产品本身的开发难度更大。到1961年12月，这个项目进入了能通过验收的生产工序和产品试销阶段。

公司选择地处美国最中部的城市皮奥里亚试销这个后来被定名为“娇娃”的产品。发现皮奥里亚的妈妈们喜欢用“娇娃”，但不喜欢10美分一片尿布的价格。在6个地方进行的试销进一步表明，如果定价为6美分一片，就能使这类新产品畅销。宝洁公司把生产能力提高到使公司能以该价格在全国销售“娇娃”尿布的水平。

“娇娃”尿布终于成功推出，至今仍然是宝洁公司的拳头产品之一。

**思考题：**

(1)宝洁公司开发一次性尿布的决策是在什么基础上进行的？

(2)宝洁公司是否把握了现代市场营销的基本精神？

2. 索尼公司如何“创造需求”

公关专家伯内斯曾说，工商企业要“投公众所好”。这似乎成了实业界一条“颠扑不破且放之四海而皆准”的真理。但索尼公司敢于毅然地说“不”。索尼的营销政策“并不是先调查消费者喜欢什么商品，然后再投其所好，而是以新产品去引导他们进行消费”。因为“消费者不可能从技术方面考虑一种产品的可行性，而我们则可以做到这一点。因此，我们并不在市场调查方面投入过多的‘兵力’，而是集中力量探索新产品及其用途的各种可能性，通过与消费者的直接交流，教会他们使用这些新产品，达到开拓市场的目的”。

索尼的创始人盛田昭夫认为，新产品的发明往往来自灵感，它突然闪现且稍纵即逝。现在流行于全世界的便携式立体声单放机的诞生，就出自一种必然中的“偶然”。一天，井深抱着一台索尼公司生产的便携式立体声盒式录音机，头戴一副标准规格的耳机，来到盛田昭夫的房间。从一进门，井深便一直抱怨这台机器如何笨重。盛田昭夫问其原因，他解释说：“我想欣赏音乐，又怕妨碍别人，但也不能为此而整天坐在这台录音机前，所以就带上它边走边听。不过这家伙太重了，实在受不了。”井深的烦恼，点亮了盛田昭夫酝酿已久的构想。他连忙找来技师，希望他们能研制出一种新式的超小型放音机。

然而，索尼公司内部几乎众口一词反对盛田昭夫的新创意。但盛田昭夫毫不动摇，坚持研制。结果不出其所料，该产品投放市场后空前畅销。索尼为该机取了一个通俗易懂的名字——“沃可曼”。日后每谈起这件事，盛田昭夫都不禁感慨万千。当时无论进行什么市场调查，都不可能由此产生“沃可曼”的设想。而恰恰正是这一不起眼的小小的产品，改变了世界上几百万、几千万人的音乐欣赏方式。

索尼公司在“创立旨趣书”上写着这样一条经营哲学：“最大限度地发挥技术人员的技能，自由开朗，建设一个欢乐的理想工厂。这就是‘创造需求’的哲学依据。”

**思考题：**

(1)你认为应从哪些方面来理解“创造需求”这一概念。

(2)结合案例，分析“创造需求”在哪些方面突破了传统的营销原理。

# 第二章
# 市场营销环境

**【学习目标】**

1. 了解市场营销环境的含义；
2. 掌握市场营销环境的构成因素；
3. 理解市场营销环境对企业的影响；
4. 了解市场营销环境分析的步骤。

**【案例导入】**

**"指南针"小地毯**

在阿拉伯国家，虔诚的穆斯林每日祈祷，无论是居家或是旅行，祈祷者在固定时间都要跪拜于地毯上，且要面向"圣城"麦加。结果，比利时地毯厂商人范得维格巧妙地将扁平的"指南针"嵌入祈祷用的小地毯上，该"指南针"指的不是正南或正北，而是始终指向麦加城。这样，伊斯兰教徒们有了他的地毯，无论走到哪里，只要把地毯往地上一铺，便可准确找到麦加城所在的方向。这种地毯一上市就立即成了抢手货。

**思考：**

比利时商人范得维格对哪种市场营销环境进行了分析，才使"指南针地毯"一举成功？

任何企业都是在不断变化的市场营销环境中生存的，企业的营销活动既要受自身条件的制约，也要受外部条件的制约，关注并研究企业营销环境的变化，把握环境变化的趋势，识别由于环境变化而造成的机会和威胁，是营销人员的主要职责之一。在营销过程中，环境既是不可控制或难以控制的因素，又是不可超越的因素。企业必须根据环境的实际状况与发展趋势，制定并不断调整营销策略，自觉地利用市场机会，防范可能出现的威胁，扬长避短，确保在竞争中立于不败之地。

# 第一节　市场营销环境概述

## 一、市场营销环境的概念和内容

菲利普·科特勒认为:“营销环境由营销以外的那些能够影响与目标顾客建立和维持成功关系的营销管理能力的参与者和各种力量所组成。营销环境同时提供机会和威胁。”

市场营销环境是指影响企业营销活动及其目标实现的各种力量和因素,包括宏观环境和微观环境,如图 2－1 所示。

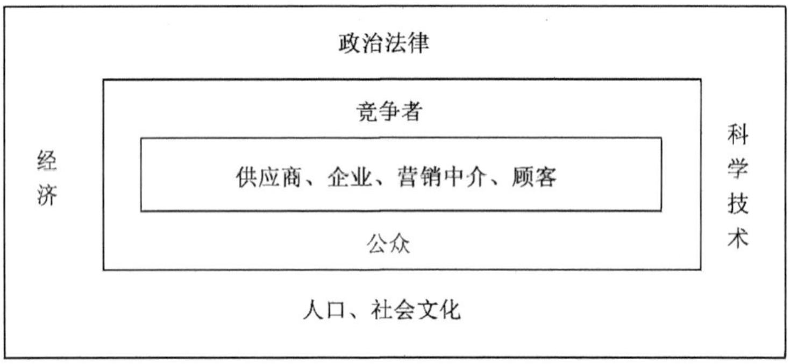


**图 2－1　市场营销环境**

微观市场营销环境是指与企业紧密相连、直接影响企业营销能力和效率的各种力量及因素的总和,主要包括企业自身、供应商、营销中介、消费者、竞争者及社会公众。由于这些环境因素对企业的营销活动有着直接的影响,所以又称直接营销环境。

宏观市场营销环境是指企业无法直接控制的因素,是通过影响微观环境来影响企业营销能力和效率的一系列巨大的社会力量,它包括人口、经济、政治法律、科学技术、社会文化及自然生态等因素。由于这些环境因素对企业的营销活动起着间接的影响,所以又称间接营销环境。

微观市场营销环境和宏观市场营销环境之间不是并列关系,而是主从关系。微观市场营销环境受制于宏观市场营销环境,微观市场营销环境中的所有因素均受到宏观市场营销环境中的各种力量和因素的影响。

## 二、市场营销环境的特征

### (一)客观性

营销环境不以某个营销组织或个人意志为转移,对企业营销活动的影响具有强制性和不可控制性的特点。一般来说,宏观营销环境是企业无法控制的,因为企业不能改变人口因素、政治经济制度、社会文化因素等。因此,企业应该努力去适应宏观营销环境的要求以求得生存与发展。尽管宏观营销环境是不可控的,但并不意味着只能被动地适应环境,企业可以通过改善自身的条件、调整经营策略，对营销环境施加一定的影响，积极促进某些营销环境朝着有利于企业营销的方向转化。

**(二)差异性**

市场营销环境的差异性不仅表现在不同的企业受不同环境的影响，而且同样一种环境因素的变化对不同企业的影响也不相同。例如，不同的国家、民族、地区之间在人口、经济、社会文化、政治、法律、自然地理等各方面存在着广泛的差异。这些差异对企业营销活动的影响显然是不同的。正因为营销环境的差异，企业为适应不同的环境及其变化，必须采用各有特点和针对性的营销战略。

**(三)相关性**

市场营销环境是一个系统，在这个系统中，各影响因素相互影响、相互制约，某一因素的变化带动其他因素的相互变化，形成新的营销环境。例如，竞争者是企业重要的微观环境因素之一，而宏观环境中的政治法律因素或经济政策的变动均能影响一个行业竞争者加入的多少，从而形成不同的竞争格局。再如，各个环境因素之间有时存在矛盾，某些地方消费者有购买家电的需求，但当地电力供应不正常，这无疑是扩展家电市场的制约因素。

**(四)动态性**

市场营销环境是一个动态系统，构成营销环境的诸因素都受众多因素的影响，每个环境因素都随着社会经济的发展而不断变化，如我国消费者的消费倾向已从追求物质的数量化转向追求物质的质量及个性化。也就是说，消费者的消费心理正趋于成熟，这无疑对企业的营销活动产生最直接的影响。营销环境的变化，既会给企业提供机会，也会给企业带来威胁，虽然企业难以准确无误地预见未来环境的变化，但可以通过设立预警系统，追踪不断变化的环境，及时调整营销策略，以适应环境的变化，抓住机会，避免威胁，否则企业将会丧失市场机会。

# 第二节　宏观市场营销环境

宏观市场营销环境是指企业不可控制的并能给企业的营销活动带来市场机会和环境威胁的主要社会力量，包括人口环境、经济环境、自然环境、政治法律环境、科学技术环境以及社会文化环境。企业及其微观市场营销环境的参与者，无不处于宏观市场营销环境中。

## 一、人口环境

人口是构成市场的第一要素。市场由那些想买东西并且有购买能力的人构成。因此，人口的多少直接决定市场的潜在容量。而人口的年龄结构、地理分布、婚姻状况、出生率、死亡率、人口密度、流动性、文化教育等人口特性，又会对市场需求格局发生深刻影响，并直接影响着企业的市场营销活动。老年人会有不同于年轻人的消费需求。同样，男性与女性，南方人与北方人，不同文化、不同民族、不同职业的人，在消费需求结构、消费习惯与方式上都会有明显的差异。企业必须认真关注人口环境的变化，密切注视人口特性及其发展动向，不失时机地抓住市场机会，避开威胁，调整战略，及时、果断地调整营销策略，以适应人口环境的变化，使企业在市场营销活动中领先一步。

### (一)人口总量与增长速度对企业营销活动的影响

1. 一个国家或地区的总人口数量的多少是衡量市场潜在容量的重要因素

人口越多,如果收入水平不变,则对食物、衣着、日用品等生活必需品的需求量越多,那么该市场规模也就越大。我国作为全世界人口最多的国家,无疑是一个巨大的市场。

2. 人口的迅速增长促进了市场规模的扩大

因为人口增加,其消费需求也会迅速增加,那么市场的潜力也就会很大。例如,随着我国人口增加,人均耕地减少,粮食供应不足,人们的食物消费模式将会发生变化,这就有可能对我国的食品加工业产生重要影响;随着人口增长,能源供需矛盾将进一步扩大,因此研制节能产品和技术是企业必须认真考虑的问题;人口增长将使住宅供需矛盾日益加剧,这就给建筑业及建材业的发展带来了机遇。

但是,人口的迅速增长也会给企业营销带来不利的影响。如人口的过快增长抵消了经济增长,制约了经济发展,破坏了生态环境,造成各种资源、能源、运输、教育等供应的紧张。

### (二)人口结构对企业营销活动的影响

人口结构包括人口的年龄结构、性别结构、家庭结构、社会结构以及民族结构。

1. 年龄结构

不同年龄层次的消费者有着不同的需求特点,人口年龄结构的变化趋势为:一是出生率下降,这给儿童食品、童装、玩具等生产经营者带来威胁,但同时也使年轻夫妇有更多闲暇时间用于旅游、娱乐和外出用餐;二是人口老龄化现象开始出现,这给保健用品、营养品、老年人生活必需品等生产经营者带来了机遇,专门为老年人服务的老年大学、各种层次的托老所、家庭护理、临终关怀医院等服务产业发展迅猛。

2. 性别结构

性别结构反映到市场上就会出现男性市场和女性市场。如女性用品、家庭用品和儿童用品一般由女性购买,则构成了女性市场。目前我国性别结构呈现男性出生比例要高于女性出生比例的特点,这表明未来的男性市场潜力将会扩大。

3. 家庭结构

家庭是商品购买、消费的基本单位。目前,世界上普遍呈现家庭规模缩小的趋势,越是经济发达地区,家庭规模越小。我国随着计划生育的推行和家庭意识的变化,独生子女增多,家庭平均人口逐渐下降,家庭构成呈现小型化趋势。家庭小型化使得家庭数量激增,这必然刺激家具、住房、家用电器、炊具等需求的快速增长,为这些行业提供巨大的市场机会。

4. 社会结构

我国的人口绝大部分在农村,农村人口占总人口的80%左右。因此,农村是一个广阔的市场,有着巨大的潜力。这一社会结构的客观因素决定了企业在国内市场中应当以农民为主要营销对象,市场开拓的重点也应该放在农村,尤其是一些中小企业,更应该注意开发物美价廉的产品来满足农民的需要。

5. 民族结构

我国除了汉族以外,还有55个少数民族。民族不同,其生活习性、文化传统也不相同。这反映到市场上,各民族的市场需求存在很大的差异。因此,企业营销人员要注意民族市场的营销，重视开发适合各民族特性、受其欢迎的商品。

**(三)人口的地理分布及流动对企业营销的影响**

人口的地理分布指人口在不同地区的密集程度。由于自然地理条件以及经济发展程度等多方面因素的影响，人口的分布绝不会是均匀的。人口的这种地理分布在市场上体现为：人口的集中程度不同，则市场大小不同；消费习惯不同，则市场需求特性不同。

近年来，随着经济的发展，人口的区域流动性也越来越大。在发达国家，除了国家之间、地区之间、城市之间的人口流动外，还有一个突出的现象就是城市人口向农村流动。在我国，人口的流动主要表现在农村人口大量流入城市或工矿地区，内地人口向沿海经济开发区流动。另外，经商、学习、观光、旅游等使人口流动加速。对于人口流入较多的地方而言，一方面，由于劳动力增多，就业问题突出，从而加剧行业竞争；另一方面，人口增多，也使当地基本需求量增加，消费结构随之发生一定变化，继而给当地企业带来较多的市场份额和市场营销机会。

## 营销小链接

### 中国人口的现状

以2010年11月1日零时为标准时点的第六次全国人口普查，主要数据如下：

(1)人口总量。这次普查登记的全国总人口为1 339 724 852人，与2000年第五次全国人口普查相比，10年增加7 390万人，增长5.84%，年平均增长0.57%，比1990～2000年的年平均增长率1.07%下降0.5个百分点。数据表明，10年来我国人口增长处于低生育水平阶段。

(2)家庭户规模。这次人口普查，31个省、自治区、直辖市共有家庭户40 152万户，家庭户人口124 461万人，平均每个家庭户的人口为3.10人，比2000年人口普查的3.44人减少0.34人。家庭户规模继续缩小，这主要是受到我国生育水平不断下降、迁移流动人口增加、年轻人婚后独立居住等因素的影响。

(3)性别构成。这次人口普查，男性人口占51.27%，女性人口占48.73%，总人口性别比由2000年人口普查的106.74下降为105.20(以女性人口为100.00)。

(4)年龄构成。这次人口普查，0～14岁人口占16.60%，比2000年人口普查下降6.29个百分点；60岁及以上人口占13.26%，比2000年人口普查上升2.93个百分点，其中65岁及以上人口占8.87%，比2000年人口普查上升1.91个百分点。我国人口年龄结构的变化说明，随着我国经济社会快速发展以及人民生活水平和医疗卫生保健事业的巨大改善，生育率持续保持较低水平，老龄化进程逐步加快。

(5)民族构成。这次人口普查，汉族人口占91.51%，比2000年人口普查的91.59%下降0.08个百分点；少数民族人口占8.49%，比2000年人口普查的8.41%上升0.08个百分点。少数民族人口10年年均增长0.67%，高于汉族0.11个百分点。

(6)各种受教育程度人口。这次人口普查，与2000年人口普查相比，每十万人中具有大学文化程度的由3 611人上升为8 930人，具有高中文化程度的由11 146人上升为14 032人；具有初中文化程度的由33 961人上升为38 788人；具有小学文化程度的由35 701人下降为26 779人。文盲率(15岁及以上不识字的人口占总人口的比重)为4.08%，比2000年人口普查的6.72%下降2.64个百分点。各种受教育程度人口和文盲率的变化，反映了10年来我国普及九年制义务教育、大力发展高等教育以及扫除青壮年文盲等措施取得了积极成效。

(7)城乡构成。这次人口普查，居住在城镇的人口为66 557万人，占总人口的49.68%；居住在乡村的人口为67 415万人，占50.32%。同2000年人口普查相比，城镇人口比重上升13.46个百分点。这表明2000年以来我国经济社会的快速发展极大地促进了城镇化水平的提高。

(8)地区分布。这次人口普查，东部地区人口占31个省(区、市)常住人口的37.98%，中部地区占26.76%，西部地区占27.04%，东北地区占8.22%。与2000年人口普查相比，东部地区的人口比重上升2.41个百分点，中部、西部、东北地区的比重都在下降，其中西部地区下降幅度最大，下降1.11个百分点；其次是中部地区，下降1.08个百分点；东北地区下降0.22个百分点。按常住人口分，排在前五位的是广东省、山东省、河南省、四川省和江苏省。2000年人口普查排在前五位的是河南省、山东省、广东省、四川省、江苏省。

(9)人口的流动。这次人口普查，居住地与户口登记地所在的乡镇街道不一致且离开户口登记地半年以上的人口为26 139万人，其中市辖区内人户分离的人口为3 996万人，不包括市辖区内人户分离的人口为22 143万人。同2000年人口普查相比，居住地与户口登记地所在的乡镇街道不一致且离开户口登记地半年以上的人口增加11 700万人，增长81.03%；其中不包括市辖区内人户分离的人口增加10 036万人，增长82.89%。这主要是多年来我国农村劳动力加速转移和经济快速发展促进了流动人口大量增加。

## 二、经济环境

经济环境是指影响企业市场营销方式与规模的经济因素，主要包括收入与支出水平、储蓄与信贷及经济发展水平等因素。经济环境的影响因素如图2—2所示。

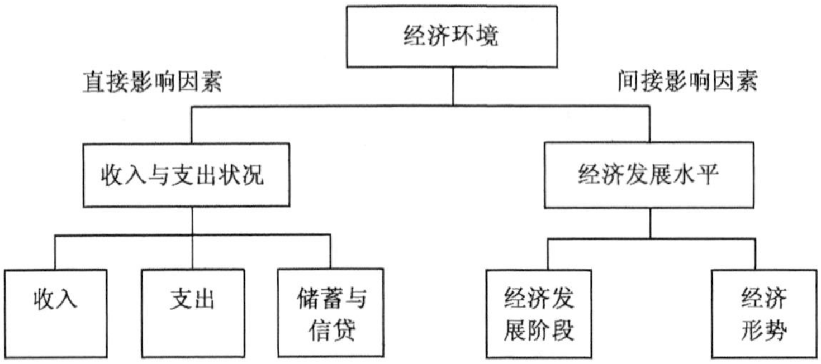


**图2—2　经济环境的影响因素**

### (一)消费者的收入

市场消费需求是指人们有支付能力的需求。仅仅有消费欲望并不能创造市场，只有既有消费欲望，又有购买力，才具有现实意义。影响购买力的主要因素有人均国内生产总值、消费者个人收入、消费者的支出以及消费者的储蓄和信贷等。

1. 国内生产总值

国内生产总值，指的是一国(或地区)一年以内在其境内生产出的全部最终产品和劳务的市场价值总和，一般是指价值形态的人均GDP。GDP总额反映了全国市场的总容量、总规模；人均GDP则从总体上影响和决定了消费结构和消费水平。

2. 消费者个人收入

消费者个人收入是指消费者从各种来源所得的货币收入，通常包括个人工资、奖金、其他劳动收入、退休金、红利、馈赠、出租收入等。研究消费者个人收入，首先要注意区分实际收入与货币收入。由于通货膨胀、失业、税收等因素的影响，有时货币收入虽然增加，但实际收入却可能下降。其次，研究消费者的个人收入，还要注意区分个人可支配收入和个人可任意支配收入。个人可支配收入是指个人收入减去直接负担的各项税款和非税性的负担(如工会费、交通罚款等)之后的余额。这是消费者能够作为个人消费或储蓄的数额。个人可任意支配的收入是指个人可支配收入减去维持生活所必需的衣、食、住、行等支出后的余额。这部分收入是消费者可以任意支配的，因此是影响消费者需求变化的最活跃因素。这部分收入越多，人们的消费水平越高，企业的营销机会也就越多。

3. 消费者的支出

消费者的支出是指消费者支出模式和消费结构。收入在很大程度上影响着消费者支出模式与消费结构。随着消费者收入的变化，支出模式与消费结构也会发生相应的变化。

恩格尔系数表明，在一定的条件下，随着家庭收入的增加，用于购买食品的支出占家庭收入的比重(恩格尔系数)会下降，住房建设和家庭其他方面消费支出占家庭收入的比重大体不变，用于服装、交通、娱乐、保健、教育等方面的支出和储蓄占家庭收入的比重上升。恩格尔系数越大，生活水平越低；恩格尔系数越小，生活水平越高。它通常被用作衡量家庭、阶层及国家富裕程度的重要参数。根据联合国粮农组织提出的标准，恩格尔系数在59%以上，称为绝对贫困；在50%～59%，称为一般水平；在40%～50%，称为小康水平；在30%～40%，称为富裕水平；在30%以下，称为最富裕水平。

4. 消费者的储蓄和信贷

消费者的购买力不仅受到其收入水平和支出模式的影响，还受到消费者储蓄及信贷的直接影响。消费者储蓄实际上是一种未来的购买力。个人储蓄形式包括银行存款、公债、股票和不动产。在一定时期，当消费者收入一定时，储蓄越多，现实消费量越小，但潜在消费量越大；反之，储蓄越少，现实消费量越大。

消费者信贷是一种超前的消费方式，即个人通过信贷方式预支未来的购买力。信贷消费允许人们购买超过自己现实购买力的商品，从而创造了更多的就业机会、更多的收入以及更多的需求。消费信贷还可以调节积累与消费、供给与需求之间的矛盾。消费信贷在西方极为普遍，各种形式的赊销、分期付款业务十分发达，增长迅猛。我国现阶段的消费信贷主要是公共事业单位提供的服务信贷，其他方面如教育、住宅以及商家的信用卡消费也在不断的发展中。

### (二)经济发展水平

企业的市场营销活动会受到一个国家或地区的整个经济发展水平的制约，在经济全球化的条件下，国际经济形势也是企业营销活动的重要影响因素。

1. 经济发展阶段

经济发展阶段的高低，直接影响企业市场营销活动。经济发展阶段高的国家或地区，着重投资于较大、精密、自动化程度高、性能好的生产设备，在重视产品基本功能的同时，比较强调款式、性能及特色；经济发展阶段低的国家或地区，大多是一些投资少而耗费劳动力多、易操作、较为落后的机械设备，较侧重于产品的功能及实用性，价格因素比产品品质更重要。因此，对于不同经济发展水平的地区，企业应采取不同的市场营销策略。我国目前将进入经济起飞阶段，市场规模逐渐扩大，企业投资机会增多，市场交换成为企业的根本活动，信息竞争将成为市场竞争的焦点。因此，企业应当注重经济起飞阶段市场中的变化，把握时机，主动迎接市场的挑战。

2. 经济形势

进入21世纪，经济全球化不断深入，各国经济相互之间的依存关系更为紧密。2008年，美国次贷危机引爆的金融危机席卷全球，并对实体经济造成巨大冲击，世界上很多严重依赖出口的东亚国家以及依靠资本大量注入推动经济增长的东欧国家和独联体新兴经济体受到的影响尤其明显。金融危机对我国的出口贸易、投资需求等方面也造成了很大的冲击。由于国际或国内经济形势是复杂多变的，机遇与挑战并存，企业必须认真研究，力求正确认识与判断，制定出相应的营销战略和计划。

**营销小链接**

世界经济形势对中国经济的影响

2013年，世界经济仍将延续低速增长态势，但对刺激政策的依赖程度降低，复苏基础趋于稳固。美国经济增速将略高于2012年，欧元区仍难摆脱负增长，日本有望维持低速增长态势，主要新兴经济体增速放缓态势有望扭转。全球金融形势将有所好转，但出现动荡的可能性依然存在。国际大宗商品价格仍将高位震荡，但大幅上涨的可能性不大。主要发达国家财政政策仍将趋紧，货币政策有望继续宽松。国际金融危机的影响继续，直接经济复苏艰难曲折，年内难以出现强劲复苏迹象，不稳定、不确定因素较多，下行风险依然存在。之前，IMF预测，2013年世界经济增长3.5%，略高于2012年的3.2%，其中，发达国家增长1.4%，新兴市场和发展中国家增长5.5%。

我国仍将面临外需不足、贸易摩擦增多、输入性通胀压力增大和热钱冲击等严峻挑战。世界经济形势缓慢复苏态势短期内难以改变，我国出口增长将受到外需不足的制约；针对我国出口产品的贸易保护主义措施还将层出不穷，对相关产品的出口带来不利影响。发达国家继续实施量化宽松货币政策，我国输入性通胀压力增大。全球流动性充裕，我国经济平稳回升可能吸引短期资本大量流入。由于世界经济复苏依然面临较大的不确定性，跨境资本流向也可能出现反复，对我国跨境资本管理带来较大压力。

在国际经济环境仍然复杂多变的情况下，我国既要立足扩大内需，促进经济持续健康发展，也要努力保持出口平稳增长，继续扩大我国出口在全球贸易中的份额。当前，一是要继续稳定促进出口的各项政策措施，保持人民币汇率在均衡水平上基本稳定，努力改善出口企业的经营环境；二是要加快实施自贸区战略和“走出去”步伐，通过深化区域合作和扩大对新兴市场国家的投资及工程承包，积极促进出口；三是要完善政府、行业协会和企业三位一体应对贸易摩擦机制，维护我国企业的正当权益；四是要加强跨境资本流动监管，妥善应对输入型通胀压力，继续做好控制物价上涨工作。

## 三、自然环境

自然环境是人类最基本的活动空间和物质来源，可以说，人类发展的历史就是人与自然关系发展的历史。营销学上的自然环境主要是指自然物质环境，即自然界提供给人类各种形式的物质财富，如矿产资源、森林资源、土地资源、水力资源等。自然环境也处于发展变化之中。

目前，自然环境的变化主要表现在：一是自然资源逐渐枯竭。由于现代工业文明无限度地索取和利用，导致矿产、森林、能源、耕地等资源日益枯竭。甚至连以前认为永不枯竭的水、空气也在世界某些大城市出现短缺。目前，自然资源的短缺已成为各国经济进一步发展的制约力甚至反作用力。二是自然环境受到严重污染。过去，世界经济是物质经济，是肆意挥霍原料、资源、能源特别是矿物燃料作为发展动力的经济，这种粗放型的经济增长方式极大地消耗着地球资源，使人类付出了惨重的代价。随着工业化和城镇化的发展，环境污染程度日益加深。人类面临资源枯竭、海洋污染、土壤沙化、温室效应、物种灭绝和臭氧层破坏等一系列资源生态环境危机。三是政府对自然资源的管理和干预不断加强。综观近代以来世界范围内的人为环境破坏，发现环境问题已影响到人类的可持续发展。由于公众对自然环境的日益关心，促使许多国家政府加强了环境保护工作和对自然资源的管理。

为实现社会的可持续发展和协调发展，在环境保护的问题上，针对目前世界性的环境危机，各国政府都加强了对环境保护的干预。所有这些都会直接或间接地给企业带来威胁或机会。因此，企业必须积极从事研究开发，尽量寻求新的资源或代用品。同时，企业在经营中要有高度的环保责任感，善于抓住环保中出现的机会，推出“绿色产品”“绿色营销”，以适应世界环保潮流。

## 四、政治法律环境

政治与法律是影响企业营销活动的重要的宏观环境因素，包括社会的政治制度、法制建设情况、各种立法和执法情况。政治因素像一只有形之手，调节着企业营销活动的方向，指导着资源的使用方式；法律因素规定了企业营销活动及其行为的准则，形成一个公正、公平、有序竞争的市场环境。政治与法律相互联系，共同对企业的市场营销活动发挥影响和作用。

### （一）政治环境

政治环境，指企业市场营销的外部政治形势和状况以及国家的方针和政策。国家的方针、政策规定了国民经济的发展方向和速度，也直接关系到社会购买力的提高和市场消费需求的增长变化。对国际政治环境的分析，应了解“政治权力”与“政治冲突”对企业营销活动的影响。

政体主要是指国家的性质、体制、政治制度、政治倾向以及与他国的国际关系等；政策是指执政党和国家的政治、经济、文化等全局性、方向性的政策方针，如人口政策、就业政策、物价政策、能源政策、财政金融政策、货币政策等；政局是指执政当局的稳定程度、与邻国的关系、边界的安定性、社会的安定性等。

企业对政治环境的分析，就是要分析政治环境的变化给企业的市场营销活动带来的或可能带来的影响。我国安定团结的政治局面，不仅有利于经济发展和人民收入的增加，而且影响群众的心理状况，导致市场需求的变化。每一个国家都会在不同的时期，根据不同的需要颁布一些经济政策，制定其经济发展方针。这些方针、政策不仅影响本国企业的营销活动，还影响外国企业在本国市场的营销活动。

### （二）法律环境

法律环境是指国家或地方政府颁布的各项法规、法令和条例等。法律环境对市场消费需求的形成和实现具有一定的调节作用。企业研究并熟悉法律环境，既可保证自身严格依法管理和经营，也可运用法律手段保障自身的权益。

改革开放30多年来，随着经济的发展，我国法制也在不断健全，对企业影响较大的法律有《公司法》《合同法》《知识产权法》《消费者权益保护法》《破产法》《保险法》《劳动法》《商标法》《价格法》等。

## 五、科学技术环境

科学技术是第一生产力，科技的发展对经济发展有巨大的影响，不仅直接影响企业内部的生产和经营，同时还与其他环境因素互相依赖、相互作用，给企业营销活动带来有利和不利的影响。所以，科学技术对企业的市场营销是“创造性的破坏力量”，是一把双刃剑。具体表现在以下几个方面：

(1)科技发展带来新产业的出现、传统产业的改造、落后产业的淘汰。

(2)科技发展为市场营销管理提供了更先进的物质技术基础，如电子计算机、传真机、办公自动化等提高了信息接收、分析、处理、存储的能力，从而有利于营销决策。

(3)科技发展为消费者提供了大量的新产品，同时使现有产品在功能、性能、结构上更趋于合理和完善，满足了人们的更高要求。

(4)科技发展影响到企业营销策略的制定。新材料、新工艺、新设备、新技术使产品生命周期缩短，企业需要不断研制开发新产品；先进通信技术、多媒体传播手段使广告更具影响力；商业中自动售货、邮购、电话订货、电子商务、电视购物等引起了分销方式的变化；科技应用使生产集约化和规模化、管理高效化，这些导致生产成本、费用大幅度降低，为企业制定理想价格策略创造了条件。

(5)科技发展直接引起了自然因素的变化。科技应用使人类提高了对资源勘探、开采和综合利用的能力，减少了浪费；科学技术还有助于人类开发替代资源，以弥补稀缺资源的不足，如太阳能、地热能、火山温泉、核能等。

## 六、社会文化环境

社会文化主要指一个国家和地区的民族特征、价值观念、生活方式、风俗习惯、宗教信仰、伦理道德、教育水平、语言文字等的总和。它主要由两部分组成：一是全体社会成员所共有的基本核心文化；二是随时间变化和外界因素影响而容易改变的社会次文化或亚文化。文化对所有营销参与者的影响是多层次、全方位、渗透性的，它不仅影响企业营销组合，而且影响消费者心理、消费习惯等。企业必须重视对文化环境的研究，针对不同的文化环境制定不同的营销组合策略。

### (一)教育水平

教育程度不仅影响劳动者收入水平，而且影响着消费者对商品的鉴赏力，影响消费者心理、购买的理性程度和消费结构，从而影响着企业营销策略的制定和实施。

### (二)宗教信仰

宗教是文化中最敏感的要素。营销者若对宗教知之甚少或一窍不通，很容易冒犯教规和教徒。宗教对一个国家经济发展、市场状况的影响，在不同国家、不同地区有很大差别。宗教对人们的生活方式、价值观念、购买商品的选择、购买行为模式等都有深刻的影响，不同的宗教环境会给营销者带来不同的机遇或限制。

**(三)价值观念**

价值观是指人们对社会生活中各种事物的态度和看法。不同的文化背景下，价值观差异很大，影响着消费需求和购买行为。对于不同的价值观，营销管理者应研究并采取不同的营销策略。对于乐于变化、喜欢猎奇、富有冒险精神、较激进的消费者，应重点强调产品的新颖和奇特；对于一些注重传统、喜欢沿袭传统消费习惯的消费者，企业在制定促销策略时应把产品与目标市场的文化传统联系起来。

**(四)消费习俗与消费流行**

消费习俗是指历代传递下来的一种消费方式，是风俗习惯中的一项重要内容。不同的国家、地区及民族，长期形成各自不同的风俗习惯、文化传统，如居住、饮食、服饰、礼仪、社会文化活动、人情往来、婚丧等方面，消费习俗都表现出独特的心理特征和行为方式，由此产生了对商品或服务的不同需求。企业必须了解目标市场的风俗习惯，有针对性地开展营销活动。

受社会文化多方面的影响，消费者会产生共同的审美观念、生活方式和情趣爱好，从而导致社会需求的一致性，这就是消费流行。消费流行在服饰、家电以及某些保健品方面表现最为突出。消费流行在时间上有一定的稳定性，在空间上还有一定的地域性。

**(五)审美观念**

不同的国家、民族、宗教、阶层和个人，往往因社会文化背景不同，其审美标准也不尽相同。不同的审美观对消费影响是不同的，企业应针对不同的审美观所引起的不同消费需求，开展自己的营销活动，特别要把握不同文化背景下的消费者审美观念及其变化趋势，制定良好的市场营销策略以适应市场需求的变化。

文化对所有营销参与者的影响是多层次、全方位、渗透性的。它不仅影响企业营销组合，而且影响消费心理、消费习惯等，这些影响多半是通过间接的、潜移默化的方式进行的。

除此之外，文化环境还包括职业、语言、社会结构、社会道德风尚等多方面的因素。文化环境不是一成不变的，而是动态的。随着经济生活的国际化、世界文化交流的日益加深，以及不同地区、民族文化之间的渗透、融合与创新，企业所面临的文化环境处于不断变化之中。对此，企业应加强对各种文化环境的动态研究，以选择有效的目标市场，制定科学的营销组合策略。

## 第三节　微观市场营销环境

微观市场营销环境是指与企业紧密相连、直接影响企业营销能力和效率的各种力量和因素的总和，主要包括企业自身、供应商、营销中介、顾客、竞争者及公众。企业营销活动能否成功，除营销部门本身外，还要受到这些因素的直接影响。

## 一、企业自身

微观环境中的第一力量是企业内部的环境力量。良好的企业内部环境是企业营销工作得以顺利开展的重要条件。内部环境由企业高层管理(董事会、厂长、经理)和企业内部各种组织(财务、研发、采购、生产和会计等)构成。营销部门工作的成败与企业领导及其各部门的支持有很大关系。企业所有部门都同营销部门的计划和活动发生着密切的关系。各管理层之间的分工是否科学,协作是否和谐,能否使人精神振奋、目标一致、配合默契,都会影响企业营销管理决策和营销方案的实施。

市场营销部门在制定营销决策时,不仅要考虑企业的外部环境力量,还要考虑企业的内部环境力量。首先,市场营销部门应依据最高管理层的规划作出决策。作为企业的领导核心,最高管理层负责制定企业的任务、目标、发展战略及其重大决策,这些都会直接影响到企业的市场营销活动。市场营销部门必须在企业发展战略的指导下制定市场营销计划。其次,市场营销部门要与其他职能部门密切合作。一个企业的市场营销部门不是孤立的,因为市场营销部门的业务活动和其他部门的业务活动是互相关联的,例如,市场营销部门把它的市场营销计划呈送最高管理层之前,要征求财务和制造部门的意见,如果这两个部门在资金使用和生产能力上不予支持,则市场营销计划将成为一纸空文。在市场营销计划的执行过程中,财务资金能否有效地运用,制造部门能否按期、按质交货,研究与开发部门能否提高产品性能与设计新产品,采购部门对生产过程所需原材料能否及时供应,企业高层管理的决策是否正确,这些都是影响市场营销计划完成的企业内部环境力量。所以,市场营销部门的管理者们作决策时,必须考虑到其他部门的业务活动情况。而且企业所有部门都要密切协作,共同参与企业的市场营销工作。

## 二、供应商

供应商是向企业及其竞争者提供生产经营所需资源的企业或个人,包括提供原材料、零配件、设备、能源、劳务、资金及其他用品等。供应商对企业营销业务有着实质性的影响,其所供应的原材料数量和质量将直接影响企业产品的数量和质量;所提供的资源价格会直接影响产品成本、价格和利润;供应商供货的稳定性和及时性是企业营销活动顺利进行的前提。在物资供应紧张时,供应商的供货情况更是起着决定性的作用。如企业在开发新产品时,若无开发新产品所需的原材料或设备的及时供应,就不可能成功;有些比较特殊的原材料和生产设备,还需供应商为其单独研制和生产。企业对供应商的影响力要有足够的认识,应尽可能与其保持良好的合作关系,并开拓更多的供货渠道,甚至采取逆向发展战略,兼并或收购供应者企业(后向一体化)。

随着社会化大生产的发展,企业专业化程度越来越高,分工越来越细。这样一来,企业必然要与众多的供应商发生密切的联系。因此,企业必须选择好自己的供应商,以确保所需资源的数量、质量和交货期,这是企业顺利开展市场营销活动的基础。对此,企业必须时刻关注供应商这一营销环境的变化。一方面,应考虑供应商对企业的合作态度、诚意和可靠性,以保证企业所需资源的长期性、稳定性,并与供应商建立长期友好的合作关系;另一方面,应考虑供应商的供应能力、信用,以及所提供的资源的质量、价格、品种等是否符合要求。此外,还要考虑供应商的距离远近，一般不要舍近求远，否则会增加采购成本，不利于竞争。所以，企业不仅要加强与现有资源供应者的协作关系，还要不断寻找新的供应源，拓宽自己的供应渠道，以保证企业生产经营的顺利进行。

## 三、营销中介

营销中介主要指协调企业促销、销售和经销其产品给最终购买者的机构，包括中间商、实体分配公司、营销服务机构和财务中介机构等。它们是企业进行营销活动不可缺少的中间环节，企业的营销活动需要它们的协助才能顺利进行，如生产集中和消费分散的矛盾需要中间商的分销来解决，广告策划需要得到广告公司的合作等。

### （一）中间商

中间商包括商人中间商和代理中间商，是协助企业寻找顾客或直接与顾客交易的商业性企业。商人中间商购买商品，拥有商品所有权，又称经销商，主要有批发商和零售商。代理中间商包括代理商、经纪人和生产商代表，专门介绍客户或与客户洽商签订合同，但不拥有商品所有权。

### （二）实体分配公司

实体分配公司主要是指协助厂商储存并把货物运送至目的地的仓储物流公司。实体分配公司包括包装、运输、仓储、装卸、搬运、库存控制和订单处理等，其基本功能是调节生产与消费之间的矛盾，弥合产销时空上的背离，提供商品的时间效用和空间效用，以利适时、适地和适量地把商品供给消费者。

### （三）营销服务机构

营销服务机构主要是指为厂商提供营销服务的各种机构，如营销研究公司、广告公司、传播公司等。他们协助企业选择最恰当的目标市场，并帮助企业向其选定的目标市场推销产品。企业可自设营销服务机构，也可委托外部营销服务机构代理有关业务，并定期评估其绩效，以促进其提高创造力、质量和服务水平。有些大公司，如杜邦公司和老人牌麦片公司，他们都有自己的广告代理人和市场调研部门，而大多数企业都与专业营销服务机构以合同方式委托办理这些事务。

### （四）财务中介机构

财务中介机构主要是指协助厂商融资或分担货物购销储运风险的机构，如银行、保险公司等。财务中介机构不直接从事商业活动，但对工商企业的经营发展至关重要。在市场经济中，企业与金融机构关系密切，企业间的财务往来要通过银行结算，企业财产和货物要通过保险取得风险保障，贷款利率与保险费率的变动也会直接影响企业成本，而信贷来源受到限制会使企业处于困境。

## 四、顾客

顾客就是企业的目标市场，是企业服务的对象，也是营销活动的出发点和归宿。企业的一切营销活动都应以满足顾客的需要为中心。因此，顾客是企业最重要的环境因素。

为便于深入研究各类市场的特点，国内顾客市场按购买动机可分为五种类型，连同国际市场，企业面对的市场类型如图 2—3 所示。每一个市场都有各自的特点，企业必须研究各类市场的需求特点，以便有效地开展有针对性的营销活动。

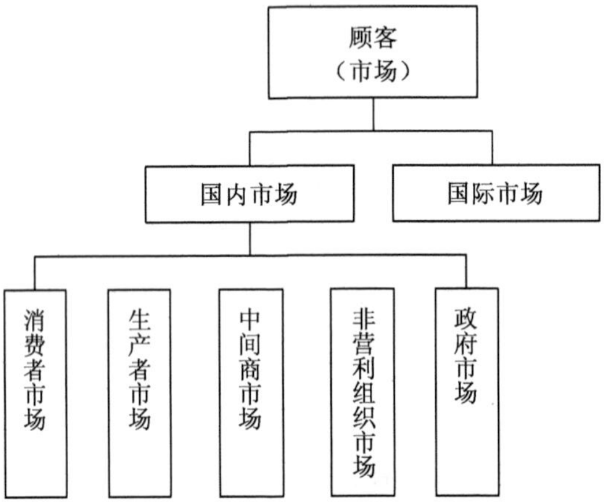


**图 2—3　市场类型**

(1)消费者市场。即由为了个人消费而购买产品和服务的个人或家庭所构成的市场。

(2)生产者市场。即由为了生产、取得利润而购买产品和服务的企业所构成的市场。

(3)中间商市场。即由为了转卖、取得利润而购买产品和服务的批发商和零售商所构成的市场。

(4)非营利组织市场。即由为了维持正常运转而购买产品和服务的各类非营利组织所构成的市场。

(5)政府市场。即由为了履行职责而购买产品和服务的政府机构所构成的市场。

(6)国际市场。即由国外的消费者、生产者、中间商、政府机构等所构成的市场。

## 五、竞争者

竞争者是指与企业存在利益争夺关系的其他经济主体。企业的营销活动常常受到各种竞争者的包围和制约，因此，企业必须识别和战胜自己的竞争对手，才能在激烈的竞争中立于不败之地。对于企业来说，并非仅仅是迎合目标顾客的需求，而且要通过有效的产品定位，使本企业产品与竞争者产品相比，在顾客心目中形成明显差异，取得竞争优势。企业的竞争对手包括生产和销售与本企业相同产品或服务的企业、潜在的进入者及替代品的生产者和供应商等。从消费需求的角度看，企业在市场上面临的竞争者可分为愿望竞争者、属类竞争者、产品形式竞争者和品牌竞争者四种类型。

### (一)愿望竞争者

愿望竞争者是指提供不同产品、满足不同消费欲望的竞争者。消费者在同一时刻的欲望是多方面的,但很难同时满足,这就出现了不同需要,即不同产品的竞争。例如,消费者收入增加,为改善生活,可以购买家庭耐用消费品,可外出旅游,也可装修住宅等,出现了许多不同的欲望,但从时间和财力上来说,消费者只能选择其力所能及的项目作为这一时期的欲望目标。

### (二)属类竞争者

属类竞争者是指满足同一消费欲望的不同产品之间的可替代性,是消费者在决定需要的类型之后出现的次一级竞争,也称平行竞争。如消费者需要购买家庭耐用消费品,那么是购买家庭娱乐设备,还是购买新式家具,或是购买家庭健身器材,消费者要选择其中一类,以满足这一消费欲望。

### (三)产品形式竞争者

产品形式竞争者是指满足同一消费欲望的同类产品不同产品形式之间的竞争。消费者在决定了需要的属类产品之后,还必须决定购买何种产品。比如消费者在决定购买家庭娱乐设备后,还必须决定是购买大屏幕电视机,还是购买摄像机,或是购买高级音响设备。

### (四)品牌竞争者

品牌竞争者是指满足同一消费欲望的同种产品形式但不同品牌之间的竞争。如消费者决定购买大屏幕电视机,而大屏幕电视机又有许多生产厂家,如长虹、康佳、TCL 等,消费者还需决定购买什么品牌的大屏幕电视机。

企业要成功,必须在满足消费者需要和欲望方面比竞争对手做得更好。企业的营销系统总是被一群竞争者包围和影响着。为此,企业必须加强对竞争者的研究,了解对本企业形成威胁的主要竞争对手及其策略,双方的力量对比如何,只有知己知彼、扬长避短,才能在消费者心目中强有力地确定其所提供产品的地位,获得战略优势。

## 六、公众

公众是指对企业实现营销目标的能力有实际或潜在利害关系和影响力的团体或个人。企业所面临的公众主要有以下几种:

### (一)融资公众

融资公众是指影响企业融资能力的团体,如银行、投资公司、证券经纪公司、交易所、保险公司等。企业可以通过发行年度财务报告,回答关于财务问题的询问,稳健营运资金,在融资公众中树立信誉。

### (二)媒介公众

媒介公众主要是指报纸、杂志、广播电台、电视台等大众传播媒体,它们对企业的形象及声誉的建立具有举足轻重的作用。企业必须与媒介建立良好的关系，争取有更多、更好的利于企业的新闻、特写。

**(三)政府公众**

政府公众是指负责管理企业营销活动的有关政府机构。企业的发展战略与营销计划应充分考虑政府的政策，研究政府颁布的有关法规和条例，与政府的发展计划、产业政策、法律法规保持一致，注意咨询有关产品安全卫生等与企业密切相关的法律法规。

**(四)社团公众**

社团公众是指保护消费者权益的组织、环保组织及其他群众团体等。企业营销活动关系到社会各方面的切身利益，必须密切注意并及时处理来自社团公众的批评和意见。

**(五)社区公众**

社区公众是指企业所在地附近的居民和社区组织。企业必须重视保持与当地公众的良好关系，积极支持社区的重大活动，为社区的发展贡献力量，争取社区公众理解和支持企业的营销活动。

**(六)一般公众**

一般公众是指上述各种公众之外的社会公众。一般公众虽然不会有组织地对企业采取行动，但企业形象会影响他们的惠顾。

**(七)内部公众**

内部公众是指企业内部的员工，包括董事会、经理、企业职工。企业的营销计划需要全体职工的充分理解、支持和具体执行，所以应经常向员工通报有关情况，介绍企业发展计划，关心职工福利，奖励有功人员，增强内部凝聚力。

所有这些公众，均对企业的营销活动有着直接或间接的影响，处理好与广大公众的关系，是企业营销管理的一项极其重要的任务。

## 第四节　市场营销环境的识别与应对

市场营销环境是企业生存和发展的外部条件，对企业经营具有重大影响。市场营销环境分析的任务就是对市场营销环境各要素进行调查研究，以明确其现状和变化发展的趋势，从中区别出对企业发展有利的机会和不利的威胁，并且根据企业自身情况制定出相应的对策。

环境的发展变化给企业营销带来的影响分为两大类，即环境威胁和市场机会。分析研究营销环境，目的在于抓住和利用市场机会，避免环境威胁。

市场营销环境是通过对企业构成环境威胁或提供市场机会而影响企业的营销活动。

环境威胁是指环境中不利于企业营销的因素及其发展趋势，这些不利因素对企业形成挑战，对企业的市场地位构成威胁。这种挑战可能来自国际经济形势的变化，如2007年由美国次贷危机引起的全球金融危机，给世界多数国家的经济和贸易带来了负面影响。挑战也可能来自社会文化环境的变化，如随着国内外对环境保护要求的提高，某些国家实施“绿色壁垒”，这对某些产品不符合新的环保要求的生产者，无疑是一个严峻的挑战。

市场机会，也称环境机会，是指由环境变化造成的对企业营销活动富有吸引力和具有利益空间的领域。在这些领域，企业拥有竞争优势。市场机会对不同企业有不同的影响力，企业在每一特定的市场机会中成功的概率取决于其业务实力是否与该行业所需要的成功条件相符合。例如，企业是否具备实现营销目标所必需的资源，企业是否能比竞争者利用同一市场机会获得较大的"差别利益"；等等。

市场营销环境的综合分析也称机会和威胁分析，通常分为三个步骤，如图 2—4 所示。

**图 2—4　市场营销环境分析步骤**

## 一、环境扫描

企业通常使用的收集环境信息的方法是"环境扫描"。环境扫描的具体做法是：由企业的高层领导召集熟悉营销环境的管理人员和聘请外部专家组成分析小组，通过有组织的调查研究、预测分析，将所有可能影响企业经营的环境因素变化引发的事件一一罗列，然后加以讨论，逐一评审所有列为有关的环境事件，从中筛选小组一致认定的对企业经营将有不同程度影响的事件。

对环境状况的描述可从三个方面来进行：(1)环境的动态性，即环境变化的快慢和剧烈程度，环境变化越快、变化越大，则环境动态性越强；(2)环境的复杂性，即环境各个组成部分之间相互关系越复杂，则环境复杂性越强；(3)环境发展空间，即组织可以在现有环境下发展的规模，市场潜力是环境发展空间的一个重要指标。

通过环境扫描，可以区分出对企业发展产生和可能产生重大影响的关键因素，从而有利于企业集中精力对这些重大因素进行分析，做到有的放矢。

### 营销小链接

经过对我国烟草行业外部环境扫描，得出以下结论：

1. 有些国家政府颁布了法令，规定所有的香烟广告包装上都必须印上关于吸烟危害健康的严重警告。

2. 有些国家的某些地方政府禁止在公共场合吸烟。

3. 许多发达国家吸烟人数下降。

4. 这家烟草公司发明用莴苣叶制造无害烟叶的方法。

5. 发展中国家的吸烟人数迅速增加。

## 二、环境评价

显然，对外部环境经过初步评估后，还要回答以下问题：(1)产生了哪些机会和威胁？(2)发生这种情况的可能性有多大？(3)对企业的冲击有多大？(4)影响时机是什么？此外，还要运用环境威胁矩阵图和市场机会矩阵图对上例烟草行业扫描出的外部环境加以分析和评价，如图 2—5、图 2—6 所示。

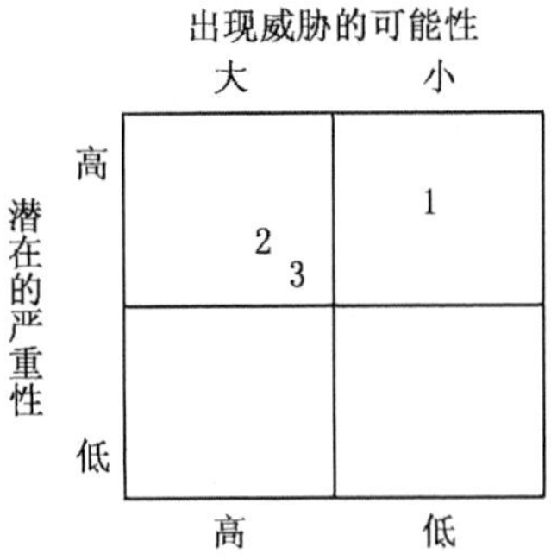


图 2—5　环境威胁矩阵

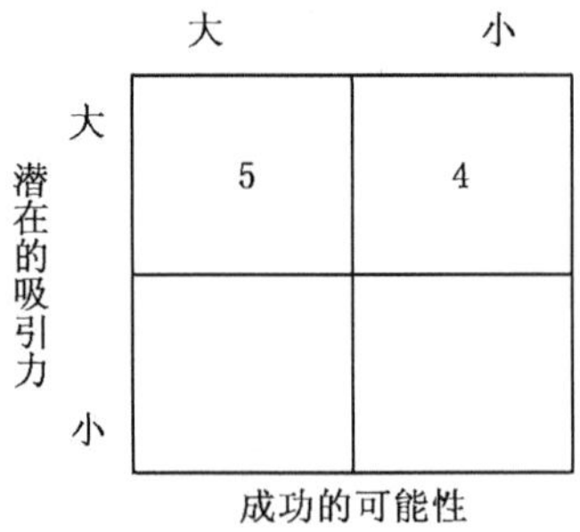


图 2—6　市场机会矩阵

环境威胁矩阵图的横轴代表“出现威胁的可能性”，纵轴代表“潜在的严重性”。在上例烟草行业外部环境分析中，1、2 和 3 条动向给这家烟草公司造成了环境威胁。该烟草公司有三个环境威胁，分别在图中做出，即动向 1、2 和 3(见图 2—5)。其中威胁 2 和威胁 3 都是潜在严重性大，出现威胁的可能性也大，所以这两条环境威胁都是主要威胁，公司要引起足够重视；威胁 1 的潜在严重性大，但出现威胁的可能性小，所以这个威胁不是主要威胁。

市场机会矩阵的横轴代表“成功的可能性”，纵轴代表“潜在的吸引力”。在上例烟草行业外部环境分析中 4 和 5 造成了使公司可能享有差别利益的市场机会。该烟草公司有两个“市场机会”，分别在图 2—6 中做出，即动向 4 和 5。其中，最好的市场计划是 5，其潜在的吸引力和成功的可能性都大；市场机会 4 的潜在吸引力虽然大，但其成功的可能性小。

根据环境威胁矩阵图和市场机会矩阵图来评价企业状况，我们可以把企业的业务划分为四种类型，如图 2—7 所示。

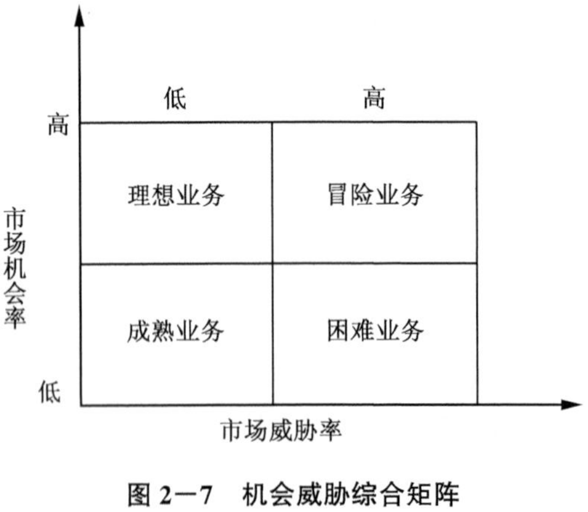


图 2—7　机会威胁综合矩阵

1. 理想业务，即高机会和低威胁的业务；
2. 冒险业务，即高机会和高威胁的业务；
3. 成熟业务，即低机会和低威胁的业务；
4. 困难业务，即低机会和高威胁的业务。

上例中，烟草公司共有两个主要威胁，即 2 和 3，以及一个最好的机会，即 5。这就是说，该公司的业务属于冒险业务。

从以上分析和评价我们可以看出，市场营销环境可以给企业提供市场机会，使企业获利；也可以给企业带来环境威胁，使企业面临风险。因此，企业应尽力寻找成功的机会，并力图避免风险。

## 三、企业对环境分析后的反应

企业的反应方式分为两类，一类是被动反应，即事情发生之后才采取必要的措施，如食品安全问题发生后才紧急回收；另一类是主动出击，即事情发生之前，先采取行动争取机会或降低威胁，如食品公司主动对食品卫生与品质管理采取超高标准。

### （一）理想业务

理想业务是指拥有很多机会，却很少有甚至没有威胁的业务，即高机会、低威胁的业务。企业应认识到机会难得、转瞬即逝，必须抓住机遇，迅速行动；否则，将丧失战机，后悔不及。

### （二）冒险业务

冒险业务又称投机业务，是指高机会、高威胁的业务。企业面对高利润与高风险，既不宜盲目冒进，也不应迟疑不决、坐失良机，企业应全面分析自身的优势与劣势，扬长避短，创造条件，争取突破性的发展。

### （三）成熟业务

成熟业务是指机会与威胁均处于较低水平的业务，可作为企业的常规业务，用以维持企业的正常运转，并为开展理想业务和冒险业务准备必要的条件。

### （四）困难业务

困难业务是指机会很少、威胁却很大的业务，即低机会、高威胁的业务。企业要么努力改变环境，走出困境或减轻威胁；要么立即转移，摆脱无法扭转的困境。

对四类业务的应对措施如表 2－1 所示。

**表 2－1　　各类业务应对措施**

| 业务类型 | 市场营销对策 |
|---|---|
| 理想业务 | 抓住机遇，迅速行动 |
| 冒险业务 | 扬长避短，创造条件，争取突破性的发展 |
| 成熟业务 | 企业的常规业务 |
| 困难业务 | 改变环境，走出困境或立即转移 |

## 四、环境分析报告

在进行机会与威胁分析之后，需要整理、归纳以上对企业环境进行调查、分析和预测的结果，撰写环境分析报告。该报告将作为企业最高管理层构想营销战略方案和进行战略决策的基本依据。

撰写环境分析报告的过程是对未来环境变化进一步调查分析、明确问题、深化认识的过程，因而是环境分析的一个重要步骤，是分析结果的总结和概括，它应能回答战略决策所了解的未来环境问题。报告的主要内容包括：

(1)企业未来将面临什么样的环境？

(2)各个环境因素会如何变化？对企业将造成怎样的影响？

(3)未来环境会使企业有哪些机会和威胁？它们出现的概率有多大？

(4)企业适应未来环境的初步设想和战略课题是什么？

环境分析报告的叙述应力求简明扼要，论证要用事实和数据说明，尽量采用直观醒目的图表。

## 知识拓展

### SWOT 分析法

SWOT 分析法是一种企业战略分析方法，即企业根据自身既定的内在条件进行分析，找出企业的优势、劣势及核心竞争力之所在。其中，S 代表 strength(优势)，W 代表 weakness(弱势)，O 代表 opportunity(机会)，T 代表 threat(威胁)。S、W 是内部因素，O、T 是外部因素。按照企业竞争战略的完整概念，战略应是一个企业"能够做的"(即组织的强项和弱项)和"可能做的"(即环境的机会和威胁)之间的有机组合。

SWOT 分析，将公司的内部分析与外部分析结合起来，形成了结构化的平衡系统分析体系。

SWOT 分析法自形成以来，广泛应用于企业战略研究与竞争分析，成为战略管理和竞争情报的重要分析工具。分析直观、使用简单是它的重要优点。但是，正是这种直观和简单，使得 SWOT 分析法不可避免地带有精度不够的缺陷。例如，SWOT 分析采用定性方法，通过罗列 S、W、O、T 的各种表现，形成一种模糊的企业竞争地位描述，以此为依据作出的判断难免会带有一定程度的主观臆断。所以，在使用 SWOT 方法时要注意方法的局限性，在罗列作为判断依据的事实时要尽量真实、客观、精确，并提供一定的定量数据，以弥补 SWOT 定性分析的不足，构造高层定性分析的基础。

近来，SWOT 分析法已被应用在许多领域，如学校的自我分析、个人能力的自我分析等方面。

## 本章习题

**一、名词解释**

市场营销环境　　营销中间商　　个人可支配收入　　市场机会　　环境威胁

**二、简答题**

1. 什么是营销环境？营销环境系统的构成如何？
2. 简述市场营销环境的特点，分析市场营销环境的意义。
3. 宏观市场营销环境的构成有哪些？
4. 微观市场营销环境的构成有哪些？
5. 简述营销环境分析的步骤。

6. 简要说明我国人口现状及变化趋势，并说明其对市场营销的影响。
7. 为什么说科学技术在市场营销中是一种创造性的破坏力量?

## 三、操作训练题

选择一种产品，分析它所处的市场营销环境。

## 四、案例分析题

### 英国电讯公司

1981～1991年，仅仅11年，英国电信业发生了惊人的变化。在1981年以前，所有的电话业务都是由邮局(电信组)垄断经营。英国电讯公司作为一家独立于邮局的公营企业成立于1981年，后来，该公司于1984年首次发行了公众股。与此同时，该行业引入了竞争机制。

在20世纪80年代，尽管英国电讯公司仍占据了市场的最大份额，竞争者们已经严重侵入了诸如终端设备的销售(如电话机)、增值服务的提供(如电子邮件)以及大公司用户公司内电话网的构建等领域。甚至在普通长途电话领域，墨丘利电讯公司(电缆和无线电公司的子公司)也开始产生了真正的威胁。然而，由于80年代整个经济增长十分迅速，而且电信市场的扩展比经济增长还要迅速，即使英国电讯公司的市场份额在逐步缩小，但业务还是以惊人的速度增长。因此，当90年代初期萧条到来时，英国电讯公司还茫然不知。这时竞争开始残酷起来，市场增长率也因此趋缓，公司营业额和利润都受到了打击。

尽管英国电讯公司很大，但公司提供服务的种类和覆盖的市场却很窄。公司在私有化后的第一反应是减少公有制带来的脆弱性。因此，英国电讯公司寻求新的业务机会，扩展其提供给英国的服务组合，并在海外市场寻找机会。

作为一家公营企业，公司的主要国际业务是连接并交换英国和海外的电话及传真往来，此外还有一些其他的国际服务，如国际私人线路、国际信息服务和电视电话会议，但它们中的任何一个都不能产生像国际长途那样的巨额收入。事实上，所有的国际业务都是在英国电讯公司合伙人的“通讯协议”下提供的。英国电讯公司的活动集中在英国，而把其他国家需求的管理留给了当地的国家和国际电信公司。公司现在英国的活动已超越了传统的电话业务，涉及股票交易服务和警报服务之类的业务。

在海外发展业务和发散经营的最初热情于80年代末期消减下来，因为公司截至1990年中期已遭受了5.6亿美元的账面损失。由于管理层在海外公司上花了太多的精力，以致核心业务所受的压力越来越大。除了日益加剧的国内外竞争，大的跨国公司如美国的AT&T和MCI对国内市场的威胁也越来越大。英国电信市场是世界上最开放的市场之一，同时英国又是欧洲的桥头堡。随着欧洲一体化法律的生效，欧洲大陆市场也将加快开放的步伐。英国电讯公司的战略重点又回到经营电信服务的核心业务上来。为了保持利润增长和使股东满意，英国电讯公司采取了重组和裁员相结合的战略，它始于1990年，称为“最高计划”。计划是关于文化转变、重组和裁员的。

事实上，到2000年，英国电讯公司可以对过去的10年感到满意了。面对日益加剧的竞争，它保持了英国电信市场的大部分份额，公司已开始了公司文化转型的过程，裁员过程也因没有带来什么劳资纠纷而顺利进行。然而，英国电信市场的竞争仍在加剧。此外，政府还不允许英国电讯公司参与有线电视服务的特许经营。另外，公司还保持为一个单一产品、单一市场的公司。当然这是就产品(电信服务)和市场(英国)的广义定义而言的。然而，对于这一产品和市场，英国电讯公司似乎面对着日益加剧的竞争和比80年代增长更为缓慢的核心市场。

**思考题：**

1. 根据本章的学习，分析英国电讯公司不同时期的环境机会和环境威胁。
2. 分析本案例中英国电讯公司的战略业务单位，以及针对不同战略业务单位，公司所采取的投资决策。
3. 本案例中，在英国电讯公司未来的战略计划中是否可以考虑国外市场?
4. 根据本案例提到的英国电讯公司的机会和威胁，你认为公司应该如何应对这些机遇和挑战?

# 第三章
# 消费者市场与购买行为分析

**【学习目标】**

1. 了解消费者市场的含义及特点；
2. 了解消费者购买行为模式；
3. 掌握影响消费者购买行为的主要因素；
4. 掌握消费者购买决策的具体过程。

**【案例导入】**

**“月光族”**

“月光族”是指将每月赚的钱还未到下次发薪水就用光、花光的人，所谓吃光用光，身体健康；同时，也用来形容赚钱不多、每月收入仅可维持基本开销的一类人。“月光族”是相对于努力攒钱的“储蓄族”而言的。“月光族”的口号是：挣多少，用多少。

“月光族”一般都是年轻人，他们与父辈勤俭节约的消费观念不同，喜欢追逐新潮，买靓衫，只要吃得开心、穿得漂亮，想买就买，根本不在乎钱财。“月光族”有知识、有头脑、有能力，花钱不仅表达对物质生活的喜爱，更是他们赚钱的动力。老一辈信奉“会赚不如会省”，他们对“月光族”的行为痛心疾首；而“月光族”的格言是“能花才更能赚”，花光用光自得其乐。

**思考：**

1. 你是如何看待“月光族”的？
2. 请对“月光族”消费者市场的购买行为进行分析。
3. 该案例给你的启示有哪些？

消费者市场购买行为分析是营销管理的核心内容，也是一切营销活动得以开展的出发点和归宿。在市场营销学中，我们把潜在消费者的集合称为市场。因此，消费者分析也称为市场分析。市场营销的核心是如何最好地满足消费者需求。本章主要介绍和分析消费者市场的特点、消费者行为模式、影响消费者购买的主要因素以及消费者的购买决策过程。

# 第一节　消费者市场及其购买行为

## 一、消费者市场的含义及特点

### (一)消费者市场的概念

消费者市场又称最终产品市场，是指为满足生活消费需要而购买产品或服务的一切个人和家庭。消费者市场是通向最终消费的市场，是实现企业利润的最终环节，是一切社会生产的终极目标，因此，产业市场都是为消费者市场而存在的。对消费者市场的研究，是对整个市场进行研究的核心与基础。

### (二)消费者市场的特点

1. 从交易的产品看，它更多地受到消费者个人因素诸如文化修养、欣赏习惯、收入水平等方面的影响；产品的花色多样、品种复杂，产品的生命周期短；产品的专业技术性不强，替代品较多，因而产品的价格需求弹性较大，即价格变动对需求量的影响较大。

2. 从交易的规模和方式看，消费品市场购买者众多，市场分散，成交次数频繁，但交易数量零星。因此，绝大部分商品都是通过中间商销售，以方便消费者购买。

3. 从购买行为看，消费者的购买行为具有很大程度的可诱导性。这是因为，消费者在决定采取购买行为时，不像生产者市场的购买决策那样，常常受到产品特征的限制及国家政策和计划的影响，而是具有自发性、冲动性特点；二是消费品市场的购买者大多缺乏相应的产品知识和市场知识，其购买行为属非专业性购买，他们对产品的选择受广告、宣传的影响较大 。由于消费者购买行为的可诱导性，生产和经营部门应注意做好商品的宣传广告，指导消费 ，一方面当好消费者的参谋，另一方面也能有效地引导消费者的购买行为。

4. 从市场动态看，由于消费者的需求复杂，供求矛盾频繁，加之随着城乡交往、地区间往来的日益频繁，旅游事业的发展，国际交往的增多，人口的流动性越来越大，购买力的流动性也随之增强。因此，企业要密切注视市场动态，提供适销对路的产品，同时要注意增设购物网点并在交通枢纽地区创设规模较大的购物中心，以适应流动购买力的需求。

(1)非营利性。消费者购买商品是为了获得某种使用价值，满足自身生活消费的需要，而不是为了转手销售去盈利。

(2)非专业性。消费者一般缺乏专门的产品知识和市场知识。消费者在购买商品时，往往容易受到厂家和商家的广告宣传、促销方式、商品包装及服务态度的影响。

(3)层次性。由于消费者的收入水平不同、所处社会阶层不同，消费者的需求也会表现出一定的层次性。一般来说，消费者总是先满足最基本的生存需要和安全需要，购买衣、食、住、行等生活必需品，然后才能视情况逐步满足较高层次的需要，购买享受型和发展型商品。

(4)替代性。消费品中除了少数商品不可替代外，大多数商品都可找到替代品或可以互换使用的商品。因此，消费者市场中的商品有较强的替代性。

(5)广泛性。在消费者市场上，不仅购买者众多，而且购买者地域分布广泛，从城市到农村、从国内到国外，消费者市场无处不在。

(6)流行性。消费者需求不仅受消费者内在因素的影响，还会受环境、时尚等外在因素的影响。时代不同，消费者的需求也会随之不同，消费者市场中的商品具有一定的流行性。

## 二、消费者市场的购买对象

### (一)按消费者的购买习惯划分

依据消费者购买、消费的习惯，可将消费者的购买对象(即消费品)分为便利品、选购品、特殊品和非渴求品。

1. 便利品

便利品是指那些广大消费者经常购买、即用即买、购买时花最小精力去比较的产品。消费者对这类产品一般比较熟悉，并具有一定的产品知识，所以在购买时不需要花更多时间去比较它们的价格与品质等，多数是就近购买，而且也愿意接受其他代用品，没有强烈的偏好，比如香烟、肥皂、报纸、食盐等。因此，便利品的生产企业在选择分销渠道时，应注意销售网点的广泛性和合理性，以便满足消费者及时、方便购买的需要。

2. 选购品

选购品是指价格比便利品贵，消费者购买时愿意花较多时间对许多同类产品进行比较之后才决定购买的产品，比如服装、家具、家用电器等。一般来说，选购品的价格较高，消费者对这类产品了解也不多，购买时间的间隔较长，购买频率低，而且消费者对此类产品产生需求时，并不会像对便利品那样立即购买，往往会对多种品牌的同类商品加以比较。因此，选购品的生产企业应该备有丰富的花色品种，以满足不同消费者的爱好，并且应将销售网点设在商业网点比较集中的地区，使产品的销售点相对集中，以便消费者进行比较和选择，此外，还要拥有受过良好训练的推销人员，为消费者提供信息和咨询。

3. 特殊品

特殊品是指消费者对其有特殊偏好并愿意花较多时间和精力去购买的消费品，比如高级服装、轿车、专业摄影器材等。消费者在购买前对这些产品已经有了一定的认识，对某些特定的品牌有特殊偏好，不愿接受代用品。特殊品的生产企业应树立品牌意识，争创名牌产品，赢得消费者的青睐和忠诚，并加强广告宣传，扩大企业及其产品的知名度。

4. 非渴求品

非渴求品是指消费者目前尚不知道，或者知道而不打算主动购买的产品。以微型机、某些特效新药等为例，在未大力推广之前，消费者并不知道有这些产品，这就属于非渴求品。至于已经知道而一般情况下不打算购买的产品，最典型的是人寿保险、墓地和百科全书，由于这些产品非常特殊，所以应通过广告及人员推销等方式做大量的市场营销努力。

### (二)按产品的耐用性和使用频率划分

1. 耐用品

耐用品是指能多次使用、寿命较长的商品，如电视机、电冰箱、音响、电脑等。消费者购买这类商品时，决策较为慎重。生产这类商品的企业，要注重技术创新，提高产品质量，同时要做好售后服务，满足消费者的购后需求。

2. 非耐用品

非耐用品是指使用次数较少、消费者需经常购买的商品，如食品、文化娱乐品等。生产这类产品的企业，除应保证产品质量外，还要特别注意销售点的设置，以方便消费者的购买。

## 营销小链接

### 中国奢侈品消费状况

据《中国奢侈品报告》显示，2014 年全球奢侈品市场总额为 2 320 亿美元，其中中国人消费达 1 060 亿美元，这意味着中国人买走了全球 46%的奢侈品。

2014 年中国消费者在本土的消费额为 250 亿美元，占总额的 24%；在境外消费达到 810 亿美元，占总额的 76%。由于出境旅游人数暴涨、境内外奢侈品价差可观，造成了消费外流加剧。2014 年中国出境旅游人数连续 5 年以 20%左右的速度增长，中国出境游人数由 2010 年的 5 300 多万人增长到 2014 年的 1.17 亿人，且人均境外购物消费达 632 美元，为全球最高，主要为奢侈品消费。

中国奢侈品消费者的主要构成：

1. 年轻群体成为消费主力

近些年，除了有钱人和明星之外，数量更为庞大的年轻人逐渐成为奢侈品消费的主力。他们的消费观完全不同于上一代，虚荣心较强，崇拜名牌，喜欢攀比，又有经济实力支撑奢侈品消费。这些年轻人中有些是所谓的“富二代”，也有不少是跟随、模仿明星的年轻人，人们常听到“买奢侈品是一种潮流”“我的偶像也穿这一款”之类的言论。

总之，使用奢侈品时的优越感和愉悦感足以激发他们的消费欲望，从而出现趋之若鹜的消费现象。另外，由于奢侈品消费的示范效应，也让不那么富裕的白领、小老板竞相追逐，变成“排浪式”消费。

2. 炫耀财富、显示身份的富人

奢侈品是一种符号，代表着成功和富裕。据报道，在国外，奢侈品爱好者、收藏家往往是上了岁数的有钱人，他们平均只用自己 4%的财富去购买奢侈品，买的大多是富有文化内涵的产品，意味着拥有一种文化。在国内，对奢侈品的理解也大多停留在暴发户阶段。人们可以用收入的 40%甚至更多的钱去追求。因为“暴发户”想立刻花掉一部分钱来满足自己，并让别人承认自己。

当然，随着时代的发展和进步，中国的部分富豪也开始变得有品位和低调起来。

3. 迎合“潜规则”的商务人士(送礼者)

据报道，在中国，男性商人是奢侈品购买的核心人群，但他们购买奢侈品主要是为了送礼而非自己使用。

## 三、消费者购买行为模式

消费者购买行为复杂多变，对企业的营销活动提出了更高的要求。企业不仅需要了解消费者是如何获取产品和服务的，还需要了解消费者如何消费产品和服务，以及他们的消费体验、处置消费品或服务的方式与感受。通过对消费购买行为进行研究，掌握消费者购买活动的规律性，以便有针对性地开展市场营销活动。

消费者购买行为研究要解决的根本问题是，消费者是如何作出购买决策的？如果我们能够掌握消费者的决策过程及其影响因素，就可以设法通过影响和控制这些因素来影响消费者的购买行为，从而达到提高营销绩效的目的。

### (一)“7O” (6W1H)研究法

消费者市场涉及的内容千头万绪，应该从哪里入手分析消费者的购买行为呢？关于如何分析消费者的购买行为，市场营销学家归纳出以下 7 个主要问题：

消费者市场由谁构成？（Who） 购买者（Occupants）
消费者购买什么？（What） 购买对象（Objects）
消费者为什么购买？（Why） 购买目的（Objectives）
消费者市场的购买活动有谁参与？（Who） 购买组织（Organizations）
消费者在什么时间购买？（When） 购买时间（Occasions）
消费者在何地购买？（Where） 购买地点（Outlets）
消费者怎样购买？（How） 购买方式（Operations）

上述 7 个问题都包括以英文字母“O”开头的关键词，所以称为“7O”研究法，也称“6W1H”研究法，见图 3—1。

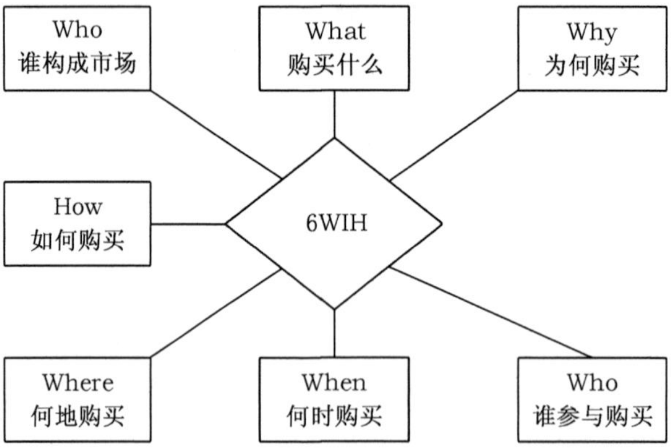


**图 3—1 消费者购买行为模式**

## 知识拓展

### 消费者购买行为模式(7O)

消费者及其购买行为概括

| | | |
|---|---|---|
| Who | 购买者(Occupants) | 谁构成市场？谁购买？谁参与购买？谁决定购买？谁使用所购产品？谁影响购买？ |
| Who | 购买组织(Organizations) | |
| What | 购买对象(Objects) | 购买什么产品或服务？顾客需要什么？顾客的需求和欲望是什么？对顾客最有价值的产品是什么？满足顾客购买愿望的效用是什么？顾客追求的核心利益是什么？ |
| Why | 购买目的(Objectives) | 为何购买？为何不愿意购买？为何购买这个而不购买那个？为何选择本企业产品？为何选择竞争者产品？ |

| | | |
|---|---|---|
| How | 购买方式(Operations) | 如何购买?如何决定购买行为?以什么方式购买(现场选购、邮购、网上购买、电视购物等)?<br>按什么程序购买?消费者对产品及其广告等如何反应? |
| When | 购买时间(Occasions) | 何时购买(什么季节购买)?何时需要?何时使用?曾经何时购买过?何时重复购买?何时产生需要?何时需求发生变化? |
| Where | 购买地点(Outlets) | 何地购买?是在城市购买还是农村购买?是在超市购买还是在农贸市场购买?是在大商场购买还是在小商店购买? |

## 营销小案例

### 可口可乐风波

20世纪50年代末,百事可乐抢走了可口可乐大面积的市场份额。可口可乐公司通过市场分析发现,消费者的口味存在多样性,而可口可乐的口味只有单一的一种,无法迎合消费者口味的变化。为此,在20世纪80年代初期,公司对市场进行了市场调研,通过各种方式测试消费者对新配方的反应,最后决定开发新口味新配方可乐代替老可乐,不料却遭到消费者的强烈反对。最后,可口可乐不得不承认自己的错误,及时调整了产品结构,将新可乐作为产品系列中的一种,而不是用来替代老可乐,陆续推出了十几种可乐,一场风波才平息。究其原因,可口可乐公司没有真正做到以"6W1H"来分析消费者购买行为。案例说明,消费者的需求是复杂多变的,不能简单推测,需要销售者认真研究。

### (二)S-O-R分析法

为研究消费者购买行为,专家们建立了一个刺激(Stimulus)—个体心理(Organism)—反应(Response)模式来说明营销环境刺激与消费者反应之间的关系(如图3—2所示)。即消费者在一定的外界刺激下,根据自己的生理、心理特性处理这些信息,经过一定的决策过程从而作出购买决定。也就是说,消费者购买行为模式是由消费者的外界刺激、消费者"黑箱"和消费者反应三个部分构成。该模式表明:首先,消费者总是直接或间接地受到外界因素的刺激与影响。这些外界因素包括两类:一类是企业的市场营销组合,即企业所提供的产品、价格、分销和促销;另一类是消费者的外部环境,即消费者所处的经济、技术、政治、文化等外部环境。其次,消费者在受到外部环境刺激后,便进入了消费者心理活动过程,就是人们常说的"黑箱",这是由于消费者的心理活动过程对企业来说是一种看不见、摸不着、不透明的东西,故称之为"黑箱"。消费者"黑箱"体现在两个方面:一是消费者特征,主要是指影响消费者购买行为的各种因素,如社会因素、文化因素、个人因素、心理因素等;二是消费者的购买决策过程,即认识需要→收集信息→评价选择→购买决策→购后感受五个阶段。最后,消费者通过一系列的心理活动产生了一系列明显的反应,如决定购买什么产品、什么品牌、向谁购买、何时购买、购买数量等,即对产品、品牌、经销商、购买时机、购买地点和购买数量等方面的选择。通过这一系列的选择,消费者最终实现其购买行为。可见,相同的外部环境刺激对不同的消费者会引起不同的反应,其原因是消费者从受到刺激到作出反应,其间还要经历一个过程,这个过程就是具有不同特征的消费者作出不同购买决策的过程,企业的营销任务就是研究这一过程,即研究影响消费者对外部环境刺激作出反应的因素,从而揭示消费者购买行为规律,制定出有针对性且行之有效的营销策略。

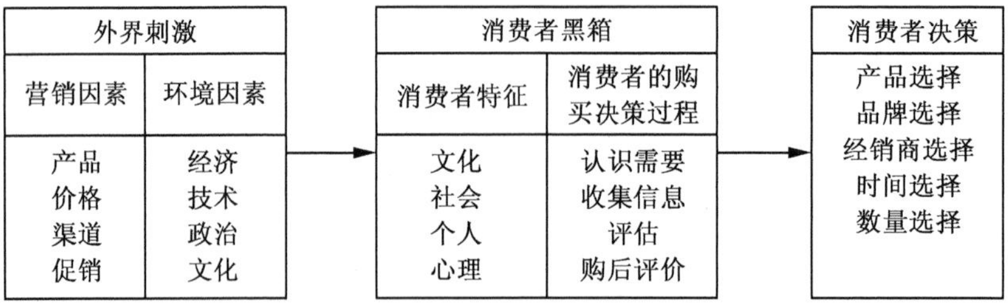


**图 3—2　消费者购买行为模式**

从这一模式中我们可以看到，具有一定潜在需要的消费者首先是受到企业营销活动的刺激和各种外部环境因素的影响而产生购买意向的，而不同特征的消费者对于外界的各种刺激和影响又会基于其特定的内在因素和决策方式作出不同的反应，从而形成不同的购买意向和购买行为。这就是消费者购买行为的一般规律。

在这一购买行为模式中，“营销刺激”和各种“外部刺激”是可以看得到的，消费者最后的决策和选择也是可以看得到的，但是购买者如何根据外部刺激进行判断和决策的过程却是看不见的，这就是心理学中的所谓“黑箱”效应。消费者购买行为分析就是要对这一“黑箱”进行分析，设法了解消费者的购买决策过程以及影响这一决策过程的各种因素的影响规律。所以，对消费者购买行为的研究重点在于对消费者“黑箱“的研究。对“黑箱”的研究主要包括两个部分：一是对影响消费者行为的各种因素的分析；二是对消费者购买决策过程的研究。

## 营销小链接

### 消费者的主要购买行为

1. 冲动购买

冲动购买常常与无计划的和突然的购买有关，伴随着强大的催促力和愉快兴奋的感觉。它包括两个核心因素：认知方面缺乏对所购产品的计划、了解和详尽考虑；感情方面有情感反应，这种情感反应可能在一次无计划购买的同时或之后被引出，如愉快、兴奋和内疚等，某种情绪状态（如愉快、兴奋和力量的混合）也会引发冲动购买行为。消费者可能以冲动购买作为释放紧张和沮丧情绪的手段。

2. 习惯性购买行为

当产品被重复购买或者产品相对不重要时，消费者就不会被激发，从而在大脑中从事大量的决策活动。

习惯性购买行为来自消费者履行习惯行为以减少思考成本的需要。习惯性购买不会有强烈、积极的品牌评价和比较，重复购买不是因为对品牌的强烈偏好，只是代表减少认知付出的一种便利的方式。所以习惯性购买的“惰性”及所购买商品低廉的价格注定消费者不会深度涉入（低涉入度）；在无明显缺陷的情况下也不会反复广泛比较“品牌差异”（低知觉差异）；同时，现实生活的经验告诉我们，只有在购买价格低廉的日常用品（如盐、大米）时才会有习惯性购买。

3. 寻求多样化购买

寻求多样化购买行为表现为频繁转换品牌，而制约品牌转换的最重要因素是“转换成本”，所以消费者只有在购买成本较低的产品（如饮料、饼干、小饰品）时才会有频繁的品牌转换行为。而对于这种不重要、低成本的产品，消费者在购买时不会有复杂的认知和信息搜集过程，即涉入程度较低。追究寻求多样化购买的原因，其一是察觉了同类产品中其他品牌的优点（差异性），并对其属性满意；其二是希望通过尝试不熟悉的品牌或多种品牌，体验一种新鲜、刺激的感觉，享受情感激发的过程。

4. 忠诚购买。

品牌忠诚的消费者可能愿意为品牌支付更高的价格，因为他们察觉了品牌中蕴含的其他品牌不能提供的独特价值。这种独特来源于对品牌可靠性的极大信任或消费者使用这个品牌时赞赏的感情。忠诚购买者会长期、持续、重复选择众多替代品中的一个品牌，过往的消费经历使消费者对该品牌"独特的价值"非常了解（高知觉品牌差异）。消费者越是察觉各种品牌间的质量差异，就越觉得区别这些品牌的重要性，个人就越可能忠诚购买。知觉品牌差异可能是品牌忠诚度的最重要的预测因素之一。同时对品牌的极端信任和有特殊的感情，使忠诚消费者对该品牌所具有的独特品质深信不疑，在购买时不会过多思考，也不会反复评价和比较品牌（低度涉入）。通常情况下，消费者持续、重复购买的产品都是实用型的产品。

5. 促销反应购买。

促销反应购买行为是促销倾向和价值意识两方面的表现，消费者响应促销是因为促销形式降低的价格和价值增加双重原因。在价值意识的作用下，消费者不仅关心低价，而且关心产品质量、关心是否物有所值。购买促销产品时，消费者更倾向于搜索产品质量和价值信息，了解更多的产品知识和价格知识，所以可以预测是持久高度涉入和高知觉品牌差异的表现。另外，促销倾向的消费者最有可能发现"不可拒绝的购买"，可能他们购买的东西从来不用，因此可以设想消费者购买的促销品不是为了实用，而是从购买促销品的过程中得到一种心理享受。例如，促销活动降低购买价格从而增加交易效用，使消费者感觉自己得了便宜，或者觉得自己很精明。

6. 复杂购买

复杂购买表现为较长的较为复杂的认知过程、有广泛且深入的信息搜集行为、有品牌比较行为、对商品的种种属性进行深入的理解与比较，这些是高度涉入和高知觉品牌差异的表现。同时，消费者一般对花钱多、偶尔购买、风险大和引人注目的产品，在购买时都非常专心仔细，这些产品多是功能型的实用产品。

7. 减少失调购买

失调来源于情感与行为知识元素间的不一致，也就是认知错位。决策过程中，判断难度越大或决策越重大，这种失调效应越强烈。消费者在购买产品前，往往把一些产品的许多替代品牌看成是基本相似的（如地毯），即使由于产品贵重的原因使消费者会深度介入了解产品的各种特性，但由于品牌差异确实很小和一般消费者专业水平的限制，这种相似的概念不会改变。但实际上，所有的品牌都不可能完全相同，即使非常相似，也都有各自的优缺点。

这种认知上的错位使消费者无论购买哪个品牌，事后都会发现该品牌的缺点或其他品牌的优点，从而产生失调感。失调的购买者会产生后悔的感觉，事后设法自圆其说来圆满其实有缺点的消费。

8. 影响购买

在影响型的购买行为中，消费者的购买行为之所以受到外界因素的影响，多是因为消费者对产品缺乏了解，凭眼看手摸难以对商品品质及品牌间差别做出判断（低知觉差异），此时亲朋好友的口碑及专家、权威人士的推荐或广告代言人的宣传被视为非常有力的证据，弥补了消费者关于这个品牌信息知识的不足，导致认可和接受某一产品或品牌。通常，咨询权威人士而购买的产品多是功能型、实用型的。我们还可以预测，消费者受到外界因素的影响产生购买欲望后，会继续深度涉入，了解品牌的功能特性。

## 第二节　影响消费者购买行为的因素

消费者的需要、欲望、消费习惯和购买行为是在许多因素的影响下形成的，有些因素来自消费者自身，有些来自外部环境，如图 3—3 所示。

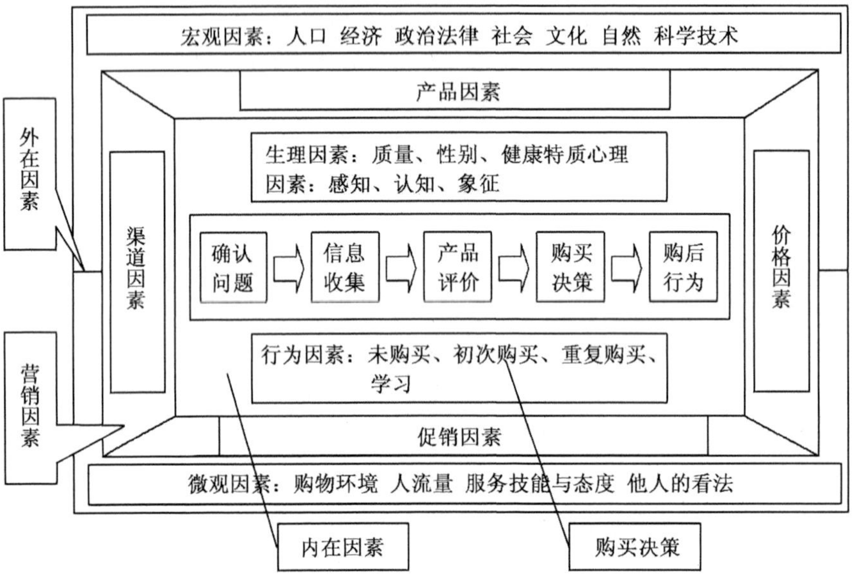


**图 3—3　影响消费者购买行为的因素**

在所有影响消费者购买行为的因素中，来自消费者个人的因素是影响消费者购买行为的主要因素，包括社会、文化、个人和心理因素的影响，如图 3—4 所示。这些影响因素对消费者购买行为的影响程度有所不同。要透彻地把握消费者的行为、有效地开展市场营销活动，就必须分析与消费者行为有关的影响因素。下面分别阐述这四方面因素的具体内容及其对消费者购买行为的影响。

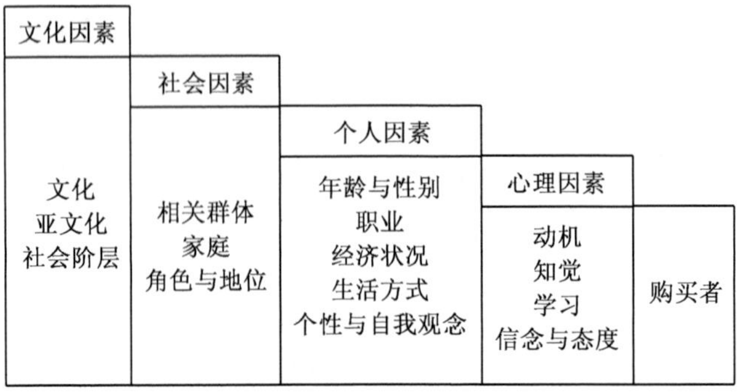


**图 3—4　影响消费者行为的因素**

## 一、文化因素

文化因素对消费者的行为具有最广泛和深远的影响，是造成不同区域、不同阶层消费者需求差异的重要因素。由于生存环境、生活水平以及所受文化教育程度的不同，造成不同民族和国家的风俗习惯、伦理道德、价值观念及思维方式等有很大不同，而且文化对购买行为的影响在不同民族、国家之间差异很大，企业营销活动如果不针对这些差异进行调整就不会有效果，甚至犯尴尬的错误。

文化因素主要包括文化、亚文化和社会阶层等方面的内容。

### （一）文化

从广义的角度理解，文化是指人类在历史发展过程中所创造的物质财富和精神财富的总和，是根植于一定的物质、社会、历史传统基础上形成的特定的价值观念、信仰、思维方式、宗教、习俗的综合体。不同的民族、不同的社会，其文化的内涵差别极大。

文化作为一种社会氛围和意识形态，对消费者的行为具有最广泛和最深远的影响。文化不仅影响人们对特定商品的购买，还作用于消费者信息收集和价值判断，即文化以多种方式作用于个人购买决策。虽然商家可以通过广告、促销等策略来施加影响，但文化的力量是难以克服的。

### （二）亚文化

在每一种文化中，往往还存在着许多在一定范围内具有文化同一性的群体，他们被称为亚文化群，如国籍亚文化、种族亚文化、地域亚文化等。亚文化群体的成员不仅具有与主文化共同的价值观念，还具有自己独特的生活方式和行为规范。就消费者购买行为来讲，亚文化的影响更为重要，这种影响甚至是根深蒂固的。对企业市场营销来说，亚文化群体构成了重要的细分市场。

1. 国籍亚文化群

国籍亚文化群是指来自某个国家的社会群体。在一些移民组成的国家中，国籍亚文化现象尤为明显。例如在美国等西方国家的大城市里都有“唐人街”，那里集中体现了中国的国籍文化。但是由于“唐人街”是在美国等国，总体上受着所在国地域文化的影响，所以只能是一种亚文化。

2. 种族亚文化群

种族亚文化群是指由于民族信仰或生活方式不同而形成的特定文化群体。如中国是一个统一的多民族国家，除了占人口90%以上的汉族以外，还有50多个少数民族。由于自然环境和社会环境的差异，不同的少数民族形成了不同的亚文化群。这些亚文化群在饮食、服饰、建筑、宗教信仰等方面表现出明显的不同。

3. 地域亚文化群

同一个民族，居住在不同的地区，由于各方面的环境背景不同，也会形成不同的地域亚文化。我国汉族人口众多，居住在祖国辽阔的土地上，汉族人都讲汉语，但各地都有各自的方言。我国北方的汉语比较统一，但到了南方，方言就十分复杂。江南人讲吴语，广东人讲粤语，闽南人讲闽南话。各地人在一起，不讲普通话而讲方言，也是无法沟通的。我国各地的饮食文化有着明显差异：西南和北方人喜欢吃辣，江南人偏爱甜，北方人以面食为主，南方人则以米饭为主，等等。

对于亚文化现象的重视和研究能够使企业对市场有更为深刻的认识，对于进一步细分市场、有的放矢地开展营销活动具有十分重要的意义。

## 营销小链接

沃尔玛退出韩国市场

1998 年 7 月，沃尔玛借韩国金融危机之机，通过兼并韩国小型零售企业开始进入韩国市场。沃尔玛把低价仓储经营的美国模式原封不动地移植到韩国，企图迅速改变和占领韩国消费市场。但由于缺乏对韩国市场特别是对韩国顾客消费心理和消费习惯的研究，没有针对韩国消费者的需求采取相应措施并及时调整营销模式，沃尔玛照搬美国模式的做法在韩国并不成功。2006 年 5 月，沃尔玛宣布正式退出韩国市场。

沃尔玛退出韩国市场的主要原因分析：

(1)选址偏远，降低租金——韩国消费者喜欢就近购买；

(2)简陋灰暗的购物环境——韩国消费者喜欢舒适明亮；

(3)仓储式的高大货架——矮小的妇女喜欢较低货架；

(4)国际超市一流的品牌——韩国消费者偏爱本土品牌。

### (三)社会阶层

社会阶层是社会学家根据职业、收入来源、教育水平、价值观和居住区域对人们进行的一种社会分类，是按层次排列、具有同质性和持久性的社会群体。同一阶层的人具有类似的价值观、兴趣爱好和行为方式。社会阶层直接影响人们的生活方式，使其购买行为呈现较大差别。因此，企业在营销活动中，要对社会阶层进行划分并深入研究其消费动向。

改革开放以后，中国开始走向市场经济，经济条件也逐渐成为形成社会阶层的重要因素。中国不同社会阶层的消费习惯与购买行为有着很大差异，其不仅体现在衣着打扮、饮食起居方面，甚至在家庭摆设和兴趣爱好方面也会有明显不同。

社会阶层作为一种文化因素，具有这样一些特点：处于同一社会阶层的人的行为，比不同阶层的人的行为更为相似；人们以其所处的社会阶层而拥有优劣不同的地位；社会阶层同时受职业、收入、财富、教育、价值观等多种因素的影响，而不仅仅受单一因素的影响；一个人一生中可能在不同社会阶层之间移动，既可以迈向高阶层，也可以跌至低阶层。

## 二、社会因素

消费者的购买行为也经常受到一系列社会因素的影响。影响消费者购买行为的社会因素主要包括消费者的相关群体、家庭、角色和地位等。

### (一)相关群体

相关群体又称参照群体，是指能够直接或间接影响消费者的消费态度、价值观念和购买行为的个人或集体。一个人的消费习惯、生活方式以及对产品品牌的选择，都在不同程度上受到相关群体的影响。相关群体对消费者购买行为的影响主要表现在：一是示范性，即相关群体为消费者展示了新的消费行为和生活方式；二是仿效性，即相关群体影响着个人的自我观念和态度，相关群体的购买行为会引起人们的仿效欲望，产生仿效行为，从而导致人们产生新的购买行为；三是一致性，即相关群体能产生一种令人遵从的压力，影响人们选择与其一致的产品和与其偏好相同的品牌，促使消费者个人的行为与相关群体趋于一致。

相关群体可以按照不同的变量来分类，主要的分类变量有以下两种：

1. 按照与消费者接触的密切程度划分，相关群体可分为主要群体和次要群体

主要群体是指与消费者有日常密切接触的群体，如家庭、朋友、邻居、同事、同学等。这类群体对消费者的认识和行为发生重要的影响。次要群体是指与消费者较少发生直接接触的群体，如商场购物时的人流、偶遇的行人、社团组织、专业协会等。与主要群体相比，次要群体对消费者的认知和行为的影响较小。

2. 按照是否存在较为正式的组织划分，相关群体可分为正式群体和非正式群体

正式群体是指存在正式组织的群体，如单位同事、同校同学、宗教、专业协会成员等，群体成员都是该组织的成员。非正式群体是指不存在正式组织的群体，如家庭成员、亲戚朋友、各界名人及其追随者等。例如，球星、影星群体尽管与消费者没有什么直接关系，但由于某些消费者崇拜这一群体，将他们的生活方式和消费行为作为自己的参照，因此这一群体对消费者购买行为的影响不可低估。

### （二）家庭

家庭是社会组织的一个基本单位，是社会中最重要的消费品购买单位，大部分消费行为是以家庭为单位进行的。同时，家庭也是消费者的首要参照群体之一，对个人消费者来说，家庭是最具影响力的参照群体。企业在分析消费者行为时，主要任务是弄清购买商品的过程中各种不同的家庭成员所起的作用，使企业的促销措施引起发起者注意，诱发主要影响者的兴趣，使决策者了解商品信息，解除顾虑，使购买者购置方便。

对消费者购买行为的影响，在不同类型的家庭中是有区别的。有人曾把家庭分为四种类型：(1)丈夫支配型：传统型家庭。(2)妻子支配型：女权主义家庭。(3)共同支配型：民主气氛较浓的家庭。(4)各自做主型：现代白领女性家庭和夫妻有矛盾时期的家庭。

在家庭的购买活动中，丈夫与妻子购买参与程度因产品种类而不同。传统上，主要由妻子承担食品、日用品、装饰品的采购，丈夫更多地在汽车、电视、人寿保险等的购买上有更大的发言权，贵重商品和服务的购买往往由夫妻双方共同做出决策。另外，子女在家庭购买决策中的影响力也不容忽视。企业的市场营销应研究特定目标市场的特定家庭模式，确定不同家庭成员在购买不同产品中的影响力，并采取相应的营销措施来影响家庭成员的购买选择。

### （三）角色和地位

角色是指个人在群体、组织及社会中的地位和作用。一个人在一生中会参加许多群体，如家庭、企业以及各类组织。每个人在各群体中的位置可用角色和地位来确定。角色是一个人所期望做的活动内容。一个男人在家里担任父亲、丈夫的角色，在公司里担任经理角色。每一个角色伴随着一种地位。角色地位是周围的人对一个人的要求或一个人在各种不同场合所起的作用，反映了社会对他的总体评价。

角色和角色地位对消费者行为的影响是多重的。首先，每一种角色都有与之对应的角色产品需求。人们在购买产品时往往结合自己在社会中所处的地位和所扮演的角色来考虑。其

次，角色的转换引起消费者行为上的改变，往往会引起对新产品的需求。比如某个普通员工被提升为经理后，可能会因为工作需要或收入增加而需要购买便携式电脑、添置一些高档套装及皮鞋等。

最后，角色冲突和角色紧张会引起对缓和这些冲突与紧张产品的需求。例如，在现代家庭中，大部分父母都是双职工，由于他们工作繁忙而无暇顾及子女，会对能够加强他们与子女沟通和感情联络的产品及服务产生需求。

## 三、个人因素

消费者购买决策也受个人特性的影响，特别是受其年龄与性别、职业与教育以及生活方式、个性与自我观念的影响。

### （一）年龄与性别

年龄与性别是消费者最为基本的个人因素，具有较大的共性特征。不同年龄层次和不同性别的消费者，客观上存在生理和心理上的差别。因此，所需的商品与服务也不尽相同，对同一商品或服务的评价、选择的角度和价值观念等也会存在很大差异。例如，追求时髦的大多是年轻人，因为年轻人热情奔放，喜欢接受新鲜事物；老年人一般比较稳健，不会轻易冲动，但相对也比较保守。男女之间在购买内容和购买方式上的差异特别明显。例如，购买大件耐用消费品及技术含量较高的商品往往由男士出面，而购买家庭日用消费品则多数是女士的“专利”。夫妻俩逛街时，女士爱看服装与化妆品，男士却关心音响、图书与设备。购买商品时，大多数男士不挑不选，拿了就走；而大多数女士则要反复挑选，甚至还要讨价还价。只有了解不同年龄层次和不同性别消费者的购买特征，才能针对不同的商品和消费者制定准确的营销方案。

### （二）职业与教育

职业与教育实际上是社会阶层因素在个人身上的集中反映。从事一定的职业以及受过不同程度教育的人会产生明显的消费行为差异，这主要是由于一种角色观念的作用。例如，一个大学生，在学校期间喜欢穿运动服，登旅游鞋，背着登山背包，骑一辆山地自行车，显得青春焕发、朝气蓬勃；而毕业后，进入大公司当了白领，立刻就换成了西装革履，夹起了公文包，坐上了出租车，从衣着打扮到言谈举止都发生了很大的变化。这是因为，运动服、登山包是大学生的身份象征，而西装革履和公文包则是公司白领的角色标志。这些在消费者的购买行为中会有强烈的体现。

### （三）生活方式

生活方式反映了人们对怎样花费时间和金钱的态度及其所作的消费抉择的形式。从经济学的角度看，一个人的生活方式表明他所选择的分配收入的方式以及对闲暇时间的安排。在现代消费社会中，人们有更多的自由进行消费选择。一个人对产品和服务的选择，实质上是在声明他是谁，他想拥有哪类人的身份。消费者经常选择这样而不是那样的一些商品、服务和活动，是由于他们与一个特定的生活方式相联系，以把自己划归到某一群体中。在有些情况下，两个具有同样家庭背景、同样受教育水平的消费者可能会选择截然不同的生活方式，他们可能把更多的支出用于购置各种奢侈品，也可能用于购买那些与科技和信息相关联的产品。企业的市场营销应注意寻找产品与各种生活方式群体之间的联系。

**(四)个性与自我观念**

每个人都有与众不同的个性，即一个人所特有的心理特征，通常用性格术语来描绘，如外向或内向、乐观或悲观、自信或自卑、活泼或文静、适应或保守等。与个性有关的另一种因素是自我观念，或称自我形象，即一个人在心目中认为自己是什么样的人，或认为在别人心中是什么样的人。有些个性类型与产品或品牌选择有很密切的关系，例如很多喝咖啡的人都喜好交际。自我观念则说明，消费者只选购那些符合自我形象的东西，而拒绝不符合自我形象的东西。所以，如果个性和自我观念能够分类，那么它就能成为分析消费者购买行为的重要变量。

在企业的营销活动中，常常根据个性特征和自我观念的不同把消费者划分成不同的细分市场，并为之制定相应的营销策略。所以，企业为不同细分市场所提供的产品和服务也具有一定的个性化特性。

## 四、心理因素

消费者的购买行为还受到动机、知觉、学习以及信念和态度等主要心理因素的影响。

**(一)动机**

动机是一种驱使人满足需要、达到目的的内在动力，是一种升华到足够强度的需要，它能够及时引导人们去探求满足需要的目标。动机的产生必须具备两个条件：一是具有一定强度的需要；二是具有满足需要的目标和诱因。

美国心理学家亚伯拉罕·马斯洛(A. H. Maslow)认为，人是有欲望的动物，需要什么取决于已经有了什么，只有尚未满足的需要才影响人的行为，已经满足的需要不再是一种动因。马斯洛在《动机与个性》中提出了需要层次论，该理论从宏观上解释了人类的行为，将人类的需要分为由低到高的五个层次：(1)生理需要，是指人们为了生存所必需的最低限度的需要，它涉及基本生活资料的满足，如衣、食、住、行等方面的需要；(2)安全需要，是指确保人身安全与健康、财产安全和防备失业的需要，如保险、医疗等的需要；(3)社交需要，是指人们为了获得友谊和受到重视而产生的需要；(4)尊重需要，是指人们期望获得承认、具有地位，进而得到他人尊重的需要；(5)自我实现需要，是指人们欲成就事业、实现理想的需要，这是人类最高层次的需要。其中，生理需要和安全需要属于生理的、物质的需要，社交需要、尊重需要和自我实现需要属于心理的、精神的需要，如图 3—5 所示。

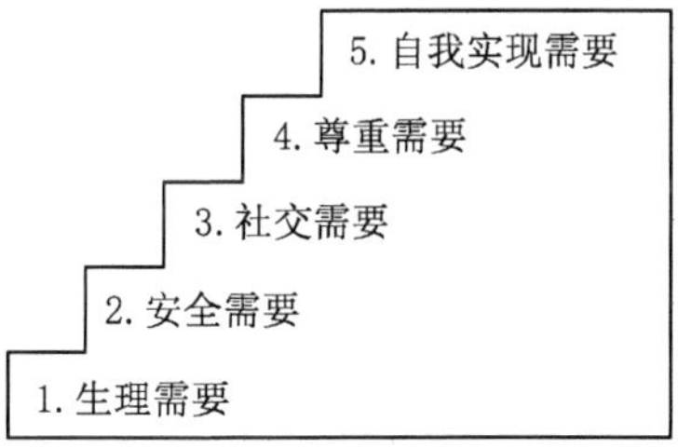


**图 3—5　马斯洛需要层次**

### (二)知觉

按照心理学的说法,当客观事物作用于人的感觉器官时,人脑中就会产生反应。这种反应如果只属于事物的个别属性,称为感觉;如果是对事物各种属性的各个部分及其相互关系的综合反应,则称为知觉。知觉过程是一个有选择性的心理过程,它有三种机制:选择性注意、选择性扭曲和选择性记忆。

1. 选择性注意

选择性注意是指在众多信息中,通常人们会更多地注意他们所期待的,或者是与他们当前需要相关的,以及与正常情况相比有较大差别的刺激物。

由于客观事物多种多样,各人的背景、兴趣和经验不同,在一定的时间和环境条件下,人们对客观事物往往不是全面吸收,而是有所选择地把事物的少数方面作为知觉的对象。以电冰箱为例,在很多情况下,男士较多关注其功能和质量,而家庭主妇则更看重其价格和款式。如果这在统计学上也成立的话,那么电冰箱生产企业在广告创意上就要有所考虑:当产品的功能与质量有较大改进时,应偏重对男士促销;当价格与款式有较大改变时,则偏重对女士促销。

2. 选择性扭曲

选择性扭曲是指人们将信息加以扭曲使之符合自己原有的认识,然后加以接受。

人们往往会用自己的知识、经验和需要来理解信息,对信息加以扭曲以合乎自己的意思或倾向。由于存在选择性扭曲,消费者所接受的信息不一定与信息本来的面貌一致。例如,某人认为某种品牌的彩电是最好的,即使另一品牌彩电的实际质量优于前者,他还是认为原来的品牌好。

3. 选择性记忆

选择性记忆是指人们容易记住与自己的态度和信念一致的信息,忘记与自己的态度和信念不一致的信息。

人们一旦形成对某一事物的知觉,其后就会继续以这种知觉去认识这一事物。这种特点对建立消费者的忠诚非常重要,一旦消费者对某一产品产生好印象,他就会忘记竞争对手的同类产品的优点,形成继续购买该产品的倾向。反之,如果消费者第一次使用该产品时印象不好,那么要再使他对产品建立好印象就难上加难了。

以上三种知觉过程机制告诉我们,企业在营销过程中必须努力,以多次重复的、有吸引力的刺激来加深消费者的印象,突破消费者固有的感觉壁垒。

## 营销小链接

色彩营销“7秒定律”

色彩营销“7秒定律”,即消费者会在7秒内决定是否有购买商品的意愿。对一个人乃至对一种商品或事物的认识,可以在7秒钟之内以色彩的形状留在人们的印象里。国外相关机构的研究表明:能让消费者瞬间进入视野并留下印象的产品,其时间是0.67秒。第一印象占决定购买过程的60%,而这60%是由色彩带来的。由于公司产品与色彩的特殊联系,色彩营销理论一开始就受到美容美发、化妆品、服饰等行业的重视,并在企业的营销活动中加以运用。

### (三)学习

学习是指人们经过实践和经历而获得的,能够对行为产生相对永久性改变的过程。学习论者认为，人类的学习过程是由驱动力、刺激物、提示物(诱因)、反应等因素组成。消费者的学习模式如图 3－6 所示。

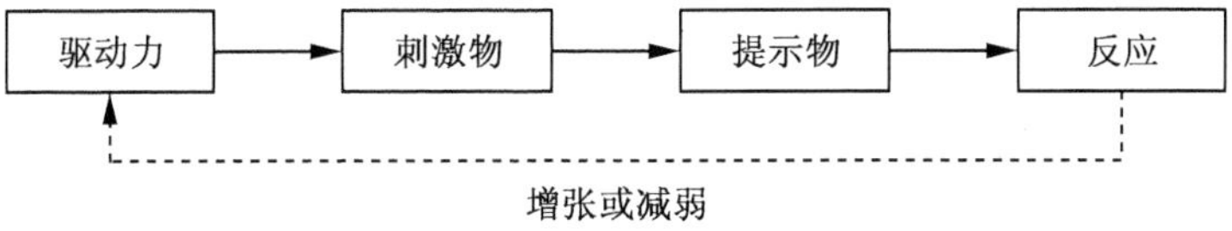


**图 3－6　学习模式**

每个人都会有某种内在的需要，或者说是驱使人们产生行动的内在推动力。

几乎每个人都有被热东西烫过的经历，因此在下次遇到可能会发烫的东西时都会比较小心。类似地，消费者买了某种伪劣产品后，就不会再购买这家企业的产品。

### (四)信念与态度

1. 信念

通过学习，人们获得了自己的信念和态度，而信念和态度又反过来影响人们的购买行为。所谓信念，是指一个人对事物所持有的确定性看法。在信念的驱使下，行为不经过认真思考而成为一种惯性行为。企业应关注人们头脑中对其产品或服务所持有的信念，如果一些信念妨碍了购买行为，企业就要运用促销手段去影响或修正这些信念。如“汉堡包、炸鸡、薯条都是高脂肪高热量的食物，常吃有碍健康”的信念越来越普遍，相关业者就该思考因应之道。

2. 态度

态度是人们在长期的学习和交往过程中形成的对有关事物的概括性评估所持有的是非观和好恶观。态度导致人们对某一事物产生或好或坏、或亲或疏的感情。态度使人对相似的事物产生相当一致的行为，因为人们通常不会对每一事物都建立新的态度或做出新的解释和反应，按照已有的态度对所接触到的事物做出反应和解释能够节省时间和精力。由于人们的态度呈现为稳定一致的模式，所以改变一种态度是非常困难的，需要在其他方面做出重大的调整。企业最好使自己的产品、服务和营销策略符合消费者的既有态度，而不是试图去改变，除非改变一种态度带来的利润大于为此而耗费的成本。

综上所述，消费者的购买行为是文化、社会、个人和心理因素之间相互影响和作用的结果。其中很多因素是企业及其市场营销活动无法改变的，但这些因素在识别诸如哪些消费者对产品有兴趣等方面颇有用处；其他因素则受到企业及其市场营销活动的影响，企业借助有效产品、价格、地点和促销管理，可以诱发消费者的强烈反应。

## 营销小链接

### 南非的葡萄酒业

南非的葡萄酒开始进入欧洲市场时，由于人们认为南非的葡萄园与澳大利亚和智利的葡萄园相比较为落后而没有取得成功。并且，它们还让人们联想到南非农场主粗暴对待劳工以及销售中的背后交易。在纳尔逊的克利克和费尔维尤德的农场主们现在已经改善了工人的生活状况并且分给他们一定的股份。“葡萄酒是一种讲究产地的产品，如果南非不能发展，葡萄酒不可能取得成功。”这个行业的权威威廉·巴纳德如是说。

## 第三节　消费者购买行为与决策过程

消费者的购买决策是一个极为复杂的过程，存在着众多的可变因素和随机因素。企业营销人员除了需要了解影响消费者的各种因素及消费者购买模式之外，还必须清楚消费者购买行为决策过程，以便采取相应措施，实现企业的营销目标。本节内容主要涉及参与决策的角色、购买决策的类型和购买决策的过程。

### 一、消费者购买决策的参与者

在消费者市场上，消费者的购买活动和产品消费往往是以个人或家庭为单位的，但参与购买决策的通常并非一个家庭的全体成员，许多时候是一个家庭的某个成员或某几个成员作出的购买决策，而且这些家庭成员在购买过程中扮演着不同的角色。因此，消费者购买决策是一种群体决策的过程。这不仅表现在一些家庭共同使用的产品（如电冰箱、电视机、住房等）的购买决策过程中，也表现在一些消费者个人单独使用的产品（如服装、手表、化妆品等）的购买决策过程中，因为消费者个人在选择和决定购买某种个人消费品时，常常也会同他人商量或者听取他人的意见。因此，了解哪些人参与了消费者购买决策、他们各自在购买决策过程中扮演怎样的角色，对于企业的营销活动是很重要的。

根据购买决策的参与者在购买活动中所起的作用，消费者购买决策的参与者形成以下五种角色：

（1）发起者。即首先建议或想到要购买某种产品或服务的人。

（2）影响者。即其看法或意见对最后决策有直接或间接影响的人。

（3）决策者。即对是否购买、怎样购买、购买多少、在哪里购买有权进行最终决策的人。

（4）购买者。即执行具体购买任务的人。

（5）使用者。即实际消费或使用产品或服务的人。

这五种角色相辅相成，共同促成了消费者的购买行为，是企业营销的主要对象。必须指出的是，五种角色的存在并不意味着每一种购买决策都必须有五种角色的人参与才能作出，在实际购买行为中有些角色可在一个人身上兼而有之，如使用者可能也是发起者，决策者可能也是购买者。而且在非重要的购买决策活动中，购买决策参与的角色也应少一些。

例如，家用空调的购买可能涉及这样一些角色。发起者（家中的老人，如爷爷、奶奶）：首先提出购买一台家用空调，以躲避炎炎的夏日。影响者（同事）：推荐某种品牌和型号（如海尔、海信、春兰等）。决策者（妻子）：决定下个星期天去电器商场购买。购买者（丈夫）：去选择、付款，并负责运送。使用者（老人、孩子及夫妇）：使用空调，享受夏季的凉爽。

可以看出，以上涉及的角色共同构成购买行为。市场营销者必须能够区分不同的角色对不同商品的影响，并判断每种角色在购买决策中的权力（或影响力），既要抓住重点，又要有所兼顾。

### 二、消费者购买行为类型

消费者在购买不同类型商品时，购买决策行为有很大的差异。以购买一部手机和购买一瓶水为例，前者可能要广泛搜集信息，反复比较选择；后者则可能不假思索，随时就可以购买。

根据购买活动中消费者的介入程度和商品品牌间的差异程度，可将消费者的购买行为分为以下四种类型：复杂型购买行为、变换型购买行为、协调型购买行为和习惯型购买行为。这四种购买行为之间的比较如表3—1所示。

**表3—1　　消费者购买行为类型**

| 购买介入程度<br>品牌差异 | 高 | 低 |
|---|---|---|
| 大 | 复杂型购买行为 | 变换型购买行为 |
| 小 | 协调型购买行为 | 习惯型购买行为 |

### (一)复杂型购买行为

复杂型购买行为主要是指对性能缺乏了解、价格昂贵、品牌差异大、购买频率不高的大件耐用消费品的购买行为。由于价格昂贵，购买决策的风险就比较大，购买决策必然比较谨慎；由于消费者对产品不够熟悉，需要搜集的信息比较多，进行选择的时间也比较长。对于这种复杂的购买行为，企业应采取有效的措施帮助消费者了解产品性能及相对的重要性，并介绍产品的优势及其给消费者带来的利益，从而影响消费者的最终选择。

### (二)变换型购买行为

变换型购买行为是指消费者低度介入，且不同品牌的产品之间差异很大的购买行为。在这种情况下，消费者经常改变品牌选择，并且改变品牌选择并非因为对产品不满意，而是由于市场上有大量可选择的品牌，消费者寻求多样化导致了这种购买行为。针对这种购买行为类型，企业可采用销售促进和占据有利货架位置等办法保障供应，并跟进广告，促成消费者形成习惯性购买。

### (三)协调型购买行为

协调型购买行为是指不同品牌的产品之间差异不大，消费者不经常购买，而购买时又有一定的风险，所以消费者一般要比较、看货，只要价格公道、购买方便、机会合适，消费者就会购买的一种购买行为。购买之后，消费者也许会感到有些不协调或不够满意，在使用过程中，会了解更多的情况，并寻求种种理由来减轻、化解这种不协调，以证明自己的购买是正确的。经过由不协调到协调的过程，消费者会有一系列的心理变化。针对这种购买行为类型，企业应注重运用价格策略和人员推销策略，选择最佳销售地点，并向消费者提供有关产品评价的信息，使其在购买后相信自己做出了正确的选择。

### (四)习惯型购买行为

习惯型购买行为是指消费者低度介入，并且所购买的不同品牌的产品之间没有多大差别的购买行为。绝大多数食品和日用消费品都属于习惯性购买行为所购买的产品。消费者往往会因为习惯而长期购买某一品牌的产品，但是他们对该品牌并不了解，也称不上是品牌忠诚者，所以他们对该品牌的好感或者习惯会很容易改变。因此，这类产品的生产企业可以采用价格优惠、电视广告、独特的包装等方式，鼓励消费者试用、购买和连续购买其产品。

## 三、消费者购买决策过程

消费者的购买决策是一个动态发展的过程，西方营销学者将消费者购买决策过程分为五个阶段：确认需要、收集信息、评价方案、购买决策、购后行为(如图3—7所示)。这是一种典型的购买决策过程，这种购买决策过程适用于分析复杂的购买行为。因为复杂的购买行为是最完整、最有代表性的购买类型，其他几种购买类型是越过其中某些阶段后形成的，是复杂购买行为的简化形式。以下分别就这五个阶段进行分析。

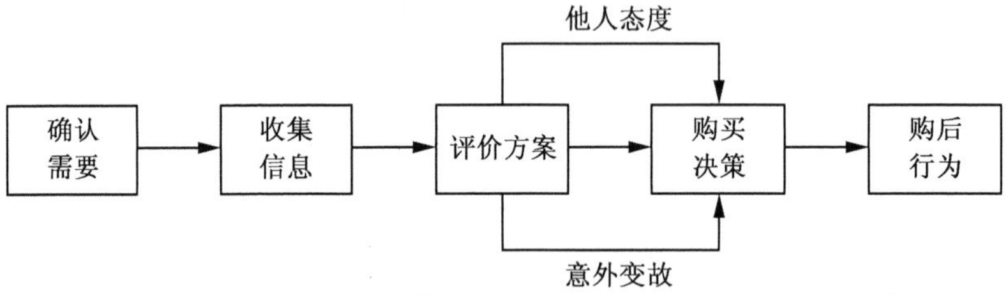


**图3—7 购买行为的决策阶段**

### (一)确认需要

确认需要也称动机形成，是决策过程的起点。当消费者感到一种需要并准备购买某种商品以满足这种需要时，购买决策过程就开始了。这种需要，可能是由内在的生理活动引起，也可能是受外界的某种刺激引起，或者是内外两方面因素共同作用的结果。营销者在此阶段应注意的是，不失时机地采取适当措施，唤起和强化消费者的需要。

### (二)收集信息

当消费者产生购买某种商品的动机后，如果不熟悉这种商品的情况，往往就要先收集信息。这时，消费者比以往更容易接受这种商品的信息，有时还通过查阅资料、向亲友和熟人询问情况等方式，积极主动地搜集信息。消费者收集信息的多少，取决于他的驱策力的强度、已知信息的数量和质量以及进一步收集信息的难易程度。

为了向目标市场有效地传递信息，企业需了解消费者获得信息的主要来源及其作用。消费者一般从以下四种渠道获得信息：

(1)个人来源。即从家庭、朋友、邻居和其他熟人处得到信息。

(2)商业来源。即从广告、销售员介绍、商品展销与陈列、商品包装、商品说明书等得到信息。

(3)公共来源。即消费者从大众传播媒体，如电视、广播、报纸、杂志等的宣传报道和消费者组织等方面获得信息。

(4)经验来源。即消费者从产品的检查、比较和使用产品的过程中获得信息。

从消费者角度看，由企业控制的商业性来源信息起告知的作用，其他非商业性来源信息起验证和评价作用。

在这一阶段，市场营销者既要做好商品广告宣传，吸引消费者的注意力，又要努力搞好商品陈列和说明，使消费者迅速获得对企业有利的信息。

### （三）评价方案

消费者对收集到的信息需要进行分析、整理，对可供选择的商品需要分析、对比和评估，在此基础上进行最后选择。这是消费者购买决策过程中的重要环节。

消费者对产品的评价一般会涉及以下几个要素：

1. 评估要素

（1）产品属性。即产品能满足消费者需求的特征。

（2）属性权重。即每一属性都有重要性权数。

（3）品牌信念。即消费者对某种品牌优劣程度的看法。

（4）效用函数。即描述消费者期望的产品满足感随产品属性的不同而有所变化的函数关系。

2. 评估选择

消费者得到的各种有关信息可能是重复的，甚至是相互矛盾的，因此还要进行分析、评估和比较。现实中并没有一个让所有消费者都适用的统一的评估模式或评估过程。

（1）期望价值法。消费者依次赋予产品几种属性以不同的重要性权数。

（2）理想品牌法。消费者首先根据自己的需要设想出一种理想的品牌，其每一特性的理想水平不一定是最高的。

（3）结合法。消费者规定出可接受品牌的最低限度的特性水平。

其他还有分离法、顺序法等。当然，现实中的消费者不会进行这样规范或复杂的数量模型分析，但是他们一般都表现出类似的决策方法。

### （四）购买决策

消费者在对产品进行评估之后，就会形成购买意图，最终进入作出购买决策和进行购买的阶段。但是，在形成购买意图和作出购买决策之间，仍有一些不确定的因素会使消费者临时改变购买决策。这些因素主要来自两个方面：一是他人的态度；二是意外的变故。

1. 他人的态度

其他人如果在消费者准备进行购买时提出反对意见或提出更有吸引力的建议，会有可能使消费者推迟购买或放弃购买。他人态度影响力的大小取决于两点：反对的强烈程度及其在消费者心中的地位。反对越强烈，或其在消费者心目中的地位越重要，其对消费者购买决策的影响力也就越大；反之，就越小。

2. 意外的变故

在消费者准备进行购买时所出现的一些意外变故，也可能使消费者改变或放弃购买决策。如消费者收入减少、产品涨价、家中突然有人生重病而需要大量治疗费用等，都是一些有可能改变消费者购买决策的突变因素。

### （五）购后行为

消费者购买了产品并不意味着购买行为过程的结束。消费者购买产品或服务后，通过自己的消费与使用及他人的评价，会对购买的产品或服务产生不同程度的满意或不满意，由此形成购后感受，这将影响消费者以后的购买行为，并对相关群体产生影响。因此，对企业而言，消费者的购后感受是一种极其重要的信息反馈，关系到企业及其产品在市场上的命运。西方许多企业信奉一句名言——“以满意的顾客是最好的广告”，就很好地说明了这一道理。因此，企业要注意及时、有效地加强售后服务，收集消费者的购后感受，以便采取相应的营销措施，成功地开展市场营销活动。

购后评价是消费者对已购买的商品通过自己使用或他人评价，对其购买选择进行检验，把他所觉察的产品实际性能与以前对产品的期望进行比较。如果消费者发现产品性能与期望值大体相等，就会感觉基本满意；若发现产品性能超出了期望值，就会感到非常满意；若发现产品性能达不到期望值，就会感到失望和不满。消费者是否满意，会直接影响他购后的行为。如果感到满意，他下次就很可能购买同一品牌的产品，而且这种称赞往往比广告宣传更有效。如果感到不满意，他除了可能要求退货或寻找能证实产品优点的信息来减少心理不和谐外，还通常会采取公开或私下的行动来发泄不满，这势必给企业的市场营销工作带来障碍。所以，市场营销者对其产品的广告宣传必须实事求是、符合实际，以便使消费者购买后感到满意。有些营销者对产品性能的宣传甚至故意留有余地，以增加消费者购买的满意感。总之，企业要经常征求消费者意见，加强售后服务，同购买者保持密切联系，建立有效的信息反馈系统，进一步改善消费者购后的满意程度和提高产品的适销程度。

上述购买决策过程的五个阶段说明，购买过程早在实际购买之前就已开始，其结束不是在实现购买之时，而是在实际购买之后仍会持续一段时间。因此，企业的营销活动应注重消费者购买决策的整个过程，而不是仅仅局限于购买决定。购买决策过程的五个阶段是一种基本行为模式，并不是所有的购买行为都需要经过这样五个完整的阶段。

## 本章习题

### 一、名词解释

社会阶层　　动机　　知觉　　相关群体　　文化　　消费者行为　　自我概念

### 二、简答题

1. 消费者市场有哪些特点？
2. 结合某一市场，分析影响消费者购买行为的主要因素。
3. 影响一对年轻夫妇购买房屋的因素有哪些？
4. 消费者购买汽车和购买软饮料的购买决策过程有区别吗？

### 三、操作训练题

以市场上的某一具体产品为例，用“7O”分析法对其加以分析。

### 四、案例分析题

**从豆浆到维他奶**

“维他奶”是香港家喻户晓的饮料品牌，该豆奶饮料自1940年开始在香港生产，目前，生产厂房遍及中国内地、中国香港特区以及澳洲和美国。

豆浆，以大豆为原料，是豆腐作坊的副产品，在中国已有两千多年的历史。它的形象与可乐、牛奶相比，浑身上下冒着“土气”。但是现在，豆浆在美国、加拿大、澳大利亚等国的超级市场中都能见到，与可乐、七喜、牛奶等国际饮品并列摆放。

豆浆改名为维他奶，是香港维他奶国际集团有限公司为了将街坊饮品变成一种国际饮品，顺应消费者不断变化的价值观和现代人的生活形态，不断改善其产品形象而特意选择的。“维他”来自拉丁文 Vita，英文 Vitamin，其意为生命、营养、活力等，而舍“浆”取“奶”，则来自英语 soybean milk（豆奶，即豆浆）的概念。70 年前，香港人的生活不富裕，营养不良，各种疾病很普遍。当时生产维他奶的用意，就是要为营养不良的人们提供一种既便宜又有营养价值的牛奶代用品——一种穷人的牛奶。在以后的 30 年中，一直到 20 世纪 70 年代初期，维他奶都是以普通大众的营养饮品这个“面貌”出现的，是一个“廉价饮品”的形象。可是到了 70 年代，香港人的生活水平大大提高，营养对一般人来说并不缺乏，人们反而担心营养过多的问题。如果此时还标榜“穷人的牛奶”，那么喝了不就掉价了吗？难怪豆品公司的职员发现，在马路边的汽水摊前，喝外国汽水的人“大模大样”，显得十分“有派”，而喝维他奶的人，就大多站在一旁遮遮掩掩，唯恐让人家看到似的。因此，维他奶公司的业务陷入低潮。

70 年代中期，维他奶公司尝试把维他奶打造为年轻人消费品的形象，使它能像其他汽水一样，与年轻人多姿多彩的生活息息相关。这一时期的广告便摒除了“解渴、营养、充饥”或“令你更高、更强、更健美”等词汇，广告人纪文凤为维他奶创作出深入人心的广告口号——“维他奶点止汽水咁简单”，以凸显其比汽水饮品更健康。80 年代中期，维他奶又推出了一个电视广告，背景为现代化城市，一群年轻人拿着维他奶随着明快的音乐跳舞……可以说，这一时期维他奶是一种“休闲饮品”的形象。进入 90 年代，维他奶的电视广告《乡情》由陈浩民主演，故事情节描写祖父横过铁路路轨为孙儿买维他奶，与朱自清的文学作品《背影》中父亲为儿子买橘子甚为相似，重点突出它亲切、温情的一面，以引起观众的注意。2003 年，维他奶推出口号——“维他奶至紧要得你开心”，而电视广告则以偷拍镜头的手法，当顾客拿起一包特制的道具维他奶时，便会发出笑声，表达出维他奶为顾客带来欢笑。

对于很多香港人来说，维他奶是个人成长过程的一个组成部分，大多数人对维他奶有一种特殊的亲切感和认同感，它是香港本土文化的一个组成部分，是香港饮食文化的代表，维他奶对于香港人如同可口可乐对于美国人一样。由此，维他奶又被树立为一个“经典饮品”的形象。

**思考题：**

试从消费者行为的角度分析维他奶成功的原因。

# 第四章
# 组织市场及购买行为分析

**【学习目标】**

1. 了解组织市场的概念和特点；
2. 掌握组织市场的分类；
3. 掌握生产者市场的购买行为；
4. 掌握中间商市场的购买行为。

**【案例导入】**

**徐工机械的独特品牌传播之路**

在消费者市场上，商品的品牌效应对消费者的购买行为具有非常大的影响。而在组织市场上，由于目标市场规模较小，目标消费者数量较少，往往忽视了品牌形象的打造和传播。

与传统的组织市场的品牌营销模式不同，徐工机械走出一条大众化品牌传播之路。这种策略可以用“专业媒体＋大众电视媒体＋大众广播媒体”的三结合战略概括。

这种三结合战略的核心价值就是形成品牌传播的“鸟笼效应”：让目标客户在行业内和社会上都能感受到品牌无处不在，进而影响消费者的购买行为。首先，利用专业媒体深塑品牌形象。利用专业媒体杂志，如《中国工程机械》《筑路工程设备》《中国经营报》《财经》等进行专业品牌形象的传播。其次，利用大众电视媒体创造品牌影响力的广度，如央视和凤凰卫视这样的大众媒体，虽然这些大众消费群体与徐工的目标顾客不是十分一致，但其品牌影响的广度大幅度提升。最后，大众广播媒体形成有效覆盖度。利用中国之声等广播媒体，将品牌的知名度和影响力进一步扩大。

如今，“徐工，徐工，祝您成功”的广告让消费者耳熟能详，徐工的品牌形象，在组织市场中，甚至在消费者市场中，都已经形成了很强的影响力。这种深入的品牌影响，势必极大地影响组织市场的消费行为。

与消费者市场不同，组织市场是指工商企业为从事生产、销售等业务活动以及政府部门和非营利组织为履行职责而购买产品和服务所构成的市场。消费者市场的终端消费者是个人，组织市场的消费者往往是企业法人或非营利组织。具体包括生产者市场、中间商市场、政府或非营利组织市场，它们都具有组织购买、团体消费的特点。与消费者市场相比，组织市场的需求和购买行为有其独有的特征。

# 第一节　组织市场概述

组织市场是一个相对于消费者市场的概念。总的来说，组织市场包括为生产、消费和加工而购买产品和服务的组织。组织市场购买产品的目的不是为了自身消费，而是用于社会化大生产，这是与消费者市场的根本性区别。组织市场是以某种组织为购买单位的购买者所构成的市场。

## 一、组织市场的概念

组织市场指各类企业、各级政府部门、各种机构为生产性消费、转卖、出租或用于其他非生活性消费而购买产品或服务的市场。

## 二、组织市场的特点

相对于消费者市场，组织市场有其自身的特点。

### (一)购买者比较少但购买数量大

组织市场的客户数量比消费者市场要少得多，但单位规模和总体规模都要大得多。由于很多客户的购买频率较低，因而每次的购买量非常大。很多工业客户，其主要设备往往若干年才购买一次，原材料和零配件也大多签有购销合同，一年或半年购买一次，商业客户进货次数稍多一些，但不会比个人和家庭购买更频繁。政府更是不可多得的大主顾。所以在组织市场上，一些企业的业绩往往取决于少量大客户的大订单。

### (二)买卖双方关系紧密

相对于松散型的消费者市场，组织市场中，购买者与卖方通常会保持一个良好的长期合作关系，这样有利于销售渠道问题的解决，更有利于买卖双方一起分担市场风险。在一些特殊的行业中，有些买卖双方甚至组成战略联盟来共同开展市场经营活动。

### (三)购买者的地理位置相对集中

组织市场的购买者常集中于某些地区，这就好比消费者市场集中在人口众多的城市一样。组织市场的购买者相对集中，这与一个国家的生产力布局、资源分配和竞争有关。例如，我国的浙江形成了小商品批发和集散中心，吸引来自全世界的采购商。

### (四)派生需求

在组织市场中，生产者市场和中间商市场的需求最终来自消费者市场的需求。房地产商购买钢筋和水泥，是因为消费者有强烈的购房需求，如果百姓的购房需求减少，那么所有房地产经销商的建筑材料需求都会减少。

### （五）需求弹性小

由于生产者市场具有派生性，这就制约着生产资料的购销双方，相对于消费品的需求来说，生产资料的需求就显得缺乏弹性，它不会因价格变动而增减其需求，特别是在短时期内。例如，农产品原料价格下降，农产品加工企业不一定会大量购买农产品原料，除非该农产品是不可替代的主要原料。

### （六）需求波动大

相对于消费者市场的需求变化，组织市场的需求波动幅度是比较大的，而且速度更快。消费品需求的微小波动可能会引起生产者市场对相关设备和原材料需求的很大变化。有时消费品需求仅上升10%就可能导致生产者市场对生产资料的需求上涨200%，经济学家把这种现象称为“加速原理”。这一现象导致企业的产品线趋向多样化，以便在商业周期中保持某种均衡。

### （七）利用专业人员采购

组织市场中的采购人员大多经过专业的培训，具有丰富的专业知识，冲动性购买和受个人偏好影响的现象均比较少，受广告宣传的影响也有限。购买过程越复杂，参与决策的人越多，常常越多伴有技术专家和高层管理人员甚至政府部门相关人员的参与。

### （八）人员推销方式较为有效

与消费者市场比较而言，在组织市场中，由于买方购买决策参与人员多，因此派出推销人员进行拜访，直接与目标消费者接触，介绍产品信息，解答消费者疑问，这在组织市场中是一种较为有效的销售方式。

### （九）直接采购

组织市场的购买者往往向供应方直接采购，而不经过中间环节。在购买比较昂贵、技术较复杂或需要较多售后服务的产品时尤其如此。

### （十）互惠购买

组织市场的购买者在选择供应商时往往还会要求供应商同样选择自己的产品，即“你采购我方商品，我也同时购买你方商品”。例如，某造纸公司向某化工企业购买原材料，同时也要求这个化工企业购买该公司所生产的纸。

### （十一）租赁

许多企业往往通过这种方式取得所需的产品。如大型的机器、设备等，许多企业往往无力购买或只能融资购买。但是，采用租赁的方式可以最大限度地节约企业的成本，扩大企业的生产能力。

## 三、组织市场的分类

组织市场一般包括生产者市场、中间商市场、非营利组织市场和政府市场(如图 4—1 所示)。

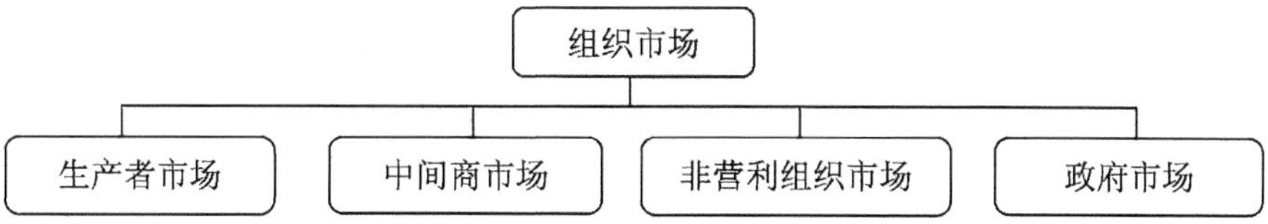


**图 4—1　组织市场的类型**

### (一)生产者市场

生产者市场是指购买产品或服务用于制造其他产品或服务，然后销售或租赁给他人以获取利润的单位和个人。它们购买产品和服务，用于制造其他产品或向社会提供其他服务。生产者市场主要由各种营利性的农业、林业、水产业、制造业、建筑业、运输业、通信业、公共事业、金融业和保险业、服务业等构成。

### (二)中间商市场

又称为转卖者市场，指购买产品用于转售或租赁以获取利润的单位和个人，包括批发商和零售商。批发商的主要业务是购买产品或劳务并将其转卖给零售商、其他商人、工业用户及其他机关团体等；而零售商的主要业务则是将产品或劳务直接销售给最终消费者。

### (三)非营利组织市场

非营利组织市场泛指所有不以营利为目的、不从事营利性活动的组织。我国通常把非营利组织称为“机关团体、事业单位”，如学校、医院、疗养院、监狱和其他为公众提供产品和服务的部门。非营利组织市场是指为了维持正常运作和履行职能而购买产品和服务的各类非营利组织所构成的市场。

### (四)政府市场

政府市场是指为了执行政府职能而购买或租用产品的各级政府和下属各部门。由于各级政府通过税收、财政预算掌握了大部分的国民收入，形成了潜力极大的政府采购市场，从而成为组织市场的主要组成部分。

## 营销小链接

**生产者市场的顾客们**

生产者市场面向的客户群体较多，在整个国民经济发展中发挥着非常巨大的作用。生产者市场的顾客群体包括：

(1)工业企业。主要从事工业性产品(服务)的生产经营活动。

(2)农业企业。通过人的劳动去强化或控制、利用动植物(包括微生物)的生活机能和外界自然力，从而取得产品的产业。

(3)交通运输业企业。利用运输工具专门从事运输生产或直接为运输生产服务的产业。

(4)邮电通信业企业。通过邮政和电信传递信息、办理通信业务的企业。

(5)建筑安装业企业。主要从事土木工程和设备安装工程施工。

(6)金融业企业。由专门经营货币和信用业务的企业组成。

(7)旅游观光业企业。以旅游资源为凭借，以服务设施为条件，通过组织旅行游览活动向游客出售服务的服务性产业。

# 第二节　生产者购买行为分析

生产者市场，也称产业市场或工业市场，主要由各种营利性的工业、农业和服务业买主构成。它们购买商品的主要目的是社会化大生产，而不是自己消费。这个市场上的购买者也称为产业市场购买者。

生产者市场与消费者市场的购买行为虽然具有很多相似性，但在市场结构与需求、购买单位性质、购买行为类型与购买决策过程等方面，又存在较大的差异。

## 一、生产者购买行为的类型

生产者购买行为的复杂程度和采购决策项目的多少，取决于采购业务的类型。生产者购买行为分为以下三种类型：

### （一）直接重购

即用户按既定方案不做任何修订而直接进行的采购业务。这是一种重复性的采购活动，供应者、购买对象、购买方式等都不变，按一定程序办理即可，基本上不用做新的对策，有的情况下甚至建立自动订购系统。面对这种采购类型，原有的供应者不必重复推销，而应努力保持产品的质量和服务的质量，减少购买时间，争取稳定的关系。

### （二）修订重购

修订重购是指购买者想就产品规格、价格、交货条款中的某些方面进行修订之后再购买。修订重购通常有更多人参与决策，要收集更多的信息。供应商必须清醒地认识到面临的挑战，积极改进产品规格和服务质量，大力提高生产率，降低成本，以保持现有的客户；新的供应者要抓住机遇，积极开拓，争取更多的业务。因此，修订重购对原供货企业是一个压力，迫使其全力以赴保住这个客户；而对原供货企业的竞争对手则是获取新订单的好机会。

### （三）新购

即产业用户第一次购买某种产品和服务，这也是最复杂的采购业务。新购的过程要经过知晓、兴趣、评价、试用和采用这样几个阶段。由于买方对新购买的产品心中无数，往往要求获得大量有关信息，而且购买成本越高、风险越大，参加制定购买决策的人数也越多。这种情况对供应者是最好的竞争机会，它可派出专业销售人员携带样品或样本上门推销，尽量提供必要的信息，帮助用户解决疑问，减少顾虑，促成交易。

## 二、生产者购买决策的参与者

与消费者市场类似，在生产者市场上，购买类型不同，购买决策的参与者也不同。直接重购时，采购部门负责人起决定作用。新购时，企业的高层领导起决定作用。在确定产品的性能、质量、规格、服务等标准时，技术人员起决定作用；而在供应商选择方面，采购人员起决定作用。由于采购决策过程中受到许多人直接或间接的影响，这些人分别扮演以下不同角色：

### （一）使用者

使用者是直接具体使用某种产品或服务的人员。使用者往往是提出购买某种产品的倡议者。使用者在购买产品的品种、规格中起着重要作用。例如，企业的生产部门往往是原材料的直接使用者，对原材料的选择具有很大的话语权。

### （二）影响者

影响者是直接或间接参与购买过程，并在采购中发挥一定行政威力，进而影响采购决策的人员。他们以自己的技术知识施予压力，如强调要保持生产进度、维持设计要求，通过他们在定价、买卖方面的专业知识对购买决策人员施加影响。属于影响者的有采购经理、总经理、生产和办公室人员、研发工程师等。

### （三）决策者

决策者是有权决定买与不买，以及产品规格、购买数量和供应商的人员。有些购买活动的决策者很明显，有些却不明显，供应商应当设法弄清谁是决策者，以便以决策者的需要为目标，有效地达成交易。一般来说，企业在生产、技术、设备、研发、销售等部门的高级管理人员都可能成为决策者。

### （四）批准者

批准者是有权批准决策者或购买者所提供的购买方案的人员。

### （五）采购者

采购者是被赋予权力并按照采购方案选择供应商和商谈采购条款的人员。不仅采购活动较为重要，采购者中还会包括高层管理人员。近些年来，在我国的政府采购过程中，为了增加政府采购的透明度，往往引入第三方机构，作为整个采购过程的监督者或评估者，以保证采购结果的最优化，同时也避免贪腐现象的发生。

### （六）信息控制者

信息控制者是企业外部和内部能够控制信息流传到决定者、使用者和采购中心成员的人员。不仅采购代理人或技术人员可以提供或拒绝某些供应商和产品的信息，企业的行政管理人员也有可能成为信息控制者。因此，注意信息渠道的畅通，成为企业能否成功销售的一个重要因素。

为了实现成功销售，企业的营销人员必须分析以下问题：谁是购买决策的主要参与者？其影响决策的程度如何？他们对哪些决策具有影响力？他们使用的评价标准是什么？

在生产者市场购买决策过程中，上述几种角色有时同时出现并发挥作用，但很多时候只出现一种或几种重要购买角色，这取决于具体购买商品的特性或购买决策过程的复杂程度。

## 三、影响生产者购买决策的因素

影响生产者购买决策的基础性因素是经济因素，即产品的质量、价格和服务，但在不同供应商的产品质量、价格和服务基本没有差异的情况下，其他因素就会对购买决策产生重大影响。这些因素可以分为四大类：环境因素、组织因素、人际因素和个人因素，如图 4－2 所示。

| 环境因素 | 组织因素 | 人际因素 | 个人因素 |
| --- | --- | --- | --- |
| 需求水平<br>经济前景<br>货币成本<br>供给状况<br>技术革新速度<br>政治法律情况<br>市场竞争趋势 | 营销目标<br>采购政策<br>工作程序<br>组织结构<br>管理体制 | 职权<br>地位<br>感染力<br>说服力 | 年龄、教育<br>职位、性格<br>风险态度等 |

**图 4－2 影响生产者购买决策的主要因素**

### (一)环境因素

环境因素包括的要素很多，既包括生产者无法控制的宏观环境因素，如国家的经济前景、技术发展、竞争态势、政治法律状况等，也包括生产者自身经营状况、竞争者等微观环境因素。市场营销环境和经济前景对企业的发展影响甚大，也必然影响到其采购计划。例如，国家的经济环境前景很好或国家宏观政策扶植某一个行业，有关企业就会追加投资，增加原材料采购和库存，以备扩大再生产之需。

### (二)组织因素

组织因素是指生产者用户自身的经营战略、组织和制度因素等。企业营销管理人员必须了解购买中心的管理层级有多少、参与购买决策的人等因素。

### (三)人际因素

企业采购中心一般包括使用者、影响者、采购者、决策者、批准者和信息控制者，这六种成员都参与购买决策过程。这些参与者在企业中的地位、职权、说服力及其相互之间的关系各有不同，这种人际关系会影响生产者用户的购买决策和购买行为。

### (四)个人因素

个人因素主要是指参与购买过程中相关人员的年龄、个性、偏好、风险意识等要素，这些要素对生产者市场的购买行为具有很重要的影响。

## 四、生产者的购买决策过程

生产者的购买决策过程与消费者的购买决策过程相比，一般更为复杂。生产者的购买决策过程可分为以下七个阶段。

### （一）了解需求

了解需求是生产者购买决策过程的起点，是指生产者用户在生产过程中认识到了某个问题或某种需要，且该问题或该需要可以通过得到某一产品或服务来解决时，便开始了采购过程。提出需要，既可以是企业内部的原因，也可以来自外部的刺激。例如，企业拟推出新产品，在产品生产过程中，需要进行的一系列工作（购进原材料、购进新机器、人员配备等）的认知，是企业新产品开发工作的开始。

### （二）说明需要

说明需要指说明所购产品的品种、性能、特征、数量和服务，写出详细的技术说明书，作为采购人员的采购依据。卖方应通过价值分析，向潜在顾客说明自己的产品和价格比其他品牌更理想。说明需要是对所需产品更详细、更精确的描述，对所购产品的品种、性能、特征、数量和服务，写出详细的技术说明书，作为采购人员的采购依据。说明书要列明拟购产品和服务在品种、数量、售后保证等方面的具体要求。销售人员应该向买方介绍产品特征，帮助买方确认需求。

### （三）物色供应商

物色供应商是指采购人员根据产品技术说明书的要求寻找最佳供应商。企业可以通过广告、客户网络、互联网等各种途径，尽量寻求一些声誉好、服务周到、产品质量高的供应商。

### （四）征求供应建议书

对已物色的多个候选供应商，购买者应请他们提交供应建议书，取得预购产品的相关信息资料，如产品目录、质量标准、价目表等，尤其是对价值高、价格高的产品，还要求他们写出详细的说明，对经过筛选后留下的供应商，要求他们提出正式的说明。营销人员必须在周密的市场调研工作基础上，提出合理的建议，并形成书面报告。通过这份报告，为消费者树立消费信心，为企业树立形象，从而在竞争中脱颖而出。

### （五）选择供应商

选择供应商是指生产者用户对供应建议书加以分析评价，确定供应商。评价内容包括供应商的产品质量、性能、产量、技术、价格、信誉、服务、交货能力等。用户会同时保持几条供应渠道，以免受制于人。

### （六）签订合同

签订合同是指生产者用户根据所购产品的技术说明书、需要量、交货时间、退货条件、担保书等内容与供应商签订合同。通常情况下，如果双方都有着良好的信誉，通过一份长期有效的合同将建立一种长期的关系，而避免重复签约的麻烦。在这种合同关系下，供应商答应在特定的时间内根据需要按协议的价格条件继续供应产品给购买者。

**（七）绩效评价**

绩效评价是指生产者用户对各供应商的绩效进行评价，以决定维持、修正或终止供货关系。

综上可知，生产者的购买决策过程是在购买前所进行的、从产生需要到对即将购买的产品进行评估的一系列过程。但是具体过程是依不同的购买类型而定，并非所有的购买类型都要经过这七个阶段，直接重购和修订重购可能跳过某些阶段，新购则要经历完整的七个阶段，总之，生产者市场是一个富有挑战性的领域，其中最关键的问题就是要了解采购者的需要、购买参与者、购买标准以及购买步骤。了解以上各点，生产者的营销人员就能够因势而动，为不同的顾客制定不同的营销组合策略。

# 第三节　中间商市场及其购买行为

## 一、中间商市场的概念

中间商市场，也称转卖者市场，中间商处于生产者和消费者之间，专门媒介商品流通，供应商应当把中间商视为顾客的采购代理人而不是自己的销售代理人，帮助他们为顾客做好服务。中间商市场是由所有以营利为目的、从事转卖或租赁业务的个体和组织构成，包括批发商和零售商两部分，其实质是顾客的采购代理。在较发达的商品经济条件下，市场上大多数商品都是由中间商经营的，只有少数商品是生产者直接销售的。

中间商市场与产业市场一样，都属于营利性企业市场，因此，二者的购买行为有许多相似之处。但由于二者在社会再生产过程中所处位置不同、职能不同，二者的购买行为又有若干不同之处。

与生产者市场不同，中间商市场具有如下特点：

第一，中间商市场的需求是派生需求。

派生需求因受最终消费者购买的影响而使销路不定，不过，由于离最终消费者更近，这种派生需求反映较为直接。

第二，价格更敏感。

中间商的职能主要是买进卖出，基本上不对产品再加工，故它对购买价格更敏感，购进价的变化往往直接影响到最终消费者的购买量。

第三，销售时间要求高。

交货期对中间商特别重要，他们一旦提出订单，就要求尽快到货，以抓住市场机会，满足消费者购买，而对需求没有把握的订货则往往推迟到最后一刻，以避免库存过多。

第四，受其他渠道成员影响较大。

中间商由于财务有限及不专销一家企业产品，故往往需要生产厂协助做产品广告，扩大影响。中间商一般不擅长技术，所以需要供货方提供退货服务、技术服务或返修商品服务。

## 二、中间商采购业务的类型

中间商采购业务主要有以下几种类型：

**(一)新产品的采购**

中间商对某种新产品可根据其销路好坏，决定是否购买，采购过程中的主要步骤同产业购买者大体相同。

**(二)选择最佳供应商**

中间商在采购过程中，会考虑选择价格最优惠、实力最强大、信誉度和美誉度最高的供应商，最终决定向谁进货。这个过程在产品进入新的细分市场或者进行新产品开发时经常出现，最终，综合条件好的供应商会脱颖而出。

**(三)改进采购**

中间商希望在现有供应条件的基础上，能够享受更优厚的待遇，如更有诱惑力的价格、更长的回款期等。

**(四)直接重购**

中间商采购部门，按照过去的订货目录或交易条件继续向原来的供应商购买商品。这个过程往往是基于之前良好合作的基础上。

## 三、中间商购买过程的参与者及主要采购决策

**(一)中间商购买过程的参与者**

中间商购买过程参与者的多少与商店的规模和类型有关。规模较小的企业，参与采购的人员较少，在小型门店中，店主亲自或依靠店员进行商品选择和采购工作。对于规模较大的企业，由专门的部门从事采购工作，重要的项目需要更高层次和更多的人员参与。以连锁超市为例，参与购买过程的人员和组织主要有：(1)商品经理。他们是连锁超市公司总部的专职采购人员，分别负责各类商品的采购任务，收集同类产品不同品牌的信息，选择适当的品牌和产品。(2)采购委员会。通常由公司总部的各部门经理和商品经理组成，负责审查商品经理提出的新产品采购建议，作出购买与否的决策。(3)分店经理。主要是指超市下属的各个门店的负责人，掌握着门店的统一采购权。在实际销售活动中，即使公司采购总部接受的产品，门店采购的过程中，也可能遭到拒绝，这也是很多企业面临的非常重要的渠道问题。

**(二)中间商采购决策过程**

与生产者市场采购决策过程类似，中间商采购决策过程也包括认识需要、确定需要、说明需要、寻找供应商、选择供应商、签订合同和绩效评估阶段。

1. 认识需要

认识需要主要是指中间商认识自己的需要，明确所需要解决的问题。这种需要可能是由内在刺激引起的，也可能是由外在刺激引起的。

2. 确定需要

确定需要主要是指中间商根据产品组合策略，选购产品的规格、品牌或数量。

3. 说明需要

即写出详细的采购说明书，作为采购人员采购的依据，包括品种、规格、质量和价格等。

4. 寻找供应商

采购人员根据采购说明书的要求，通过多种渠道收集信息，寻找供应商。

5. 选择供应商

采购部门和决策部门综合评议，确定选购产品的供应商。

6. 签订合同

中间商根据采购说明书和有关交易条件，与供应商签订合同。

7. 绩效评估

中间商对各个供应商的绩效、信誉、合作诚意等因素进行评估，以决定是否进行以后的合作。

另外，从供货商角度来说，供货企业了解中间商在购买过程中如何决策、如何进行进货业务，有助于采取相应的市场营销措施，更好地为顾客服务。通常情况下，供货企业采取以下措施来为中间商服务：

(1)供货企业预先给其产品贴上标签，写明产品号码、制造商名称、产品型号和花色、产品价格等，便于中间商出售货物和再订货；

(2)实行无库存采购；

(3)为顾客撰写广播电视广告稿，并实行合作广告，即零售企业推销供货企业产品的广告费用一部分由供应商负担；

(4)给中间商以退换货物的权利；

(5)当零售企业为促销而大减价时，供货企业给予特价优惠。

**营销小链接**

工业市场营销技巧

1. 确认你的销售眼前会获益；
2. 了解顾客如何采购，使你的销售适合他们的采购过程；
3. 在销售过程中，应与顾客一方中参与采购决策的每个人进行接触；
4. 成为你的顾客愿意与之建立关系的人或公司；
5. 了解竞争对手的优势和劣势；
6. 训练你的工作人员，使他们了解你公司以及你的客户各方面的业务情况；
7. 确保你所做的每件事情都与你所选定的质量、服务、价格和性能相一致。

## 四、影响中间商购买行为的主要因素

中间商的购买和生产者用户一样，受到环境因素、组织因素、人际因素及购买风格的影响，如产品的畅销程度、供应商的促销支持、商品的口碑等。在这些要素中，购买风格往往在影响因素中起重要作用。购买者的购买风格可分为以下类型：

(1)忠实采购者。指买方长期向同一渠道购买，不轻易转换。

(2)随机型采购者。随机选择最合适的供应商，而不是固定于其中某一个。

(3)最佳交易采购者。选择能够给予最佳交易条件的供应商，而不限定在事先已有的“购买名单”内。

(4)创造性采购者。通常不接受供应商的任何推销条件，而以自己的条件与供应商交易。

(5)追求广告支持的采购者。想尽办法，要求供应商给予广告支持。

(6)斤斤计较的采购者。总是要求供应商在价格上做出特别的让步，并且只接受能够在价格上给予让利最多的供应商。

(7)琐碎的采购者。在各供应商所提供的可接受的商品中，采购者首先注意的是产品的多样化，然后再挑选功能最佳的产品。

掌握购买者的购买类型，对准确把握购买者的购买心理和行为、提高销售业绩，具有重要作用。

## 本章习题

### 一、名词解释

组织市场　　组织购买决策过程　　修订重购　　派生需求

### 二、简答题

1. 组织市场同消费者市场相比，有哪些主要特点？
2. 影响生产者市场的消费行为因素有哪些？
3. 组织采购决策一般由哪些主要角色构成？这些角色对于组织购买行为各产生怎样的作用？
4. 与生产者市场相比，中间商市场具有哪些特点？

### 三、操作训练题

对有关超市进行调查，了解相关资料，结合生产者市场行为理论剖析超市采购过程，说明其购买过程有可能受到哪些因素的影响。

### 四、案例分析题

**戴尔怎样采购**

戴尔采购工作最主要的任务是寻找合适的供应商，并保证产品的产量、品质及价格方面在满足订单的同时，有利于戴尔公司。采购经理的位置很重要。戴尔的采购部门有很多职位设计是做采购计划、预测采购需求、联络潜在的符合戴尔需要的供应商。因此，采购部门安排了较多的人。采购计划职位的作用是什么呢？就是尽量把问题在前端就解决掉。戴尔采购部门的主要工作是管理和整合零配件供应商，而不是把自己变成零配件的专家。戴尔有一些采购人员在做预测，确保需求与供应的平衡，当所有的问题从前端完成之后，戴尔在工厂这一阶段就很少有供应问题，只要按照订单计划生产高质量的产品就可以了。所以，戴尔通过完整的结构设置来实现高效率的采购，完成用低库存来满足供应的连续性。戴尔认为，低库存并不等于供应会有问题，但它确实意味着运作的效率必须提高。

精确预测是保持较低库存水平的关键，既要保证充分的供应，又不能使库存太多，这在戴尔内部被称为没有剩余的货底。在IT行业，技术日新月异，产品更新换代非常快，厂商最基本的要求是要保证精确的产品过渡，不能有剩余的货底保留。戴尔要求采购部门做好精确预测，并把采购预测上升为购买层次进行考核，这是一个比较困难的事情，但必须精细化并加以落实。

"戴尔公司可以给你提供精确的订货信息、正确的订货信息及稳定的订单。"一位戴尔客户经理说，"条件是，你必须改变观念，要按戴尔的需求送货；要按订货量决定你的库存量；要用批量小但频率高的方式送货；要能够做到随要随送，这样你和戴尔才有合作的基础。"事实上，在零部件供应方面，戴尔利用自己的强势地位，通过互联网，与全球各地优秀供应商保持着紧密的联系。

这种"虚拟整合"的关系使供应商可以从网上获取戴尔对零部件的需求信息，戴尔也能实时了解合作伙伴的供货和报价信息，并对生产进行调整，从而最大限度地实现供需平衡。给戴尔做配套，或者作为戴尔零部件的供应商，都要接受戴尔的严格考核。戴尔的考核要点如下：

其一，供应商计分卡。在卡片上明确定出标准，如瑕疵率、市场表现、生产线表现、运送表现以及做生意的容易度。戴尔要的是结果和表现，据此进行打分。戴尔考核供应商的瑕疵率不是以每 100 件为样本，而是以每 100 万件为样本，早期是每 100 万件的瑕疵率低于 1 000 件，后来质量标准升级为 6-Sigma 标准。

其二，综合评估。戴尔经常会评估供应商的成本、运输、科技含量、库存周转速度、对戴尔的全球支持度以及网络的利用状况等。

其三，适应性指标。戴尔要求供应商应支持自己所有的重要目标，主要是策略和战略方面的。戴尔通过确定量化指标，让供应商了解自己的期望；戴尔给供应商提供定期的进度报告，让供应商了解自己的表现。

其四，品质管理指标。戴尔对供应商有品质方面的综合考核，要求供应商应"屡创品质、效率、物流、优质的新高"。

其五，每 3 天出一个计划。戴尔的库存之所以比较少，主要在于其执行了强有力的规划措施。每 3 天出一个计划，这就保证了戴尔对市场反应的速度和准确度。

供应链管理第一步应做什么呢？就是做计划。预测是龙头，企业的销售计划决定利润计划和库存计划。俗话说，龙头变，龙尾跟着变。这也就是所谓的"长鞭效应"。

迈克尔说过，供应商迟一点，意味着太迟了。这说明了戴尔对供应商供货准确、准时的考核非常严格。为了达到戴尔的送货标准，大多数供应商每天要向戴尔工厂送几次货，漏送一次就会让这个工厂停工。因此，如果供应商感到疲倦和迷茫，半途而废，其后果是戴尔无法承受的，任何供应商打个盹，就可能使戴尔的供应链体系遭受重创。然而，戴尔的强势订单凝聚能力又使任何与之合作的供应商尽一切可能按规定的要求送货，按需求变化的策略来调整自己的生产。

在物料库存方面，戴尔比较理想的情况是维持 4 天的库存水平，这是业界最低的库存记录。

那么，戴尔又是如何实现库存管理运作效率的呢？

第一，拥有直接模式的信用优势，与之合作的供应商相信戴尔的实力；

第二，具有强大的订单凝聚力，大订单可以驱使供应商按照戴尔的要求主动保障供应；

第三，供应商在戴尔工厂附近租赁或者自建仓库，能够确保及时送货。

戴尔可以形成相当于对手 9 个星期库存的领先优势，并使之转化为成本领先优势。在 IT 行业，技术日新月异，原材料的成本和价格在每个星期都是下降的。根据过去 5 年的历史平均值计算，每个星期原材料成本下降的幅度在 0.3%～0.9%之间。如果取一个中间值 0.6%，然后乘以 9 个星期的库存优势，戴尔就可以得到一个特殊的结构，即 5.5%的优势，这就是戴尔运作效率的来源。

戴尔很重视与供应商建立密切的关系。"必须与供应商无私地分享公司的策略和目标。"迈克尔说。通过结盟，打造与供应商的合作关系，这也是戴尔公司非常重视的基本方面。在每个季度，戴尔总要对供应商进行一次评估。事实上，戴尔和供应商之间的忠诚度很高。2001～2004 年，在戴尔遍及全球的 400 多家供应商名单里，最大的供应商只变动了两三家。

戴尔也存在供应商管理问题，并已练就了良好的供应链管理沟通技巧，在有问题出现时，可以迅速地化解。当客户需求增长时，戴尔会向长期合作的供应商确认对方是否可能增加下一次发货数量。如果问题涉及硬盘之类的通用部件，而签约供应商难以解决，就转而与后备供应商商量，这一切都会在几个小时内完成。一旦穷尽了所有供应渠道也依然无法解决问题时，那么就要与营销人员进行磋商，立即回复客户——这样的需求无法满足。

“我们不愿意用其他人的方式来作业，因为他们的方法在我们的公司行不通。”迈克尔说。戴尔通过自行创造需求并取得供应商认同的方法，取得了很好的成绩。戴尔要求供应商不光要提供配件，还要负责后面的即时配送。对一般的供应商来说，这个要求“太高了”，或者是“太过分了”。但是，戴尔一年200亿美元的采购订单足以使所有的供应商心动。一些供应商尽管起初不很愿意，但最后还是满足了戴尔的及时配送要求。戴尔的业务做得越大，对供应商的影响就越大，供应商在与戴尔合作中能够提出的要求就越少。戴尔公司需要的大量硬件、软件与设备，都是采取随时需要、随时由供应商提供送货服务的方式。供应商要按戴尔的订单要求，把自己的原材料转移到第三方仓库。戴尔根据自己的订单确定生产计划，并将数据传递给本地供应商，让其根据戴尔的生产要求把零部件提出来放在戴尔工厂附近的仓库，做好送货的前期准备。戴尔根据具体的订单需要，通知第三方物流仓库，通知本地的供应商，让他把原材料送到戴尔的工厂，戴尔工厂在8小时之内把产品生产出来，然后送到客户手中。整个物料流动的速度是非常快的。

**思考题：**

1. 戴尔的采购从哪些方面反映了产业购买者的共同行为特征？

2. 作为产业购买者，戴尔的购买行为有哪些时代特征？

3. 假设你所在的公司是一家生产液晶显示器的大型企业，现在打算将戴尔由潜在客户变为现实客户，请你为自己的公司提出一套能够实现这一目标的方案。

# 第五章
# 市场营销战略

**【学习目标】**

1. 了解战略规划的一般过程,明确企业战略的层次结构;
2. 明确企业总体战略规划的过程与内容;
3. 了解经营单位的战略规划;
4. 了解识别竞争者的方法;
5. 理解企业应对竞争者的对策;
6. 理解竞争战略的主要内容。

**【案例导入】**

**格兰仕微波炉的战略**

经过激烈的市场竞争,格兰仕攻占国内市场60%以上的份额,成为中国微波炉市场的代名词。在国家质量检测部门历次全国质量抽查中,格兰仕几乎是唯一全部合格的品牌,与众多洋品牌频频在抽检中不合格被曝光形成鲜明对比。

由于格兰仕的价格挤压,微波炉的利润空间降到了低谷。国内品牌的主要竞争对手一直是韩国产品,它们由于起步早曾经一度占尽先机。在近几年的竞争中,韩国品牌落在了下风。韩国公司在我国的微波炉生产企业,屡次在一些重要指标上被查出不合标准,并且屡遭投诉,这在注重质量管理的韩国公司是不多见的。业内人士认为,200多元的价格水平不正常,是一种明显的倾销行为。它有两种可能:一是韩国受金融危机影响,急需扩大出口,向外转嫁经济危机;二是抛库套现,做退出前的准备。

面对洋品牌可能的大退却,格兰仕不是进攻而是选择了暂时退却。格兰仕总部发出指令,有计划地减少东北地区的市场宣传,巩固和发展其他市场。

格兰仕在解释这种战略性退让时指出,其目的在于让出部分市场,培养民族品牌。从长远看,格兰仕保持一些竞争对手,也是对自己今后的鼓励和鞭策。格兰仕的目标是打出国门。1998年,格兰仕微波炉出口额为5 000万美元,比上年增长两倍,在国内家电行业名列前茅,其国际市场价格平均高于韩国同类产品25%。前不久,在世界最高水平的德国科隆家电展中,第二次参展的格兰仕不仅获得大批订单，而且赢得了世界微波炉经销商的广泛关注。

**思考：**格兰仕为什么要保持一些竞争对手？这对自己及对整个微波炉行业有什么好处？

企业能否在一个动态的环境中生存和发展，很大程度上取决于企业的市场营销活动能否适应外部环境的变化并做出积极正确的战略规划。自 20 世纪 70 年代初石油危机以来，世界经济发生了重要变化。与此相适应，市场营销领域也发生了重大转折。在 60 年代，市场营销理论普遍以定位为核心，而从 20 世纪 70 年代起，营销战略逐渐在现代市场营销学中占据了重要位置。因此，企业必须制定相应的战略计划，实施战略管理，确定企业市场营销活动的方向、中心、重点、发展模式以及资源的调配。只有这样，企业才能在变动和发展的动态环境中立于不败之地。

# 第一节　企业战略规划

企业战略是企业为实现各种特定目标以求自身发展而设计的行动纲领或方案。它涉及企业发展中带有全局性、长远性和根本性的问题。

市场营销战略是企业为了实现经营目标，对于企业在较长时期内营销发展的总体设想和规划。营销战略是企业战略的重要组成部分，它受企业总体战略思想的制约，不同的经营思想会有不同的市场营销战略，因此，市场营销战略必须与总体经营战略相匹配。

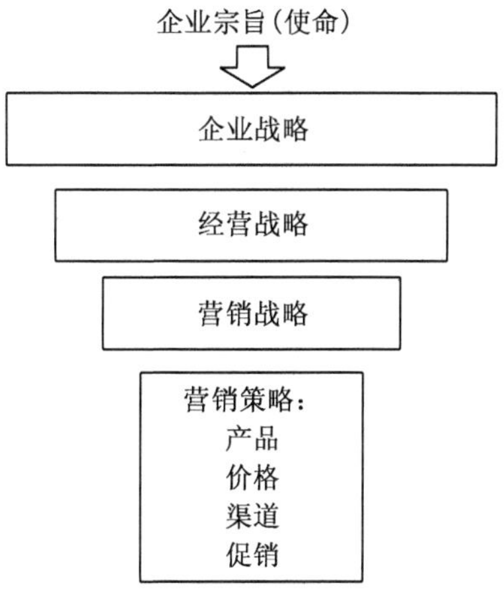


**图 5—1　战略规划组成**

## 一、企业宗旨(使命)

企业宗旨是指企业现在和将来的活动方向与范围，以及应成为什么类型的企业。例如，某生产吸尘器的企业将其宗旨表述为：为创造清洁卫生的环境提供有效的工具。这一宗旨规定了该企业的经营业务，它排除了该企业开设酒店、经营百货、生产服装等的种种可能。一个企业如果没有一个明确的宗旨，就不可能制定出清晰的战略目标和达成目标的战略。在确定企业宗旨时，企业管理人员要避免两种倾向：一种倾向是将企业宗旨确定得过于狭隘，如一个生产洗衣机的企业，如果将自己的宗旨只定义在清洗衣物上，则不能去开发其他相关的家电产品，这种狭隘的企业宗旨束缚管理人员的经营思路，可能丧失许多发展机会；另一种倾向是过于空泛，如一个出版商，如果将自己的宗旨确定为亚洲语言交流公司，则显得对企业方向的决策没有什么实际意义，因为这样的宗旨远远超出了企业的实际业务范围和能力。一个企业的宗旨不仅要在创业之初加以明确，而且要常常根据客观形势的变化定期进行分析，以决定它是否需要改变。

确定企业宗旨必须看企业与消费者的关系。彼德·德鲁克（Peter Drucker）曾说："要了解一个企业，必须首先知道它的宗旨，而宗旨是存在于企业自身以外的。因为企业是社会的一个细胞，其宗旨必定存在于社会中。企业宗旨的唯一定义是创造顾客。"因此，要确定一个企业的宗旨，首先要回答两大问题：一是我们现在的企业是干什么的；二是我们的企业将来做什么。

#### （一）企业是干什么的分析

分析的目的是，明确企业现在所从事的活动和企业性质，以及在企业性质不变的情况下，企业的经营能有什么发展。要弄清上述事项，需要回答下列问题：谁是消费者？消费者分布于何处？消费者为何来购买？消费者买些什么？消费者期望得到什么？

#### （二）企业应该做什么的分析

分析的目的在于了解有些什么新机会，以及可以创造些什么机会，以便明确企业的经营将如何改变。它一般对下列问题进行回答：市场发展趋势及市场潜力如何？目前消费者有哪些需求还得不到满足？随着经济的发展，市场结构会发生哪些变化？何种技术提高将改变消费者的购买习惯？企业的经营业务是否适当？是否根据外部环境的变化来改变其经营业务？在考虑以上问题的基础上，还须充分、全面地考虑与企业有利害关系的各方面的要求和期望，广泛征求意见，最终确定企业的宗旨。

### 二、企业目标

企业目标是企业战略的核心。所谓企业目标，是指企业未来一个时期内所要达到的一系列具体目标的总称。企业目标体现了企业的战略思想，也是制定战略实施方案的依据。因此，正确地制定企业目标具有重要意义。

制定企业目标应依据企业的使命在分析企业内部条件和外部环境的基础上进行，企业目标会因企业及其任务的不同呈现出多样化。企业目标可以归为以下几方面：

（1）利润目标。利润目标是企业极为重要的目标，它是衡量企业绩效的主要指标之一。

（2）投资收益率。投资收益率是指一定时期内企业所实现的纯利润与其全部投资的比率。投资收益率越高，意味着运用单位投资获取的利润越多。较高的投资收益率是企业追求的核心目标之一。

（3）市场占有率。市场占有率是指一定时期内一家企业某种产品的销售量（或销售额）在同一市场上的同类产品销售总量（总额）中所占的比重。市场占有率的高低，是产品在市场上竞争能力强弱的一种表现。

（4）销售增长率。销售增长率是指计划期产品销售增加额与基期产品销售额的对比关系。销售增长率的增长，意味着企业能够实现更多的利润。

（5）生产率。生产率是指投入与产出的比率。生产率的高低，表明企业生产管理水平的高低，是保证企业利润目标实现的最直接指标。

(6)产品创新目标。产品创新目标是指企业研发新产品的完成项目,它是保证企业能否持续发展的重要目标。

(7)消费者服务目标。消费者服务目标是指消费者对本企业产品和服务的满意程度,包括交货期、产品质量、性能要求以及售后服务等。

(8)社会责任目标。社会责任目标是指参与社会有益活动的次数、作出的贡献大小,是关系能否树立企业良好声誉、提高企业知名度的关键目标。

一个企业并非在上述所有方面都制定自己的战略目标,可以根据企业的实际情况来制定相应的目标。一般而言,凡是其成就或成果直接影响企业的生存和繁荣的方面,都需要制定企业战略目标。

## 三、规划投资组合

在确定了企业任务和目标后,为了实现企业目标,需要制定业务或产品投资组合计划,也就是对各项产品业务进行分析、评价,确认哪些应当发展、哪些应当维持、哪些应当缩减、哪些应当淘汰,并作出相应的投资安排,这一过程就是规划产品投资组合,其目的是合理使用资金,确保投资收益。企业的管理部门在规划产品投资组合过程中,首先要把所有产品分成若干"战略业务单位",每个"战略业务单位"都是单独的业务或一组相关的业务单位,并能单独计划和考核其市场营销活动。它可以是企业组织中的一个部门或一个单位,也可以是企业所经营的一类产品或一种产品;然后,再逐个分析,评价它们的经营效益和增长机会。一般来说,由于企业资源有限,各"战略业务单位"的增长机会、经济效益也不一样,因此企业的资金在分配上就不能平均使用。如何才能把有限的资金运用到经济效益最好的"战略业务单位"上?这就需要对各个战略业务单位进行评审。这里简单介绍一种方法,即"市场增长率—市场占有率矩阵",要用该方法来分析和评价企业的所有产品业务,如图 5—2 所示。

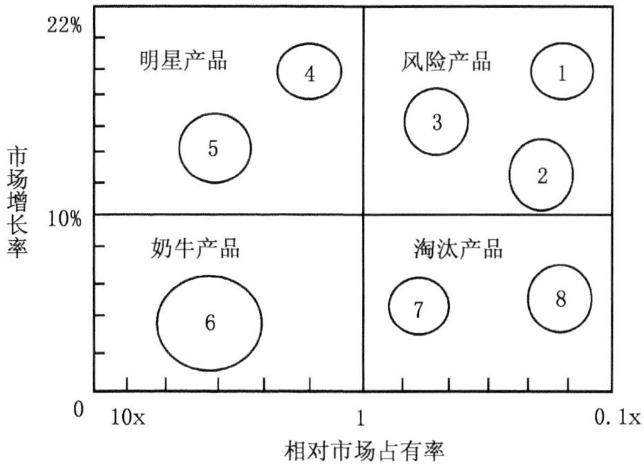


**图 5—2 市场增长率—市场占有率矩阵**

市场增长率(market growth rate),指企业经营单位所在的市场的年增长率。

相对市场占有率(relative market share),指企业经营单位的市场占有率相对于最大竞争者的市场占有率的比率。

企业对每个战略业务单位，都从市场吸引力(market attractive)和业务优势(business strength)两个方面进行评估。横坐标用对数坐标表示，纵坐标用线性坐标表示，四个象限的具体界限可根据具体情况设置。一般来说，横坐标定在1，纵坐标定在10%左右。

图中每个圆圈都代表一个经营单位(业务)，其半径由该经营单位(业务)的销售规模或占有资产的规模决定。

市场吸引力取决于市场大小、年市场增长率、历史的利润率等。

竞争能力由该单位的市场占有率、产品质量、分销能力等因素决定。

## 营销小链接

日本本田、雅马哈及美国哈雷·戴维森三家摩托车公司的市场份额及市场增长率数字如下所示：

市场份额和增长率比较

| 公司 | 市场份额(%) | 市场增长率(%) |
| --- | --- | --- |
| 本田 | 37.9 | |
| 雅马哈 | 20.4 | 3 |
| 哈雷·戴维森 | 6.8 | |

哈雷·戴维森公司计算其相对市场份额应为6.8/37.9=0.18

本田公司计算其相对市场份额则为37.9/20.4=1.86

第一类：风险产品。这类产品的市场占有率低，但销售增长率高。它们多半是进入市场不久的新产品，为提高这类产品的市场占有率，企业需投入大量的资金给予扶持。为此，企业应慎重考虑这样做是否合算，支持有发展前途的产品，但不宜过多，以免资金分散，效益不明显。

第二类：明星产品。这类产品市场占有率和销售增长率都比较高。该类产品处于迅速增长阶段，投资量比较大，企业应十分重视这类产品，在资金上给予大力支持，将来有可能为企业创造出丰厚的利润。

第三类：奶牛产品。这类产品市场增长率不高，但市场占有率比较高，是企业利润的重要来源。它们多半是原来的明星产品，当销售额扩大到一定程度后，增长率开始下降。其中有些增长率趋于稳定，有些继续下降。保持市场的占有率，也保证了企业的利润来源。

第四类：淘汰产品。这类产品的市场占有率和销售增长率都处在较低的水平。它们可能是开发失败的新产品，也可能是已经过时的老产品。该类产品盈利较少，或保本，甚至亏损。

由于每一个产品都有它的生命周期，所以上述四类产品在矩阵图中的位置会不断变化。例如“明星类”的销售增长率最终会降下来，成为“奶牛类”；“奶牛类”有可能最终成为“淘汰类”；“风险类”扶持及时，可能成为“明星类”；如经营成功，“淘汰类”也有可能转化为“明星类”。

正因为如此，企业在制定企业战略时，必须分析未来的市场变化趋势，制定好产品投资组合规划。对不同类别的产品应持不同的投资策略。可供选择的企业投资策略有以下四种：

(1)发展。目标是提高产品的相对市场占有率。为达此目标，有时甚至不惜放弃短期效益。这种策略特别适用于“风险类”产品，组织有效的促销组合使它们尽快转化为“明星类”产品。

(2)维持。目标是维持产品的相对市场占有率。这种策略适用于“奶牛类”产品，因为这类产品能带来高额利润。此类产品大多处于市场生命周期中的成熟期，采取有效的市场营销措施维持相当长一段时间是完全可能的。

(3)收割。目的是尽可能地多追求短期利润,而不顾长期效益。这种策略特别适用于处在产品生命周期成熟阶段后期的“奶牛类”产品,这类产品很快就要从成熟期转入衰退期,前途暗淡,所以趁这类产品在市场上仍有一定需求时尽可能获取更大的利润。这种策略也适用于准备放弃的“风险类”和“淘汰类”产品。具体做法是减少投资、降低促销费用。

(4)放弃。目的是清理、变卖现存产品。显然这种策略适用于没有发展前途的或者妨碍企业增加效益的某些“风险类”或“淘汰类”产品。

## 四、选择企业发展战略

通过投资组合规划,对现有产品和业务进行了评估和规划,使企业产品或业务得到优化。同时还要进一步寻找企业的发展机会,对企业未来的发展方向做出战略规划,即制定企业市场营销发展战略。企业发展战略主要有如下三类:

### (一)密集性发展战略

密集性发展战略又称集约性发展战略,是指一个特定市场的潜力尚未完全挖掘出来,还存在着市场机会,企业仍可以在现有的生产、经营范围内求得发展。这种战略主要有三种形式,如图 5—3 所示。

| 市场 \ 产品 | 原有 | 新 |
|---|---|---|
| 原有 | 市场渗透 | 产品开发 |
| 新 | 市场开发 | 多角化 |

**图 5—3　密集性发展战略**

1. 市场渗透

市场渗透是指通过更加积极有效的市场营销措施,如加强广告宣传、增加销售网点等,努力增加现有产品在原有市场上的销售量。有三种做法:

(1)刺激现有消费者更多地购买本企业现有产品;

(2)吸引竞争对手的消费者,提高现有产品的市场占有率;

(3)吸引新消费者,使更多潜在消费者也来购买本企业的这种产品。

2. 市场开发

市场开发是指通过努力开拓新市场来扩大现有产品的销售量,从而实现企业业务的增长。主要形式有:(1)寻找新的目标市场,例如,某种洗涤剂原适用于洗发,后来发现用于半导体器件清洗十分有效,从而打开了新的销路;(2)开辟新的销售区域,例如,从城市市场扩展到乡村市场,由国内市场扩展到国际市场。

3. 产品开发

产品开发是指通过向现有市场提供多种改型变异产品,如增加花色品种、增加规格档次、改进包装、增加服务等，以满足不同消费者的需要，从而扩大销售，实现企业业务的增长。

4. 多角化(内容略)

### (二)一体化发展战略

一体化发展战略又称纵向发展战略。企业在基本行业很有发展前途，而且企业在产、供、销等方面实现一体化，能提高效率、加强控制、扩大销售、增加盈利。一体化战略有三种形式，如图 5—4 所示。

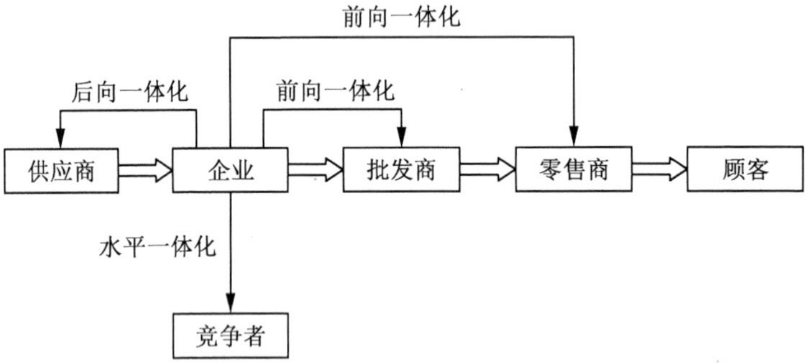


**图 5—4　一体化发展战略**

1. 后向一体化

企业收购或兼并若干材料供应企业，拥有或控制其供应系统，实行供产一体化。这么做的原因一般是由于供应商盈利很高，或发展机会极好，通过一体化争取更多收益；还可以避免因材料短缺而使成本受制于供应商的危险。

2. 前向一体化

企业谋求对销售系统甚至用户的控制权，如收购、兼并批发商、零售商、商业贸易公司，以增强销售力量来求发展；或将自己的产品向前延伸，从事由原用户经营的业务，如毛纺企业生产毛衣、林业公司加工家具等。

3. 水平一体化

争取对同类型其他企业的所有权或控制权或实行各种形式的联合经营，这样可以扩大生产规模和经营实力，或取长补短，共同利用某些机会。

### (三)多元化发展战略

多元化发展战略又称多样化或多角化发展战略，即向本行业以外发展，扩大业务范围，实行跨行业经营。当企业所属行业缺乏有利的市场营销机会或其他行业的吸引力更大时，可实行多元化发展战略。但多元化并不意味着毫无选择地利用一切获得的机会，而是要求企业扬长避短，结合自身的资源优势来选择市场机会，以充分发挥资源潜力并使风险分散。多元化主要有三种形式，如图 5—5 所示。

1. 同心多元化

就是利用企业现有的资源和技术力量，以现有产品为中心向外扩展业务范围，开发新产品以寻求新的增长。例如，海尔集团公司从电冰箱开始，陆续开发出洗衣机、空调、电视机等一些家电类产品。采用这种战略可以利用原有的设备、技术优势，风险较小，易于成功。

| 技术 \ 市场 | 现有 | 新 |
| --- | --- | --- |
| 现有 | | 同心多元化 |
| 新 | 横向多元化 | 综合多元化 |

**图 5—5　多元化发展战略**

2. 横向多元化

就是企业针对现有目标市场的其他需要，投入新的资源和技术力量开发新产品，以扩大业务经营范围，寻求新的增长机会。例如，一家童装厂，现又开发生产儿童玩具、儿童食品，所针对的都是儿童这个目标市场。采用这种战略，可以充分利用现有的市场和现有的销售渠道，扩大销售额。横向多元化意味着向其他行业投资，有一定的风险，企业应具有相当大的实力。

3. 综合多元化

就是企业通过投资或兼并等形式，把经营范围扩展到多个新部门或其他部门，组成混合型企业集团，开展与现有技术、现有产品、现有市场无联系的多样化经营活动，以寻求新的增长机会。例如，首都钢铁集团股份有限公司，除钢铁业以外又发展房地产、酒店、电子工业等产业。采用综合多元化战略的企业一般都是各方面实力雄厚的大企业。

# 第二节　市场竞争者分析与识别

企业在目标市场进行营销活动的过程中，不可避免地会遇到竞争对手的挑战。企业要在激烈的竞争环境中取胜，必须有效地分析竞争者，做到“知己知彼”，方能“百战不殆”。根据波特竞争理论，每个行业都有优秀的竞争者和低劣的竞争者，明智的企业应善于支持、团结前者，进攻、制约后者；即与优秀的竞争者结成相互配合、密切合作的战略联盟，共同对低劣竞争者展开攻击。企业只有了解竞争者的发展动向，才能赢得市场、维系消费者，才能在激烈的市场竞争中立于不败之地。

## 一、识别竞争的方法

### (一)从行业竞争角度识别竞争者

行业定义为一组提供一种或一类相互密切替代产品的公司群。如果一种产品的价格上升能引起对另一种产品的需求明显增加，那么这两种产品就是密切替代产品。产业经济学认为，一个行业的竞争强度主要是由行业结构决定的。决定行业结构的主要因素有以下几种：

1. 销售商数量及产品差异化程度

描述一个行业的出发点就是要确定销售商的数量以及产品是同质的还是高度差异的。根据这一出发点，可将行业划分为四种结构类型，见表 5—1。

表 5－1　　　　行业竞争结构类型

| 销售商数量 / 产品差别 | 一个销售商 | 少数销售商 | 许多销售商 |
|---|---|---|---|
| 无差别产品 | 完全垄断 | 完全寡头垄断 | 完全竞争 |
| 有差别产品 | | 不完全寡头垄断 | 垄断竞争 |

(1)完全垄断。一个行业中只有一家公司在一个国家或一个地区提供一定的产品或服务，如地方电力或供水公司。

(2)寡头垄断。一个行业的结构是少数几个(通常)大企业生产从高度差别化到标准化的系统产品。分为完全寡头垄断和不完全寡头垄断。

(3)垄断竞争。垄断竞争的行业由许多能区别出它们所提供的产品或服务并使其产品具有特色的企业(餐厅、美容院)所组成。其中许多竞争者趋向于针对某些它们能够更好地满足顾客需要的细分市场来索取溢价。

(4)完全竞争。完全竞争行业是由许多提供相同产品或服务的企业所构成(股票市场、农产品市场)。因为产品没有差别，所以竞争者的价格将是相同的。

2. 进入与流动障碍

企业进入各个行业的难易差别很大，进入行业的主要障碍包括：企业缺乏足够的资本，不能实现规模经济，无专利和许可证条件，企业缺乏场地、原料或分销商、信誉等条件。某些行业进入障碍是行业本身所固有的，某些障碍是已进入行业的公司单独或联合设置的。即使某一企业已进入了某行业，在向更有吸引力的目标市场流动时，也会遇到流动障碍。

3. 退出与收缩障碍

当某个行业利润水平很低甚至亏损时，已进入该行业的企业可能会主动将人力、物力和财力退出并转向更有吸引力的行业。但退出一个行业也存在种种障碍：企业仍存在对消费者、债权人或职工法律上和道义上的义务；由过分专业化或设备技术陈旧引起的资本利用价值低；缺少可选择的市场机会；企业实现高度纵向一体化；感情障碍；等等。即使不能退出该行业的企业，仅缩小经营规模，也会遇到收缩的障碍。收缩的主要障碍是合同的约定以及某些管理的限制等。因此，仍然留在行业内的企业应设法减少其退出障碍。

4. 成本结构

各个行业从事经营活动所需成本的大小及成本结构不同。企业应将注意力放在最大成本上，即在不影响经营业务发展的前提下减少这些成本。

5. 纵向一体化

在某些行业，企业通过实行前向一体化或后向一体化来取得竞争优势。如石油勘探、石油钻井、石油提炼、石油加工及石油产品的销售实行纵向一体化。纵向一体化可以降低成本并能更好地控制增值流，还能在它们所经营业务的各个细分市场中控制其价格和成本。

6. 全球经营

某些行业市场的地方性很强，如影视、歌厅等服务业；某些行业则适合全球性经营，如航空业、石油业等。全球性经营必须以全球竞争为基础。

企业可以依据以上因素对自己所处行业的结构特点进行分析，并由此识别出企业的竞争对手。

### (二)从市场竞争角度识别竞争者

除了从行业角度识别竞争者外,还可以从市场角度,即把其他竞争者看作力求满足相同消费需求或服务于同一消费者群的企业。从市场角度来看,对竞争者的识别开阔了企业的视野,扩大了实际和潜在竞争者的范围,使企业能制定出更具竞争性的营销战略。这样我们可以区分四种类型的竞争者:品牌竞争者、形式竞争者、类别竞争者、愿望竞争者。其关系如图 5—6 所示。

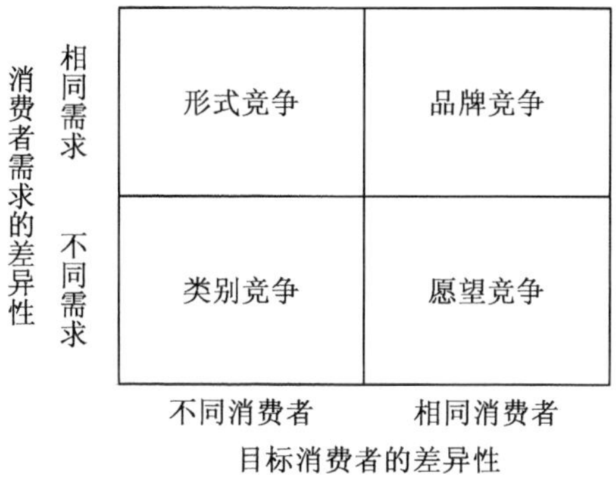


**图 5—6 竞争类别分析**

以上四种类型的竞争者如果从消费者的角度看,是企业间的产品在满足消费者需求的替代性方面的竞争。品牌竞争的替代性最高,竞争也最直接、最激烈;而愿望竞争是在消费者有限购买能力的条件下,吸引消费者购买满足不同欲望的产品,因此从表面看,并没有表现为直接的竞争,也正因为如此,这种类型的竞争容易被企业所忽略。

由此可见,竞争者的范围十分广泛,不能仅仅理解为提供同类产品和服务,在同一市场以相似价格供给的竞争对手。必须分析四种类型竞争者的各种竞争关系,才能真正把握与本企业争夺消费者的竞争者究竟有哪些。

## 二、分析竞争者的战略与目标

一个企业确定了它的首要竞争者,就必须辨别竞争特点,分析它们的战略与目标,而且还要明确与谁竞争对自己有利。因此,企业必须分析与选择竞争对手。

### (一)分析竞争者的战略

各企业采取的战略越相似,它们之间的竞争就越激烈。根据竞争者所采取的主要战略的不同,可以把竞争者划分成为不同的战略群体。战略群体是指一群在既定目标市场实施相同战略的企业。在多数行业,竞争者可以区分为几个实施不同战略的群体,这些群体之间的战略差别通常表现在目标市场、产品档次、性能、技术水平、价格和销售范围等方面。一个企业需要辨别、评估它所处的竞争战略群体,这是对企业最具威胁的对手的所在地。

根据战略群体的划分,可归纳为两点:

(1)不同战略群体进入的难易程度不同。一般小型企业适于进入投资和声誉都较低的群体,因为这类群体较易打入;而实力雄厚的企业则可考虑进入竞争性强的群体。

(2)同一战略群体内竞争最为激烈。处于同一战略群体的企业在目标市场、产品类型、质量、功能、价格、分销渠道和促销战略等方面几乎无差别,任一企业的竞争战略都会受到其他企业的高度关注并在必要时做出强烈的反应。

除了在同一战略群体内存在激烈竞争外,在不同战略群体之间也存在竞争。这是因为:第一,某些战略群体可能具有相同的目标客户;第二,顾客可能分不清不同战略群体的产品的区别,如分不清高档货与中档货的区别;第三,属于某个战略群体的企业可能改变战略,进入另一个群体。

### (二)确定竞争者的目标

企业确定了谁是自己的竞争者以后,下一步需搞清:每个竞争者在市场上追求的目标是什么?每个竞争者的行为动力是什么?所有竞争者都在最大限度地追求利润,但是每个企业对短期利润或长期利润的侧重则有所不同。有些企业追求的是"满意"的利润而不是"最大"的利润,只要企业达到既定的利润目标就满意了,即使通过其他策略能赢得更多的利润,他们也置之不理;而有的企业可能追求利润最大化。

这就是说,每个竞争者都有自己的侧重点和不同的目标组合,如盈利能力、市场占有率、销售增长率、技术领先地位和服务领先地位等。营销管理者要知道主要竞争者的目标组合侧重的是什么,从而正确估计竞争者可能采取的应变对策是什么。如一个以"低成本领先"为显著特征的竞争者,就会对其他企业在降低成本方面的技术突破十分重视,而对增加广告预算的企业不太注意。企业还必须注意观察和分析竞争者在各个产品和消费者细分市场方面可能的行动。如果企业了解到竞争者发现了一个新的细分市场,那么这里可能存在着营销机会,或者发觉竞争者计划进入属于本企业的细分市场,那么就应当抢先下手,予以回击。

## 三、分析竞争者的优劣势

竞争者能否执行其战略和实现其目标,主要取决于每个竞争者的资源和能力。企业必须评估每个竞争者的优势和劣势。

主要是收集有关竞争者最关键的数据,如销售量、市场份额、利润率、投资收益、现金流量、新的投资、生产能力的利用情况、成本情况、综合管理能力等。一般可以通过公开的信息渠道或者通过对顾客进行调查来获取竞争者的相关信息,从而通过相应的分析方法(如SWOT分析方法)来分析和预测竞争者的优势和劣势。

有些与市场营销相关的其他方面的因素,在评估中应加以跟踪调查,如:(1)市场占有率。(2)心理占有率。这是指在回答"举出这个行业中你首先想到的一家公司"这个问题时,提名竞争者的消费者在全部消费者中所占的比例。例如,提到软件行业,人们自然会想到微软公司。(3)情感占有率。这是指在回答"举出你最喜欢购买其产品的一家企业"这一问题时,提名竞争者的消费者在全部消费者中所占的比例。

收集信息通常通过第二手资料进行,还可以通过向消费者、供应商和中间商进行直接营销调研来实现。

## 四、判断竞争者的反应模式

竞争者的目标、战略、优势和劣势决定了它对降价、促销、推出新产品等市场竞争战略的反应。每个竞争者都有一定的经营哲学和指导思想，因此企业的市场营销管理者要深入了解竞争者的心理和信念，观察当企业采取某些措施和行动之后，竞争者会有哪种反应。在竞争中常见的一些竞争者的反应类型有以下几种：

**(一)从容不迫型**

有些竞争者对既定竞争的变化反应并不迅速或者反应不强烈。对竞争者缺少反应的原因是多方面的。企业可能感觉其消费者是忠于自己的；企业业务会取得很好的成绩；或者它们可能对其他竞争者的反应迟钝；也许它们没有做反应所需的资金。企业必须努力弄清楚竞争者从容不迫行为的原因。

**(二)选择型**

这一类型的竞争者可能只对某些类型的攻击做出反应，而对其他类型的攻击则无动于衷。例如，当竞争对手同时采取降价销售以及加大广告宣传的营销策略时，竞争者可能只对降价做出针锋相对的反应以表明对手是枉费心机的，而对广告费用的增加不做任何反应，认为这些并不构成威胁。了解主要竞争者会在哪些方面做出反应，可为企业采取最为可行的攻击方案提供线索。

**(三)凶猛型**

一些竞争者对任何方面的进攻都会迅速强烈地做出反应。如美国宝洁公司就是一个强劲的竞争者，一旦受到挑战，就会立即发起猛烈反击。因此，同行企业都避免与它直接交锋。

**(四)随机型**

有些竞争者并不表露可预知的反应模式。这类竞争者在特定场合可能会或不会做出反应。而且无论根据其经济、历史或其他情况，都无法预见其反应。许多小企业是随机型竞争者，如果他们能担负一场战争，他们就会在某些前沿进行竞争，如果竞争过于昂贵，他们就会选择放弃。

## 五、竞争对象的选择

企业可以在下列分类的竞争者中挑选一个，进行集中攻击。

**(一)强竞争者与弱竞争者**

很多企业把进攻目标瞄准较弱的竞争者，这样可使它们为获得每百分点的市场份额所付出的资源和时间较少。但在这个过程中，企业可能在提高能力方面进展很小。因此，企业也应当同强有力的竞争者进行竞争，赶超目前的技术水平。再者，即使同强有力的竞争者进行竞争，也应知道强竞争者也有劣势，而企业也可证明自己是一个有价值的竞争者。

**(二)近竞争者与远竞争者**

大多数企业会与那些极度类似的竞争者竞争。企业应当避免“摧毁”相邻的竞争者。迈克尔·波特列举了如下毫无效率的胜利例子：美国博士伦公司在20世纪70年代后期大举进攻其他隐形眼镜生产商并取得了极大成功，然而，这却使每个弱小的竞争者都卖给了强生这样的大公司，结果，博士伦公司目前面临着更大的竞争者。

### (三)“好”竞争者与“坏”竞争者

每个行业都有“好的”与“坏的”竞争者，一个企业应当明智地去支持好的竞争者并攻击坏的竞争者。好的竞争者有以下一系列特征：遵守行业规则；对行业的增长潜力所提出的设想切合实际；制定的价格与成本相符；喜欢一个健全的行业；将自己限定在行业的某一部分或细分市场中；推动其他企业降低成本或提高差异化；接受正常水平的市场份额和利润。坏的竞争者违反以下规则：企图花钱购买而不是赢得市场份额；敢于冒风险；在生产能力过剩时仍然继续投资；通常它们打破了行业均衡。

企业从好的竞争者那里获取利益。竞争者传递着几种战略利益：它们降低了垄断的风险；它们增加了总需求；它们导致了更多的差异；它们共享市场发展的成本优势并使新技术合法化；它们增强了与劳工或管理当局讨价还价的能力；它们可以为吸引力不大的细分市场服务。

# 第三节　市场竞争的基本战略

每个企业都要依据自己的目标、资源和环境以及在目标市场上的地位来制定竞争战略。即使在同一企业中，不同的业务、不同的产品也有不同要求，不可强求一律。因此，企业应当先确定自己在目标市场上的竞争地位，然后根据自己的市场定位选择适当的营销战略和策略。企业在市场中竞争地位有多种分类方法。根据企业在行业中的竞争地位，可将竞争者分为以下四种类型：市场领先者、市场挑战者、市场追随者和市场补缺者。这里着重对不同竞争地位的企业竞争战略进行深入探讨。

## 一、市场领先者战略

所谓市场领先者，是指在相关产品的市场上市场占有率最高的企业。一般来说，大多数行业都有一家企业被公认为市场领先者，它在价格调整、新产品开发、分销渠道建设和促销等方面对本行业和其他企业起着主导作用。它是市场竞争的导向者，也是竞争者挑战、效仿或回避的对象。国内电冰箱行业的海尔、电脑行业的联想集团、微波炉行业的格兰仕集团等都是处于市场领先地位的竞争者。

一般来说，市场领先者为了维护自己的优势，保持自己的领先地位，通常可采取以下三种战略：

### (一)扩大市场需求总量

一般来说，当一种产品的市场需求总量扩大时，受益最大的是处于市场领先地位的企业。因此，市场领先者应努力从以下三个方面扩大市场需求量：

1. 开发新用户

每一种产品都有吸引消费者的潜力，因为有些消费者或者不知道这种产品，或者因为其价格不合适或缺乏某些特点等而不想购买这种产品，这样企业可以从三个方面发掘新的使用者：一是转变未使用者。即说服那些尚未使用本行业产品的人使用，把潜在消费者转变为现实的消费者。二是进入新的细分市场。这是针对现有细分市场中还未使用产品的消费者或偶尔使用的消费者,说服他们使用产品,比如说服不用香水的妇女使用香水。三是地理扩展。即寻找尚未使用本产品的地方,如摩托车在大城市销量有限,可以向中小城市和广大农村市场转移。

2. 开辟产品新用途

企业也可通过发现并推广产品的新用途来扩大市场。同样,消费者也是发现产品新用途的重要来源,公司必须注意消费者对本公司产品的使用情况。

3. 增加使用量

促使使用者增加使用量,也是扩大需求的一种重要手段。主要方法包括提高使用频率、增加每次使用量、增加使用场所等。例如,牙膏生产厂家劝说人们每天不仅要早晚刷牙,最好每次饭后也要刷牙,这样就可增加牙膏的使用量。

### (二)保护市场份额

处于市场领先地位的企业,在努力扩大整个市场规模时,必须注意保护自己现有的业务,防备竞争者的攻击。

市场领先者即使不发动进攻,至少也应保护其所有战线,不能有任何疏漏。IBM 公司之所以决定生产个人电脑,其部分原因就是为了防止其他公司乘虚而入、站稳脚跟后发展壮大。堵塞漏洞要付出很高的代价,随便放弃一个产品或细分市场,“机会损失”可能更大。由于资源有限,领先者不可能保持它在整个市场上的所有阵地。因此,它必须善于准确地辨认哪些是值得耗资防守的阵地、哪些是可以放弃而不会招致风险的阵地,以便集中使用防御力量。防御策略的目标是要减少受到攻击的可能性,将攻击转移到威胁较小的地带,并削弱其攻势。具体来说,有以下六种防御策略可供市场领先者选择:

1. 阵地防御

阵地防御就是在现有阵地周围建立防线,这是一种静态、消极的防御,是防御的基本形式,但是不能作为唯一形式。对于营销者来讲,单纯防守现有的阵地或产品,就会患“营销近视症”。当年,亨利·福特便对他的 T 型车的营销付出了沉重的代价,使得年盈利 10 亿美元的福特汽车公司从顶峰跌到濒临破产的边缘。与此相对比的是,现在可口可乐公司虽然已经发展到年产量占全球饮料半数左右的规模,但仍然积极从事多元化经营,如打入酒类市场、兼并水果饮料公司、从事塑料和海水淡化设备等工业。

2. 侧翼防御

侧翼防御是指市场领先者除保卫自己的阵地外,还应建立某些辅助性的基地作为防御阵地,或必要时作为反攻基地。特别要注意保卫自己较弱的侧翼,防止对手乘虚而入。例如,20 世纪 70 年代美国的汽车公司就是因为没有注意侧翼防御,遭到日本小型汽车生产企业的进攻,失去了大片阵地。

3. 先发制人防御

这种更积极的防御策略是在敌方对自己发动进攻之前,先发制人抢先攻击。具体做法是,当竞争者的市场占有率达到某一危险的高度时,就对它发动攻击;或者是对市场上的所有竞争者全面攻击,使得对手人人自危。有时,这种以攻为守的策略着重于心理作用,并不一定付诸行动。如市场领先者可发出市场信号,迫使竞争者取消攻击。当然,企业如果拥有强大市场资产——品牌忠诚度高、技术领先等,面对对手挑战,可以沉着应战,不轻易发动进攻。例如,美国亨氏公司对汉斯公司在番茄酱市场上的进攻就置之不理,结果后者得不偿失,以败阵告终。

4. 反攻防御

当市场领先者遭到对手降价或促销攻势，或改进产品、实施市场渗透等进攻时，不能只是被动应战，应主动反攻。领先者可选择迎击对方的正面进攻、迂回攻击等策略。例如，美国西北航空公司最有利的航线之一——明尼阿波利斯至亚特兰大航线——受到另一家航空公司降价和促销进攻时，西北航空公司采取的报复手段是将明尼阿波利斯至芝加哥航线的票价降低，由于这条航线是对方的主要收入来源，迫使进攻者不得不停止进攻。

5. 运动防御

运动防御要求领先者不但要积极防守现有阵地，还要扩展到可作为未来防御和进攻中心的新阵地，它可以使企业在战略上有较多的回旋余地。市场拓展可通过两种方式实现：一是市场扩大化，企业将其注意力从目前的产品转移到有关该产品的基本需求上，并全面研究与开发有关该项需求需要的科学技术，如“石油”公司变成“能源”公司就意味着市场范围扩大了；二是市场多样化，即向无关的其他市场拓展，实行多元化经营。

6. 收缩防御

有时，在所有市场阵地进行全面防御会力不从心，从而顾此失彼，在这种情况下，最好的行动是实行战略收缩——收缩防御，即放弃某些薄弱的市场，把力量集中用于优势的市场阵地。例如，美国西屋电气公司将其电冰箱品种由 40 种缩减到 30 种，占其销售额的 85%。

### (三)提高市场占有率

市场领先者设法提高市场占有率，也是增加收益、保持领先地位的一个重要途径。在美国许多市场上，市场份额提高一个百分点就意味着数千万美元的收益，例如，咖啡市场份额的一个百分点就值 4 800 万美元，而软饮料市场的一个百分点就是 1.2 亿美元。因此，许多企业以提高市场占有率为目标。随着企业在所服务的市场上获得市场占有率超过其竞争者，其盈利就会增加。奔驰公司获得高额利润，是因为它在所服务的豪华汽车市场上是一个占有率高的公司，尽管它在整个汽车市场上的占有率并不是很高。

总之，市场主导者必须善于扩大市场需求总量，保卫自己的市场阵地，防御挑战者的进攻，并在保证收益增加的前提下提高市场占有率，这样才能持久地占据市场主导地位。

## 二、市场挑战者战略

在行业中名列第二的企业称为市场挑战者。他们虽然实力不及市场领先者，但在市场中瓜分了相当多的市场份额，并且实力远远强于市场中的其他竞争者，如汽车行业的福特汽车公司、软饮料行业的百事可乐公司等。这些市场挑战者对待当前的竞争形势有两种态度：一种是向市场领先者和其他竞争者发动进攻，以夺取更大的市场占有率，这时，他们可称为市场挑战者；另一种是维持现状，避免与市场领先者和其他竞争者产生争端，这时，他们可称为市场追随者。市场挑战者如果要向市场领先者和其他竞争者挑战，首先必须确定自己的战略目标和挑战对象，然后再选择适当的进攻策略。

### (一)明确战略目标和竞争对手

战略目标与进攻对象密切相关，企业战略目标不同，进攻的对象也就不同。因此，针对不同的进攻对象存在不同的目标。一般来说，挑战者可以选择以下三种企业作为攻击对象：

1. 攻击市场领先者

市场领先者在市场上占有最大的市场份额，实力强，而且拥有一大群对企业产品忠诚度很高的消费者，因此进攻市场领先者这一战略风险很大，但是挑战者进攻战略若能奏效，则其市场地位能迅速提升，潜在的收益可能很高。为取得进攻的成功，挑战者要认真调查研究消费者的需要及其不满之处，这些就是市场领先者的弱点和失误。此外，通过产品创新，以更好的产品来夺取市场，也是可供选择的策略。

2. 攻击与自己规模相当的企业

挑战者对一些与自己势均力敌的企业，可选择其中经营不善而发生危机者作为攻击对象，以夺取它们的市场。挑战者企业在采取这一策略时应认真研究竞争对手的抵御能力，如消费者满意度以及该企业的创新能力等。

3. 攻击区域性小型企业

一些地方性小企业中经营不善而发生财务困难者，可作为挑战者的攻击对象，以较小的代价获得其人员和资产。例如，中国青岛啤酒公司一举收购了全国各地的100多个啤酒品牌，成为中国最大的啤酒生产厂家。

### (二)选择进攻策略

在确定了战略目标和进攻对象之后，挑战者要考虑进攻的策略问题。其原则是集中优势兵力于关键的时刻和地方。总的来说，挑战者可选择以下五种战略：

1. 正面进攻

正面进攻就是挑战者集中兵力向对手的主要市场发动攻击，打击的目标是敌人的强项而不是弱点。这样，胜负便取决于谁的实力更强、谁的耐力更持久。进攻者必须在产品、广告、价格等主要方面大大领先对手，方有可能成功。

进攻者如果不采取完全正面的进攻策略，也可采取一种变通形式，最常用的方法是针对竞争对手实行削价。通过在研究开发方面大量投资，降低生产成本，从而在低价格上向竞争对手发动进攻，是持续实行正面进攻策略最可靠的基础之一。日本企业是实践这一策略的典范。

2. 侧翼进攻

侧翼进攻就是集中优势力量攻击对手的弱点，有时也可正面佯攻，牵制其防守兵力，再向其侧翼或背面发动猛攻，采取“声东击西”的策略。侧翼进攻可以分为两种：一种是地理性的侧翼进攻，即在全国或全世界寻找对手相对薄弱的地区发动攻击；另一种是细分性侧翼进攻，即寻找市场领导企业尚未很好满足的细分市场。

侧翼进攻不是指在两个或更多的公司之间浴血奋战来争夺同一市场，而是要在整个市场上更广泛地满足不同的需求。因此，它最能体现现代市场营销观念，即“发现需求并且满足它们”。同时，侧翼进攻也是一种最有效和最经济的策略，较正面进攻有更多的成功机会。

3. 包围进攻

包围进攻是一种全方位、大规模的进攻策略，它在几个战线发动全面攻击，迫使对手在正面、侧翼和后方同时全面防御。进攻者可向市场提供竞争者能供应的一切，甚至比对方还多，使自己提供的产品无法被拒绝。当挑战者拥有优于对手的资源，并确信围堵计划的完成足以打垮对手时，这种策略才能奏效。日本精工表在国际市场上就是采取这种策略，在美国，它提供了约400个流行款式、不断更新的产品和各种吸引消费者的促销手段，取得了很大成功。

4. 迂回进攻

这是一种最间接的进攻策略，它避开了对手的现有阵地而迂回进攻。具体办法有以下三种：

(1)发展无关的产品，实行产品多元化经营。

(2)以现有产品进入新市场，实现市场多元化。

(3)通过技术创新和产品开发，替换现有产品。例如美国高露洁公司在面对强大的宝洁公司竞争压力时就采取了这种策略，即加强高露洁公司在海外的领先地位，在国内实行多元化经营，向宝洁没有占领的市场发展，迂回包抄宝洁公司。该公司不断收购了纺织品、医药产品、化妆品及运动器材和食品公司，结果获得了成功。

5. 游击进攻

游击进攻主要适用于规模较小、力量较弱的企业，目的在于通过向对方不同地区发动小规模的、间断性的攻击来骚扰对方，使之疲于奔命，最终巩固永久性据点。游击进攻可采取多种方法，包括有选择的降价、突袭式的促销行动等。应该指出的是，尽管游击进攻可能比正面围堵或侧翼进攻节省开支，但如果想打倒对手，仅靠游击战是不可能达到目的的，还需要发动更强大的攻势。

从以上内容可以看出，市场挑战者的进攻策略是多样的。一个挑战者不可能同时运用所有策略，但也很难单靠某一种策略取得成功，通常是设计出一套策略组合，通过整体策略来改善自己的市场地位。

## 三、市场追随者战略

市场追随者与市场挑战者不同的是，它不向主导者发动进攻并企图取而代之，而是紧随其后自觉地维持共存局面。因此，每个市场追随者必须懂得：如何保持现有消费者，并争取一定数量的新消费者；必须设法给自己的目标市场带来某些特有的利益，如地点、服务、融资等；还必须尽力降低成本并保持较高的产品质量和服务质量。市场追随者也不是被动地单纯追随主导者，它必须找到一条不致引起竞争性报复的成长途径。以下是三种可供选择的追随策略。

### (一)紧密追随

这种策略是在各个子市场和营销组合方面尽可能地仿效主导者。这种追随者有时好像是挑战者，但只要它不从根本上侵犯到主导者的地位，就不会发生直接冲突，有些甚至被看成是靠拾取主导者的残余谋生的寄生者。

### (二)有距离地追随

这种追随者是在主要方面，如目标市场、产品创新、价格水平和分销渠道等方面都追随主导者，但在包装、广告和价格方面又与主导者保持若干差异。这种追随者可通过兼并小企业而使自己发展壮大。如果追随者不对领导者发起挑战，领导者不会介意。

### (三)有选择地追随

这种追随者在某些方面紧跟主导者，而在另一些方面又自行其是。也就是说，它不是盲目追随，而是择优追随，在追随的同时还要发挥自己的独创性，但不进行直接的竞争。这类追随者之中有些可能发展成为挑战者。此外，还有一种“追随者”在国际市场上十分猖獗，即名牌货的伪造者或仿制者，他们的存在对许多国际驰名的大公司是一个巨大的威胁。例如，据法新社报道，在巴黎，一件真正的鳄鱼牌高级衬衣标价 350 法郎，而在一些店铺里用几十法郎就可买到同样商标的冒牌货。假冒伪劣商品泛滥，已成为新的国际公害。现在，这种假冒活动的危害在我国也日益严重。对此，必须引起全社会的重视，设法清除和击退，特别是要加强执法的力度。

## 四、市场补缺者战略

市场补缺者，又称市场利基者，是指专门为规模较小或较大企业不感兴趣的细分市场提供产品和服务的企业。市场补缺者拾遗补阙、见缝插针，虽然在整体市场上仅占很小份额，但是比其他企业更了解和满足某一细分市场，同样能通过提供高附加值得到高利润并快速成长。

每个行业几乎都有这样的小企业，它们精心服务于市场的某些细小部分，而不与主要的企业竞争，只是通过专业化经营来占据有利的市场位置。一个最好的“利基”应具有以下特征：(1)市场规模能保证一定利润，并有增长的潜力；(2)企业可为之提供有效服务；(3)对主要竞争者不具有吸引力；(4)当这个市场利基成长到具有更大吸引力时，企业所具备的技术和信誉足以对抗主要竞争者的进攻。

营销者为了取得利基，可在市场、顾客、产品或渠道等方面实行专业化。下面是几种可供选择的专业化方案：

1. 按最终使用者专业化

专门致力于为某类最终使用者服务，例如，电脑行业中有些小企业专门针对某一类用户(如诊疗所、银行等)进行营销。

2. 按垂直层面专业化

专门致力于生产—分销渠道中的某些层面，例如，制铝厂可专门生产铝锭、铝制品或铝质零部件。

3. 按顾客规模专业化

专门为某一种规模(大、中、小)的客户服务，例如，有此小企业专门为那些被大企业忽略的小客户服务。

4. 按特定顾客专业化

只对某一个或几个主要客户服务，例如，美国有些厂商专门为西尔斯百货公司或通用汽车公司供货。

5. 按地理区域专业化

专为国内外某一地区或地点服务。

6. 按产品或产品线专业化

只生产一大类产品，例如，美国箭牌糖果有限公司专门生产口香糖，现已发展成为一家世界著名的全球公司。

7. 按质量和价格专业化

专门生产经营某种质量和价格的产品，例如，专门生产高质高价产品或低质低价产品。

8. 按服务项目专业化

专门提供某种或某几种其他企业没有的服务项目，例如，美国有一家银行承办电话贷款业务,并为客户送款上门。

在选择市场利基时,多重利基比单一利基更能减少风险,增加保险系数。因此,营销者通常选择两个或两个以上的利基,以确保企业的生存和发展。总之,只要营销者善于经营,小企业也有许多机会可以在获利的条件下提供优质服务。

## 知识拓展

### 迈克尔·波特的五力模型

五力分析模型是迈克尔·波特于20世纪80年代初提出的,对企业战略制定产生了全球性的深远影响,用于竞争战略的分析,可以有效地分析客户的竞争环境。五力分别是:供应商的讨价还价能力、购买者的讨价还价能力、潜在竞争者进入的能力、替代品的替代能力、行业内竞争者的竞争能力(见图5—7)。

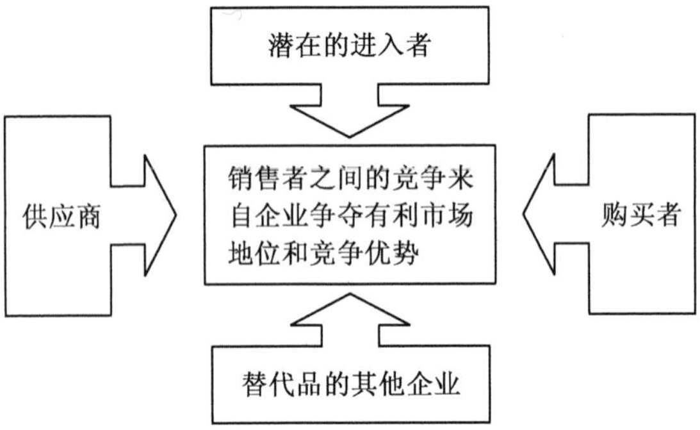


**图5—7 迈克尔·波特的五力模型**

## 本章习题

### 一、名词解释

企业战略 竞争者 市场领先者 市场挑战者 市场追随者 市场补缺者

### 二、简答题

1. 什么是竞争者?如何识别竞争者?
2. 企业可运用的基本竞争战略有哪些?选择的条件是什么?

### 三、操作训练题

请选择一家企业,收集市场竞争环境的相关资料(包括五种影响行业的基本力量、竞争对手等),进行分析并提出参与市场竞争的建议。

### 四、案例分析题

**“比萨饼屋”的失误**

位于美国得克萨斯州达拉斯城的“比萨饼屋”公司,是美国比萨饼行业的“老大”,有着40年比萨饼生产历史,占有美国22%的比萨饼市场,拥有7 132家连锁店,多年来保持高速发展,这在美国是个奇迹。可是自1993年以来,“比萨饼屋”却步步退却,市场份额正在逐步被“约翰爸爸”吞噬。“约翰爸爸”仅有14年比萨饼的生产历史,已在美国比萨饼行业排名第四,这个后起之秀正以迅雷不及掩耳之势,将其业务拓展到美国各地，1998年，其连锁店已达6 000家，在很短的时间就夺得了1/5的市场份额，对“比萨饼屋”构成了巨大的威胁，与“比萨饼屋”展开了激烈的直接对抗，导致“比萨饼屋”节节败退。

“比萨饼屋”最大的失误是其经营策略，他们确信，“姜是老的辣”，陶醉于行业“老大”的地位。而当“约翰爸爸”推出“更好的调料，更好的比萨饼”的战略决策之后，“比萨饼屋”的决策者们几乎失去了理智，达到近似疯狂的地步。他们出巨资聘请所谓的“厨房科学家”、调料师和口味专家，在用料上不惜血本，将每年的1.5亿美元的广告费削减，一改过去多元化发展的战略决策，开拓单一口味的比萨饼，声称“要让每一位美国人尝到无与伦比、鲜美异常的比萨饼”。他们甚至忘了什么时候为销售淡季、什么时候为销售旺季。结果，“比萨饼屋”失误的策略使“约翰爸爸”乘虚而入，越来越多的消费者把眼光投向了“约翰爸爸”多格局、多品种的比萨产品。“约翰爸爸”大有取代“比萨饼屋”之势。

“约翰爸爸”不像“比萨饼屋”那样一味地追求口味，而是色香味形并举。“约翰爸爸”的经营策略其实早就成为人们传颂的佳话。因为在“约翰爸爸”的公司章程里意味深长地写着：“约翰爸爸”起源于1492年哥伦布寻找新大陆出航的地方，其下属所有雇员都是哥伦布航船上的船员，都必须穿“船员服”。任何人，只要进入“约翰爸爸”公司，就只能进不能退。正如总裁契纳特所说：“再过5年，我们将成为世界一流品牌；再过10年，我们将引导世界潮流。”在1993年前，“约翰爸爸”还是一家名不见经传的小公司，而到了1998年其连锁店已达到6 000家，公司股票在5年内从每股5美元上升为现在的31美元。如今，契纳特本人的资产已达到2亿美元，是美国少有的暴发户。

两家公司开始了白热化的战斗，它们就对方的口味、调料相互挖苦、诋毁，采取各种手段打击对方。“比萨饼屋”上书美国商业规范局全国广告纠纷调解事务部（简称NAD），控告“约翰爸爸”侵犯了其商标权。经仔细研究，NAD认为，“约翰爸爸”的经营行为没有构成侵权罪。1998年3月，“比萨饼屋”再次上告，声称“约翰爸爸”利用广告伤害“比萨饼屋”，NAD不得不再次调查。

1998年4月，“比萨饼屋”在“约翰爸爸”的主要市场所在地大打广告，用醒目的大标题写着：“误导、中伤、劣质，约翰爸爸的辣手！”“约翰爸爸”做出的反应却不是以牙还牙，而是将双方生产的产品配方全部公之于众，让消费者自己评判谁的产品好、谁的产品劣，最后印证了“约翰爸爸”企业的至理名言——“更好的配料，更好的比萨饼”。正如约翰爸爸副总裁西尔·索诺斯基所说：“比萨饼屋每打出一张牌，就等于把一根绞索套在自己的脖子上，而给我们一次机会。”最后，NAD宣布：“约翰爸爸在1998年3月做的广告有损比萨饼屋的用材形象。”可是NAD却没有作出任何处罚决定。

为此，比萨饼屋1998年8月12日把约翰爸爸推上了被告席。比萨饼屋义愤填膺，直到得克萨斯州法院作出裁决，宣布美国的比萨饼食品业在进行一场粗鲁的市场竞争，双方相互诋毁中伤达到了不可容忍的地步。并指出，两家公司争论的焦点仍是广告言辞，误导了消费者。最后判定约翰爸爸赔偿比萨饼屋1 200万美元的伤害费，在广告中禁止使用“更好”的言辞。

**思考题：**

1.“比萨饼屋”在经营策略上最大的失误是什么？

2.“约翰爸爸”是如何以小胜大的？

3. 在广告用语上应注意哪些问题？

4.“比萨饼屋”能否重新回到行业老大的位置？

5. 你认为“比萨饼屋”今后该如何调整自己的经营战略？

# 第六章
# 市场营销调研

**【学习目标】**

1. 了解市场营销调研的概念、作用和分类；
2. 了解营销信息系统的构成；
3. 掌握市场营销调研的内容，掌握各种营销调研方法。

**【案例导入】**

**娃哈哈"营养快线"的上市调查**

国内饮料市场竞争激烈，新品层出不穷。有的新品如昙花一现，火热之后便归于沉寂；而更多的产品却未掀起市场的任何波澜，轻轻地来又轻轻地走。如何能够使新品上市火爆而又销量活力持久？这成为娃哈哈制定新产品策略时面临的核心问题。

对于新产品，娃哈哈总体目标有三：一是它必须成为主推产品；二是它必须能够达到公司对主力产品单品最低销售额的要求；三是它应为公司开发家庭消费和开拓城市市场进行有益的探索。在这个总体目标的指导下，产品开发策略团队开始了产品构思。

产品构思的基础是消费者调查。通过大量样本的消费者调查，娃哈哈得出结论：消费者，尤其是城市消费者，比较喜欢果汁和牛奶两个类别的产品，因为他们感觉这两类产品营养更丰富。同时，由于经常饮用这两类产品，大部分消费者反映这两类产品的口味有些单调和乏味。了解消费者的需求之后，还需要对饮料业的产品发展趋势加以研究。因此，产品开发团队整合了饮料行业的各类信息进行深度挖掘。调查结果发现，饮料行业中的短期趋势是推出少数全新品类的产品，而更多的新品是两个或更多品类间的复合。例如，农夫果园是混合型果汁，此外还有奶和茶的复合、奶和酒的复合、果汁与啤酒的复合等产品。这些复合品不但可以满足消费者新鲜好奇的心理，而且更以独特的口感和概念赢得了消费者偏好。在此基础上，产品开发团队想到了产品的框架——牛奶和果汁的复合。

在上述调查完成之后，娃哈哈开始了精准策划之旅，即"营养快线"诞生之旅。

1. 消费群体定位与调整

产品开发团队定义了产品的主要消费群体。

(1)高校学生和22岁以上上班族。他们容易接受新事物,需要有充沛体力和足够活力来应对工作的挑战,是城市市场最有影响力的消费群体。

(2)家里有6～12岁孩子的家庭。年轻的妈妈更乐意选择有营养、口味又好的产品。

2. 产品概念确定和测试

针对这两类主要的消费群体,把产品概念最终确定为:新鲜牛奶加入纯正果汁,特别添加15种维生素和矿物质。这是产品给消费者带来的真实价值和利益,它与娃哈哈“健康、快乐”的品牌内涵完全匹配。

为了论证其可行性,策划团队特地在大型城市进行了数百人的街头拦截定量调研,对产品概念进行了深入测试。通过定量调研,他们得到了一组精确数据:在消费者不知道价格时,他们肯定购买或很可能购买的比例超过70%;在知道了定价后,这一比率超过了90%;购买率为每周一次的高达63%。这说明消费者能够接受这个产品概念。

3. 产品口味测试

行业深度调研结果还显示,饮料市场的一个趋势是消费者趋于理性。概念再好也不能满足消费者味觉等感官需求,产品的口味是影响消费者初次和长期购买的重要因素之一。

通过消费者调研,开发团队最终从芒果、草莓、柠檬、香橙等数十种口味中选择了菠萝和原味两种大众最接受的口味,并在公司内部和社会上进行了数百人的大规模口味测试。对产品的颜色、稀稠度、整体香味、整体口感、新鲜度、爽口度、回味等数十项指标进行了精确测试,然后再一项一项持续改进,不断调整其总体口感。

经过数十次试验和测试,尤其是6次系统的消费者小组访谈,最终确定了产品的口感——润滑、香浓、醇厚。同时,开发团队通过多次技术改造,成功解决了牛奶和果汁的融合问题,维持了牛奶中的钙质和果汁中的维生素的营养含量,杜绝沉淀和冷藏凝结现象。产品上市后,很多消费者反映正是这个口感促使他们一次次忍不住购买。

4. 产品包装构思及测试

经过认真分析和讨论,开发团队决定使用500ml的PET塑料瓶装,并特地挑选了目前流行的38mm口径大口瓶,让瓶子充满时尚感,提高产品档次。在标签上,大家决定选用乳白色表现牛奶的香浓口感和切开的水果来体现纯正果汁感,以引起消费者的食欲。他们一次次与美工人员进行沟通,就瓶盖和标签颜色、字体选择、强调的要点等细节问题反复斟酌,强化了产品包装的整体美感和视觉冲击力。

5. 产品命名讨论

开发团队在公司内部运用头脑风暴法征集产品名称。最后确定了“营养快线”这一产品名称和“牛奶果昔”这个品类名称。这一名称既能引起消费者的好奇,又表达了产品的特色和内涵。

6. 上市策划及调整

为了迅速打开市场,开发团队确定了产品的早期采用者——高校学生和都市白领,针对这两类人群实行整体促销活动。例如,针对高校学生,开展免费品尝和现场买赠活动;针对白领,设计公交站派送活动;针对目标家庭,采取商场免费品尝和买赠活动。

在终端销售达到3.5元/瓶的高端价位下,营养快线上市1个月,销量就突破了50万箱,上市4个月便突破了500万箱,各地纷纷出现了经销商排队等货的火爆场面,成为饮料市场上的一匹“黑马”。

资料来源:黄聚河主编:《市场营销学》,中国铁道出版社2010年出版,第113～114页。

**思考:**娃哈哈“营养快线”取得成功得益于什么?

企业所有的市场营销活动都是围绕满足顾客消费需求展开的，为了赢得竞争优势，企业会作出各组织种不同的决策，而正确的决策必须从市场出发，对市场进行调查和研究。没有可信的市场信息，营销管理者就不可能制定正确的营销决策，甚至导致营销决策失误，从而使企业资源浪费甚至亏损。可见，市场营销调研是企业战略和战术的基础，是营销活动中不可缺少的环节，它在企业营销活动中占据非常重要的地位。

# 第一节　市场营销调研概述

## 一、市场营销调研的概念及作用

### （一）市场营销调研的概念

市场营销调研就是采用科学的方法与手段，有计划、有目的地对市场营销信息进行系统的收集、整理和分析的过程。市场调研就像一个医生，通过望、闻、问、切来了解病情，收集病人的有关资料。其中，"望"就好比市场调查的观察法；"问"就好比市场调查的询问法；"闻"与"切"就好比市场调查的实验法。综合应用各种调查方法了解病情、分析病因，为预测病情发展、决定最佳的治疗方案提供依据。

### （二）市场调研的作用

市场营销调研是用来探索人们思考什么、想要什么、需要什么或做什么的有效方式。通常来说，市场调研能获得别的方法无法获得的信息。厂商通过市场调研的方式帮助它们根据顾客的需求生产产品，并且评估营销策略的成功性。市场调研之所以行之有效，是因为通过调查数量较少的样本群，能够了解一个庞大的目标群的特点。

具体来说，市场营销调研的作用主要表现在以下几个方面：

1. 为市场定位提供资料

企业的发展方向确定以后，还要根据企业自身的经营资源和经营能力以及市场需求和营销环境，决定企业正确的目标市场，并具体确定市场计划，安排企业产品生产的数量、质量和品种。消费者的需求是多种多样的，并且会随着有关因素的变化而变化，企业只有通过市场营销调研，才能了解和掌握消费者的需求变化情况以进行正确的市场定位，并按照消费者的需求（或是潜在需求）组织生产和销售，顺利地完成商品从生产到消费的转移，使商品的价值和使用价值得以实现，使企业获取更大的经济利益。

2. 发现市场机会

企业的竞争不仅是技术、成本和质量的竞争，还是市场情报的竞争。企业为了在竞争中处于主动地位，就必须不断地寻找新的经济增长点。市场调研就是对市场信息进行搜集和加工，分析市场空缺，以确定开发研制、生产、销售新的产品，满足消费者的需求，把握市场机会，使企业在市场竞争中立于不败之地。同时，在基于大量的情报和信息的基础上，企业制定出的战略才能更具竞争力和环境适应能力。例如，福特汽车公司开办了一个市场调研所，对新车型的设计进行检验。该调研所邀请客户在预定的路线上驾驶新款车型的样车，同时派一位经过训练的调查人员坐在驾驶人员的旁边，记录驾驶员对汽车的全部反映。驾驶结束以后，发给每一位参与者一份长达 6 页的调查问卷，询问参与者对汽车每一部分优缺点的评价。通过参与者提供的信息，福特汽车公司就可以了解到消费者对新款车型的反映，然后做出适当的改进，使之更受目标消费者的欢迎。

3. 更有效的制作广告

通过市场营销调查，企业可以了解到采用哪种广告媒体最适合宣传企业的产品，以便选择一种恰当的广告媒体，以达到更好的广告效果，从而促进产品的销售。

4. 提高企业的经营管理水平

企业在经营管理过程中，应以最少的劳动占用和劳动消耗、最低的成本和费用、最合理的存储等来获得最大的经济效益。为什么在同类产品中有的产品畅销而有的产品滞销呢？企业经营业绩的不同，很大程度上是由经营者对市场调研的重视程度不同造成的。

通过持续、系统的市场调研，企业可以加深对市场机制方式、作用的了解，加强对影响市场变化因素及相互联系的认识，提高认识及把握市场运行规律的能力，从而增强参与市场活动的主动性和自觉性，减少盲目性，减少投资风险，为发挥整体经营优势、提高综合经济效益创造条件。

## 二、市场营销调研的类型

### (一)根据调研性质不同划分类型

根据研究的问题、目的以及性质的不同，营销调研可以划分为以下四类：

1. 探测性调研

探测性调研是对所研究课题的初步考察，一般是在情况不明时，为了找出问题的症结和明确进一步调研的内容和重点而进行的非正式调研。目的是通过对一个问题(或情况)的探索和研究来发现市场机会，探索问题发生的原因，以及为疑难问题找寻思路。通常，探索性调研的资料主要来源于二手资料，多以定性研究为主，通过调研明确“存在什么问题”，而问题的解决则需要进一步的研究。

2. 描述性调研

描述性调研是对调研题目所关注的各种事物的状态、规模、特点和过程进行准确的定性及定量描述，它回答“是什么”的问题。描述性调研是指对需要研究的客观事实资料进行收集、记录、分析的正式研究。大多数的市场调研是描述性调研，如企业市场占有率、客户的满意度的调研等。描述性调研一般适用于正式调研阶段。与探测性调研相比，描述性调研的目的更加明确，研究的问题更加具体。例如，保险公司经常使用描述性调研以确定他们的顾客在收入、性别、年龄、教育水平方面的特征。描述性调研在调研设计时通常要明确回答与调研有关的 6 个基本问题(6W)：调研对象是谁(Who)？调研什么事情(What)？什么时间调研(When)？什么地点调研(Where)？为什么调研 (Why)？用什么方法调研(How)？描述性调研可以发现其中的关联因素，但是不能确定变量之间的因果关系。

3. 因果关系调研

因果关系调研又称相关性调研，是为了弄清有关市场变量之间的因果关系而进行的专题调研，它所回答的问题是“为什么”。其目的在于找出事物变化的原因和现象之间的相互关系，找出影响事物变化的关键因素，进而寻找足够的证据而进行的深入调研。因果关系调研需要有详细的计划并做好各项准备工作。在调研过程中，实验法是一种主要的研究方法。

4. 预测性调研

预测性调研是为了预测所需要的有关未来信息而进行的调研活动。它所回答的问题是“未来市场前景如何”。其目的在于掌握未来市场的发展趋势，为经营管理决策和市场营销决策提供依据。预测性调研涉及的范围比较大，可以采用的研究方法也比较多，研究的方式比较灵活。

### (二)按市场营销调研的组织划分

1. 专题性市场营销调研

专题性市场营销调研，是指调研主体为解决某个具体问题而进行的调查研究。其优点是组织实施灵活方便，所需人力、物力、财力和时间有限，对调研人员要求相对较低。但同时调研获得的信息比较有限，企业无法对市场营销状况进行全面了解。在市场营销实践中，大多数的市场营销调研是专题性市场营销调研。

2. 综合性市场营销调研

综合性市场营销调研，是指市场营销的调研主体为全面了解市场营销状况而对市场营销进行的各个方面的调研。综合性市场营销调研提供的信息能够反映市场营销的全貌，但由于此类调研涉及面广，组织实施比较困难，调研过程需要投入较多的人力、物力、财力，对调研人员的要求相对比较高，因此，在市场营销实践中运用较少。

由于市场营销调研涉及的范围比较广泛，企业的经营管理离不开它，为了有针对性地开展调研，人们从不同的角度划分调研的类型。除了上述所介绍的类型外，市场营销调研还可以根据调研内容的不同划分为宏观环境调研、微观环境调研和企业自身活动调研；根据实施的市场不同，可以划分为消费者市场调研和非消费者市场调研；根据调研方法的不同，可以划分为文献法调研、询问法调研、观察法调研、实验法调研等。

将市场营销调研划分为不同的类型，目的是为了对各种市场调研问题进行深入的分析，便于针对不同类型调研的特点，提出不同的调研要求和选择相应的调研方式、方法及技术，获得好的调研结果。上述各种不同类型的营销调研，在实际调研工作中往往是相辅相成的，不能绝对地分割开来。

## 三、市场营销调研的内容

随着企业对市场营销调研作用认识的不断深入，企业对经营活动的很多方面都开始进行有目的、有选择、有区别的调研，为市场预测与经营决策提供资料。调研的主要内容如图 6－1 所示。

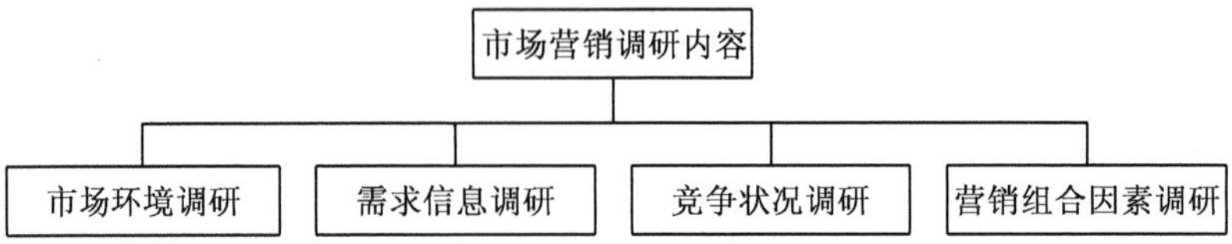


**图 6－1　市场营销调研内容**

### （一）市场环境调研

市场环境调研是从宏观上把握企业运营的外部影响因素。对企业而言，市场环境调研的内容基本上属于不可控因素，每一个因素对所有企业的生产和经营都会产生巨大的影响。通过对政治、法律、经济、人口、社会文化、科学技术、自然地理等因素的调研，借以寻找企业新的发展机会，同时及早发现可能存在的威胁，做好应变准备。在具体的营销实践中，企业可根据具体问题，针对其中某一类宏观环境因素进行调研，而对于那些影响较小的因素则可以不做考虑。

### （二）需求信息调研

研究和分析市场需求情况，主要目的在于掌握市场需求量、市场规模、市场占有率等变化情况，以及如何运用有效的营销策略和手段。其具体内容如下：

1. 市场需求总量的调查

决定一个国家或地区市场需求量大小的因素主要有该国或地区的人口数量、社会购买力、购买动机等。其中，居民消费品购买力是最重要的因素，可通过调查居民消费者购买力来了解市场的需求情况。

2. 市场需求构成调查

通过调查市场需求，了解顾客对各种产品在数量、质量、品种、式样、价格等方面的要求。

3. 消费者购买行为的调查

即了解消费者在何时购买、何处购买、由谁购买和如何购买等方面的情况。不同的消费者具有各自不同的购物爱好和购物习惯，比如消费者使用产品的方式、频率、品牌偏好及对本企业产品的满意度等都应是企业研究的重点。另外，关于消费者生活方式的特点和差异也是营销中比较关注的问题。企业应根据调查资料，制定出相应的营销组合策略。

4. 消费者对企业营销策略的反馈情况，对企业产品、价格等策略的满意度，对营销服务的要求等情况的调查

调查的目的是改进企业的生产，提高企业的营销能力。

### （三）竞争状况调研

竞争状况调查的内容：一是竞争单位调查，包括竞争对手的数目，竞争对手产品市场占有率，竞争对手的生产能力、生产方式和生产成本，竞争对手的技术水平、产品特征与服务项目，竞争对手的促销方式、营销策略、地理位置与运输条件等内容；二是竞争产品调查，包括竞争产品的特征、品质、用途、功能、包装、价格、商标和交货期等内容。通过调查，可将本企业的现有条件与竞争对手进行对比，为制定有效的竞争策略提供依据。

### （四）营销组合因素调研

1. 产品调查

产品调查涉及以下几个方面：一是产品用途、质量、性能的效用调查；二是顾客对产品及服务的要求、意见与评价的调查；三是新产品调查，包括市场需要何种新产品、新产品如何发展等；四是商品品牌商标的调查，例如，本企业的商品品牌和商标是否容易记忆、是否引起注意、是否易于联想等；五是商品外包装的调查，例如，本企业商品包装是否美观，是否轻便、安全，是

否符合环保要求，是否是过度包装等。

2. 价格调查

价格调查包括老产品调价、新产品定价、本企业与竞争企业同类产品价格差距，需了解消费者和中间商对现有产品价格的反映、他们认为适宜的售价是多少、新产品如何定价、老产品如何调整、应采取什么样的价格策略等。此外，还需了解产品价格的变动对消费者购买量及满意度的影响。

3. 营销渠道调查

营销渠道调查包括企业是采用直接渠道还是中间商（批发商与零售商）销售，中间商服务的对象是否是企业希望的销售对象，中间商能否提供技术指导、维修服务与运输存储，顾客对批发商、代理商、零售商的印象如何。需了解目前采用的分销渠道效果如何，是否需要调整，结合目前企业产品和市场的特点，是运用直接渠道还是间接渠道，是宽渠道还是窄渠道，消费者对销售网点的分布有何要求等。

4. 促销调查

促销调查主要是对企业在产品或服务的促销活动中所采用的各种促销方法的有效性进行测试和评价，如广告目标、媒体影响力、广告设计及效果，以及人员推销、公共关系、现场演示等其他促销活动的调查。

## 四、市场营销调研的步骤

市场营销调研是一项十分复杂而细致的工作，为了使调研取得良好的预期效果，必须科学地安排调研步骤。一般而言，市场营销调研步骤如图 6－2 所示。

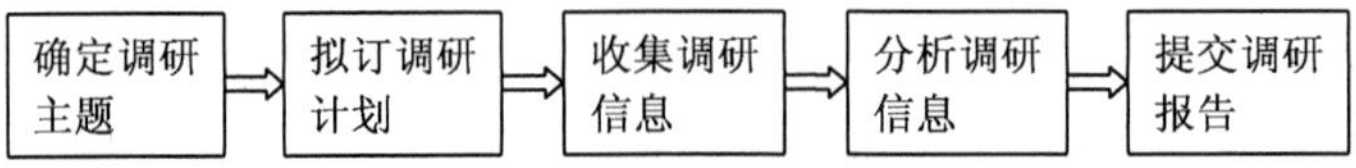


**图 6－2　市场营销调研步骤**

### （一）确定调研主题

在这个阶段，市场营销调研的主要职能是对所要进行的调研主题及目标进行非正式的探测性摸底调研，主要分为以下三个阶段：

1. 明确问题

市场营销调研人员必须搞清楚所要调研的问题是什么，同时要了解调研的目的究竟是什么。

2. 情况分析

在明确调研问题的基础上，根据已经掌握的资料，进行初步分析。通过情况分析，调研人员会对调研的项目框架有个大致了解。

3. 初步调研

初步调研又称非正式调研，是由市场营销调研人员与一些和调研问题相关的、熟悉这方面情况的人士进行交谈，以进一步了解情况、积累资料。通过非正式调研，可以及时终止那些不必要的调研内容；可以合理地界定调研范围和深度，为第二阶段的调研工作打下良好基础。

### (二)拟订调研计划

调研计划的内容包括规定收集什么样的资料、找谁收集资料、谁来收集资料、如何收集、费用预算等。具体来说,主要应规划好八个方面的内容,如表 6—1 所示。

**表 6—1　　调研计划的框架**

| 项目 | 含义 | 任务 |
|---|---|---|
| What | 调研什么 | 明确调研主题 |
| Why | 调研目的(原因) | 明确调研目的、意义与目标 |
| Which | 调研对象 | 随机抽样、非随机抽样 |
| Who | 调研主体 | 委托外部机构调研、自己独立调研、内外协作调研 |
| When | 调研时间 | 调研日程、信息时限 |
| Where | 调研范围 | 明确调研总体与总体单位 |
| How to do | 调研方法 | 询问法、观察法、实验法;原始资料、二手资料 |
| How much | 调研预算 | 人、财、物的消耗预算 |

### (三)收集调研信息

1. 资料来源

资料的收集方法和渠道的选择是调研方案设计的中心环节,也是将来调研费用发生的主要部分。资料的来源分为第一手资料和第二手资料。

(1)第一手资料,又称原始资料,其获取的方法很多,也很灵活,是指营销调研所需的信息没有被别人收集或别人已经收集但调研单位无法获取的资料,通常需要调研人员通过现场实地调查直接取得。

(2)第二手资料,是指经过他人收集、记录、整理所积累的各种数据和资料的总称。收集第二手资料具有省时、省人工、省费用的特点。第二手资料主要来源于企业内部各部门,如档案部门、资料室等,企业外部,如图书馆、档案馆、政府机构、国际组织、新闻出版部门等,行业组织与其他企业等。

2. 调研方法

营销调研收集资料的方法如图 6—3 所示。其中,访问法、观察法和实验法三大类方法的优缺点比较如表 6—2 所示。

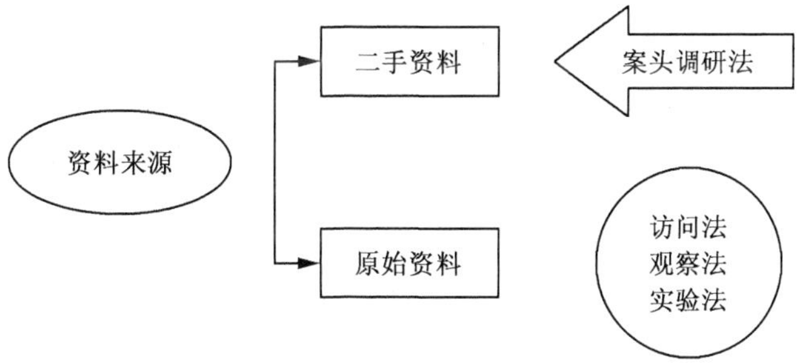


**图 6—3　营销调研的资料来源**

表 6—2　　三类调研方法比较

| 项目 | 访问法 | 观察法 | 实验法 |
| --- | --- | --- | --- |
| 优点 | 灵活方便<br>调研问题全面、深入 | 直接有效<br>调研结果客观、真实 | 方法科学<br>结果准确 |
| 缺点 | 组织难度大<br>费用较高 | 重于表象，缺乏深度<br>调查范围不广 | 周期长<br>成本高 |

(1) 访问法。访问法是调研人员将拟订的调研问题通过某种方式转给调研对象，获得回馈信息资料的方法。访问法主要有面谈、邮寄问卷、电话调查、置留调查、网站发布调查问卷等方法。

访问法是营销调研中使用最普遍的一种调查方法，主要优点是灵活方便，可以收集不同场合下的各种信息。其缺点是，需要足够的样本规模与有效的组织策划，并且费用比较高。如果组织不好、选择的方式不当、问卷设计不好或者信息资料回收率低，就很难收集到有效的信息。

(2)观察法。观察法是由调研人员直接或间接通过仪器在现场观察调查对象的行为动态并加以记录而获取信息的一种方法。例如，许多广告效果资料通常用机械记录器来收集。在目前的市场调研中，观察法常用于消费者购买行为的调查以及以对商品的花色、品种、规格、质量、技术服务等方面的调查，如研究人员可以通过观察消费者的行为来测定品牌偏好和促销的效果。

观察法同其他方法相比，是有目的地直接观察，减少了调查者主观偏见带来的影响，因此具有客观真实、实用性较大的优点。但由于它只能看到表面的现象，不能说明原因，特别是被调查者的感情、动机、态度等因素无法被触摸到，所以调研人员在使用观察法的时候还要配合使用其他信息收集方法。观察法常用于消费者需求的调查、零售企业经营状况的调查、广告效果的调查、库存情况的调查等方面。

(3)实验法。实验法是指在调研中，通过在一定条件下改变某些变量而保持其他变量不变，以此来衡量这些变量的影响效果，从而获得第一手资料的调查方法。实验法是因果关系调研中经常使用的一种方法。

实验法比较客观，可信度高，一般用于调研市场营销策略、销售方法、广告效果以及各种营销因素(如产品设计、价格、包装等)的变动对销售的影响方面。实验法的缺点是周期长、成本高，选择的市场不一定有代表性，影响市场需求的可变因素很多且不易把握，所得结论不容易互相比较，等等。

### (四)分析调研信息

此阶段的主要工作是对资料进行整理、分析和分类，撰写调研报告，得出结论和提出意见。通过调查和实验得来的原始数据必须加以分析和鉴别。通过整理，务求资料系统化、简单化和表格化，达到准确、适用和完整的目的。

### (五)提交调研报告

调研人员向营销主管提交与进行决策有关的调研报告。调研报告应力求简明、准确、完整、客观，为科学决策提供依据。调研报告的撰写与提交并不是整个调研过程的结束，而是需要继续追踪调研，对原结果进行补充、修正和完善。

# 第二节　市场营销调研技术

抽样技术是指在抽样调研时采用一定的方法，抽选具有代表性的样本，以及实施各种抽样操作技巧和工作程序的总称。

市场调查的抽样方法有普查、重点调查和抽样调查三种方法，而抽样调查又分为随机抽样和非随机抽样，每种调查法都有其特点。在具体的调查中，我们必须综合考虑多方面的因素，在不同的方法中进行合理的分析，选择合理恰当的调查方法。

## 一、普查

普查是对调查对象总体的所有组成单位逐一进行调查，即对所有调查对象无一例外地进行调查。普查分为两类：一类是宏观方面的调查，主要指国情的调查，如全国人口普查、经济调查等；另一类是微观方面的调查，如企业的库存调查、居民家庭收入情况调查、大学生消费调查等。

普查的优点是能够获取调查对象的全面、准确的原始资料和数据，获得的资料市场信息价值高，并能反映客观事物的基本情况，为科学地制定企业生产经营决策奠定基础。但是进行普查要消耗大量的人力、物力、财力和时间，如果不从实际出发，盲目地追求信息的准确性，是不符合经济性原则的。

## 二、重点调查

重点调查是在被调查对象的全部单位中选择一部分重点单位进行调查。所谓重点单位，是指在所调查内容方面数量比较大，占有较大比重的单位。重点调查方式一般用于政府部门和社会研究机构对社会政治、经济文化等方面的调查，有时也用于企业一些比较特殊的市场调查中。

重点调查方法比较多，在重点调查过程中，可采用座谈、询问、查资料等多种调查方法。重点调查易于组织，耗费的人力、物力少，调查速度快，所反映的主要情况和基本趋势比较准确。重点调查没有普查所特有的全面性，其重点也不具有普遍的代表性，但它可以通过对重点调查单位基本情况的调查来对全部调查单位的情况作出判断和分析。

## 三、随机抽样技术

抽样调查简称抽查，它是从总体中抽取一部分作为样本，对抽取的样本进行普查，并且总体中的每个个体都有平等的抽样机会，排除了人的主观因素选择，用抽取的样本推断总体状况的一种抽样技术。随即抽样技术又可简单划分为简单随机抽样、等距离随机抽样、分层随机抽样和分群随机抽样四种方法。

### （一）简单随机抽样

简单随机抽样是指在抽样过程中，抽样人员完全排除任何有目的的选择，采用纯粹偶然的方法从调查总体中抽样。当调查总体容量不大、各个样本的统一性较高时，可以采用简单随机抽样，这样保证样本个体机会均等，并且具有代表性。常用的简单随机抽样方法有以下几种：

1. 抽签法

抽签法是简单随机抽样中的一种常用方法。在抽取样本时，将所要调查的样本总体全部统一编号，写在卡片或纸上，并将其混合均匀，从中任意抽选，直到满足预定的样本数目为止。这样方法虽然简单，但是保证每个样本都有均等的机会被抽取。

2. 随机数表

随机数表又称乱数表，是含有一系列组别的随机数字的表格。在 0～9 的阿拉伯数字中，按照每组数字位数的要求(2 位、3 位等)，利用特制的摇码机或计算机自动随机逐个摇出或由计算机打出一定数目的号码编成，以备查用，或参照乱数表选择。使用乱数表时，首先要把调查总体中的所有单位进行编号，根据编号的位数确定使用若干位数字，然后查乱数表。在乱数表中任意选定一行或一列的数字作为开始数，接着可从上而下，或从左至右，或一定间隔(隔行或隔列)顺序取数，凡是编号范围内的数字号码即可视为被抽取的样本。如果不是重复抽样，碰上重复数字应该舍掉，直到抽足预定样本数目为止。

### (二)等距离随机抽样

等距离随机抽样又称系统随机抽样、机械抽样，就是将总体各单位按一定标志排列起来，然后按照一定间隔和一定顺序来抽取样本单位的一种随机抽样方法。例如，从 500 名大学生中抽取 50 名进行调查，可以利用学校学籍顺序编号排队，从 1 号编到 500 号，就可以计算抽取距离为 10 人(500÷50)，从第一个 10 人中用简单随机抽样方式抽取第一个样本单位是 5，则以 10 为间隔，抽取的第二个样本就是 15 号，以此类推的样本单位是 25 号、35 号等。

等距离随机抽样方法比较简单，且由于样本在总体中分配比较均匀，不会集中于某些层次，故样本的代表性比较大。

### (三)分层随机抽样

分层随机抽样是指把调查总体按一定标准分为若干层次，然后在各层中采用简单随机抽样或等距离随机抽样抽取样本的一种抽样方式。分层抽样使得样本在总体中的分布更加均匀，有助于提高样本的代表性。由于每一层群体所包含的要素在内部是同质的，但在各层的群体之间却是异质的，所以抽出的样本也比较有代表性。分层随机抽样适用于总体单位数较多并且单位之间差异较大的调查对象，如社会购买力调查、居民家庭收支调查以及商品销售量调查等。

### (四)分群随机抽样

分群随机抽样又称整群抽样，是把调查总体区分为若干群体，从中抽取某些群体，对抽出来的某些群体进行全面调查。分群抽选比较简单方便，但由于抽中的样本单位集中于某些群体，分布不均，如果群群之间差异较大，则抽样误差就大。

在市场调研的实践中，更多地采用抽查而不采用普查。

抽样调查技术与普查相比，优点有：工作量少，节省费用开支，省时间，准确率较高，并且可以根据市场调查的要求，将误差控制在允许的范围之内。

## 四、非随机抽样技术

非随机抽样技术是指不遵循随机原则，根据主观设立的一定标准，在总体中抽取样本的抽样技术。非随机抽样可以充分利用已知材料，选择较为典型的样本以更好地代表总体，同时节约调查时间、费用与人力等。非随机抽样简单易行，尤其适用于探索性研究。但非随机抽样是按照调查人员设立的主观标准抽样的，因此要求调查人员具有熟练的技能与丰富的工作经验。常见的非随机抽样技术一般有以下三种类型：

### （一）任意抽样技术

任意抽样也称偶遇抽样或便利抽样，它是根据调查人员自己调查的方便来确定调查对象。如进行现场访问，到街头市场向消费者做现场调查，了解他们对商品质量的看法，这样的方式就属于任意抽样。任意抽样一般适用于非正式的探测性调查，一般在调查总体中的每个个体都同质时才会采用；但在现实中，很难保证任何样本都是同质的，抽样结果偏差比较大，可信度较低，所以在正式调研中很少采用。它的显著优点是简便，能够节约时间和费用。

### （二）判断抽样技术

这种技术是由调研人员依据自己的主观经验判断来选择样本进行抽样。此法适用于调查样本数目不多、差异比较小、选择的样本有比较大的代表性的情况。判断抽样技术具有简便易行、调查回收率高的优点。但因为这种抽样的代表性完全取决于调查人员对调查总体的熟悉程度，以及调查人员的经验判断，所以易产生由于主观判断带来的抽样误差。同时，由于判断抽样中不知道各个调查单位被抽取的概率，因而无法计算抽样误差和可信程度。

### （三）配额抽样

这种技术是由调研人员根据调查总体的某些属性进行分类，然后对分类后的各层次按其属性进行配额，调研人员根据自己的主观判断在配额内任意抽取样本。配额抽样具有简便易行、节省时间和费用、经配额后样本在各层次中分布较合理的优点，只要调查项目设计合理、分析方法正确，取得的调查结果就比较可信。其不足是由于调查是非随机的，容易出现判断上的主观性，产生的偏差无法计算和控制。

# 第三节　市场调研问卷设计

调查问卷，也称调查表，是一种以书面形式向被调查者了解情况，以获取所需资料和信息的载体。调查问卷是在市场调研中取得第一手资料的技术手段，是实现调查目的及任务的一种重要工具。调查人员根据调研目的，将所需问题具体化，设计成一系列问题，以便获取信息，顺利完成统计分析。

调查问卷设计的质量直接影响市场调研与市场预测的效果，因此，调查问卷设计要科学，使得调查问卷能将所要调查询问的问题正确传达给受访者。同时也要设法得到对方的充分合作，让他们如实、准确无误地针对问题作出回答，以确保能够提供准确有效的信息。此外，还要便于将调查信息进行收集和整理。除了要正确地根据调查目的和要求确定调查主题和调查项目之外，调查问卷设计时还要遵循联系性原则、可接受原则、逻辑性原则、简明性原则、便于整理原则。

## 一、调查问卷设计的程序

设计调查问卷的基本步骤具体如下：

1. 明确调查对象的类型

不同的调查对象具有不同的特点，问卷必须针对具体调查对象的特点进行设计，才能够保证问卷的合理性。

2. 根据调查目的的要求和确定的调查主题，拟订调查内容和提纲

3. 根据调查主题，列出被调查者项目

被调查者项目不是越多越好，要与调查主题相关。

4. 确定问卷流程和编排问卷

问卷不能随意编排，问卷的每个部分的位置安排都应具有一定的逻辑性，注意根据不同的问题，确定不同的提问方式。

5. 问卷的评价和修订

问卷的草稿设计完成以后，在小范围内进行预测试，以便找出问卷中存在的错误解释、不连贯的地方、不正确的跳跃等问题。最后根据评价结果和预测试的结果对问卷进行最后修订。

6. 实施调研

将问卷定稿印刷，实施调研。

## 二、调查问卷的设计技术

### (一)调查问卷问句提问的方式

1. 封闭式问句

其答案事先由调研人员拟订，被调查者从中选择一个或几个。这种提问方式，优点是便于被调查者回答方便，节省时间，同时便于统计、分析。缺点是答案范围比较小，被调查者缺乏自发性表达。

有以下 4 种常见的封闭式提问：

(1)二项选择法：提出一个问题，给出两个答案，被调查者在答案中任选其一。例如：

● 请问您家有手机吗？

有(　　)　　没有(　　)

(2)多项选择题：提出一个问题，给出若干个答案，被调查者从中选择一个或几个作答。例如：

● 请问您选择旅行社的主要依据是什么？

信誉(　　)　　价格(　　)　　路线(　　)　　规模(　　)　　方便(　　)

(3)程度评定法：对提出的问题，给出几个等级尺度的答案，让被调查者选择一个认同的作答。例如：

● 您对×××商场的店面布置感觉如何？

很喜欢（　　）　　较喜欢（　　）　　不喜欢（　　）　　很不喜欢（　　）

(4)语意差别法：对提出的问题，列出几对语意相反的词，让被调查者选择。例如：

● 请问您对海尔电冰箱的看法？

价格高（　　）　　价格适中（　　）　　保鲜好（　　）　　保鲜差（　　）

制冷好（　　）　　制冷差（　　）　　耗电少（　　）　　耗电多（　　）

2. 开放式问句

问卷中没有事先拟订的答案，被调查者不受任何限制，可以根据自己的情况自由回答。这种提问方式答案分散、不易统计，但是有机会让被调查者尽量发表意见，得到的信息量大、伸缩性较好。

开放式问句具体分为以下几种形式：

(1)自由式：被调查者不受任何限制地回答问题。例如：

● 请给出您最喜欢的服装品牌。

● 您认为什么品牌的手机最受欢迎？请给出原因。

(2)语句完成式：提出一个不完整的句子，由被调查者完成该句子。例如：

● 当您口渴时，您想喝（　　）。

(3)字眼联想式：调研人员列出一些词汇，由被调查者说出或写出他所联想到的第一个词。例如：

● 当您听到或看到下面的词语时，首先会想到什么？

海澜之家（　　）　　农夫山泉（　　）

(4)顺位式：这种方式就是要求被调查者根据自己的想法评定问题的顺序。例如：

● 当您选购手机时，主要考虑（请将所给答案按重要程度排序）：

价格（　　）　　品牌（　　）　　设计（　　）　　耗电量（　　）　　照相功能（　　）

售后服务（　　）　　其他（　　）

(5)过滤法：又称“漏斗法”，是指调研人员最初提出离主题较远的问题，然后根据被调查者回答的情况逐渐缩小提问的范围，最后有目的地引向要调研的主题。例如：

● 请问您喜欢看电视吗？

是（　　）　　否（　　）

● 如果是，请问您喜欢看哪一类节目？

综艺（　　）　　新闻（　　）　　电视剧（　　）　　经济（　　）　　体育（　　）

● (对上题选择“电视剧”的人)您看过最近热播的××电视剧吗？

是（　　）　　否（　　）

● (对上题回答“是”的人)您对该剧的感觉如何？请提出您宝贵的意见和建议。

以上问卷形式各有用途，实际操作中，应采用哪一种提问方式，要根据调研的主题、所需信息的种类及问题的性质决定。

3. 倾向性偏差式问句

这种问句通常提出态度不同的几个答案，以测定被调查者的态度转变需要偏差到何种程度。可以采用这种问句来测定对产品（品牌）的忠诚度。

例：问：现在您用何种牌子的洗发水？

答：清扬。

问：目前市场上最受欢迎的是欧莱雅，今后您还打算用清扬吗？

答:是。

问:如果欧莱雅的价格降低二成,你还打算用清扬吗?

通过以上几个问句,就可以得出消费者的品牌忠诚度。试想欧莱雅价格降低四成,消费者还回答用清扬,就可以认为该消费者对清扬洗发水的忠诚度相当高。

4. 态度测量问句

这是一种通过一系列事先拟订的用语、记号和数目来测定人们心理活动的度量问句。主要的问句形式有以下几种:

(1)顺位式问句:这种问句是列出若干答案,被调查者根据自己的看法决定答案的先后顺序。这种方法适用于对要求答案有先后顺序的问题。

例:您选购住房的主要条件是(请将所给答案按重要顺序 1,2,3,…填写在"□"中)

地理位置□　　交通方便□　　物业管理□　　地产商□

配套设施□　　停车位□　　价格□　　其他□

顺位法便于被调查者表达对其意见、动机、感觉等的衡量和比较性的表达,也便于对调查结果加以统计。但调查项目不宜过多,过多则容易分散、很难顺位。同时所询问的排列顺序也可能对被调查者产生某种暗示。

(2)语义差别式问句:语义差别式问句是通过文字含义的不同来区分态度强度的问句。这种问句在调查问卷设计中运用十分广泛。

例:您最近一个月中想去健身房健身吗?

A. 很想去　　B. 想去　　C. 不一定　　D. 不想去

(3)数值尺度式问句:数值尺度式问句是用数值来表示态度强度的问句。这种问句答案的标准容易受到答题人性格的影响,比较外向大方的人容易得高分,而相对严谨的人可能会压低分数值,因而造成偏差。

例:您认为 iPad 的品牌知名度如何?

(4)对比式问句:当考虑的因素只有两种时,常用对比式问句来询问,简单明了。

例:购买服装时,您认为料子与式样哪个重要?料子与价格哪个重要?价格与式样哪个重要?

### (二)问句设计的难点

由于市场调查的对象在受教育程度、理解问题的能力、道德标准、职业以及生活习惯等方面均可能存在差异,这将导致他们在回答问题时出现不一致。因此,在问句设计中要求设计人员克服这些难题。这些难题主要有以下几方面:

(1)被调查者不理解或误解问句的真实含义,从而无法回答或误答。

(2)被调查者理解问句的含义,也愿意作出回答,但已回想不起真实情况,使调查结果产生误差。

(3)被调查者理解问句的含义,也有所需要的资料,但不愿意回答,或者是不作真实回答,造成调查结果的不正确。

(4)被调查者理解问句的含义并愿意回答,也有所需要的资料,但是没有能力回答。这类能力的缺乏主要表现在:被调查者不太会表达意见,也可能是被调查者不适合回答问句,例如,向男性询问女性化妆品使用的效果,还可能表现为被调查者对本身的真实情况不了解,如在动机调查中,被调查者自己不清楚真实的动机是什么。

### (三)问卷问题的设计应注意的问题

1. 命题用语要准确,且容易理解

问题中的词语要尽可能有确切含义,不要使用被调查者可自由解释其含义或伸缩范围的词。避免使用“经常”“一些”“有时”等词汇,因为各人对这些词语的理解往往不同,导致调查结果不准确。例如:

- 您是否经常购买××品牌的服装?

这里调查者很难理解问句中所说的“经常”是指多长时间?

- 作为商场的导购员,您是否接受过系统的培训?

这里的“系统”一词可能引起不同的理解,不如改为“您接受过哪些方面的培训?”更加合理一些。

在一般性的问卷技巧中,需要注意的是:不能在内容上出现错误。例如:

问题:你拥有哪一种信用卡?

答案:A. 长城卡　　B. 牡丹卡　　C. 龙卡　　D. 维萨卡　　E. 金穗卡

其中,“D”的设置是错误的,应该避免。

2. 避免提一般性问题

一般性问题因缺乏针对性,使答案对调研工作没有多大的实际意义。

例:您对×××商场的印象如何? 就应改为:您认为×××商场的购物环境如何? 营业时间是否恰当? 服务态度怎样?

3. 避免带有诱导性的问题

所提的问题不可以从自己的好恶角度出发,要客观地提出问题,不可以带有明显的倾向性。

例:消费者普遍认为××品牌的洗发水好,您认为呢?

这种提问会使被调查者产生一种“从众心理”,不假思索地给出答案。可以问:“如果需要,您会购买××品牌的洗发水吗? 为什么?”

4. 避免提可能令人难堪的问题

如果有些问题非问不可,但牵涉到个人隐私或有碍声誉,也不能只顾自己的需要,应考虑调整调研方案,对问卷重新设计。

例:您不买房子的原因是:其中有个备选答案是“没有经济能力”。

5. 避免双主题问题

这种问句是一个问题中含有两方面的内容。

例:乘坐轻轨和开私家车上班,您觉得哪一种更方便和经济?

### (四)问句排列的原则

在设计问句中,问句的先后排序是一个关系到调查是否能够顺利完成的重要问题。问句排序除了要有逻辑性、考虑到被调查者的心理等因素外,还要注意以下几点:

第一,由易到难,由简单到复杂,由浅入深。询问开始时往往应引起对方兴趣而且容易回答。

第二，由一个主题转移到另一个主题，需要有转接性的安排，保持问题的流畅，不要打断被调查者的思路。

第三，对于过滤性问句或其他的“接问”“跳问第几题”等都要有妥善的排列，跳跃要注意逻辑性。

第四，一个主题或一个系列的问句要排列连贯，不能在出现隔断以后又回到主题上来，这样容易使被调查者思路紊乱。

第五，触及私人隐秘的、可能引起对方不愉快或困惑的问句要放在后面提出。因为经过一段时间的交谈，双方有了一定的熟悉程度，这类问题就比较容易被调查者接受。

## 三、调查问卷的结构

一份完整的调查问卷通常包括前言、主体、附录三大部分。

### (一)前言

前言又称说明词，是为了引起调查者的注意与兴趣，以取得他们的配合。前言部分一定要精练并引起很强的吸引力。前言包括问卷的标题、问卷说明等内容。

1. 问卷的标题

问卷的标题是概括说明调查研究主题，使被调查者对所要回答什么方面的问题有大致的了解。标题应简明扼要，易于引起回答者的兴趣。例如“大学生消费状况调查”“高档住宅购买意向调查”等。而不要简单采用“问卷调查”这样的标题，它容易引起回答者因不必要的怀疑而拒答。

2. 问卷说明

问卷说明旨在向被调查者说明调查的目的、意义。有些问卷还有填表须知、交表时间、交表地点及其他事项说明等。问卷说明一般放在问卷开头，通过它，可以使被调查者了解调查目的，消除顾虑，并按一定的要求填写问卷。问卷说明既可采取比较简洁、开门见山的方式，也可在问卷说明中进行一定的宣传，以引起调查对象对问卷的重视。

下面是三种形式的调查问卷前言：

形式一：将我们的心意奉献给您——一份精美的礼物！将您的真诚送给我们——请您协助我们完成这份调查表，谢谢您的合作！

形式二：一头秀发会让您拥有从头开始的自信，令你闪亮登场，把握自信！把握成功！！——送给您一份精美的礼物，让您了解秀发动人的秘密，了解秀发动人的自信！

形式三：我们是××大学的学生，我们正在进行一项××调查研究，耽误您宝贵的几分钟，询问您几个问题，请您协助我们搞好这项调研，谢谢您的合作！

### (二)主体

1. 被调查者项目

这是指被调查者的一些主要特征，如在消费者调查中消费者的性别、年龄、民族、家庭人口、婚姻状况、文化程度，职业、单位、收入、所在地区等，又如在企业调查中的企业名称、地址、所有制性质、主管部门、职工人数、商品销售额(或产品销售量)等情况。通过这些项目，便于对调查资料进行统计分组和分析。在实际调查中,列入哪些项目、列入多少项目,应根据调查目的、调查要求而定,并非多多益善。

2. 调查主题内容

调查的主题内容是调查者所要了解的基本内容,也是调查问卷中最重要的部分。它主要以提问的形式提供给被调查者。这部分内容设计得好坏直接影响整个调查的价值。主题内容主要包括:(1)对人们的行为进行调查,包括对被调查者本人行为进行了解,或通过被调查者了解他人的行为;(2)对人们的行为后果进行调查;(3)对人们的态度、意见、感觉、偏好等进行调查。

**(三)附录**

1. 编码

编码是将问卷中的调查项目变成数字的工作过程,大多数市场调查问卷都需要编码,以便分类整理,易于进行计算机处理和统计分析。所以,在问卷设计时,应确定每一个调查项目的编号,为相应的编码做准备。通常是在每一个调查项目的最左边按顺序编号,如"(1)您的姓名;(2)您的职业;……"而在调查项目的最右边,根据每一调查项目允许选择的数目,在其下方画上相应的若干短线,以便编码时填上相应的数字代号。以下是几种常见的编码方式。

(1)顺序编码法。可用1～5分别表示从低到高的5个档次。

(2)分组编码法。通过编码,对资料中设计的每个问题的回答进行归类并形成合理的分类。

假设我们正在进行消费者对某种商品需求的调查,其中被调查者的基本情况如下:性别、年龄、职业。在资料的编码过程中,我们可以做如下处理:

首先,用数学1代表男性;2代表女性。其次,用数字1～8分别代表工人、农民、军人、机关干部、大学生、公司职员、教师和其他职业。最后,用数字1～4分别代表18岁以下、19～30岁、31～45岁、46岁以上四组年龄段。

做了这样的处理之后,2、4、3就代表该消费者为女性、机关干部、31～45岁。

(3)缩写编码法。把惯用的编码直接用作代码进行编码,如kg代表千克、cm代表厘米等。将经过编码的资料输入并存储在计算机中的过程称为资料的转换,然后再通过数据分析软件对数据进行分析。

2. 作业证明的记载

在调查问卷的最后,附上调查人员的姓名、访问日期、时间等,以明确调查人员完成任务的性质。必要时,还可写上被调查者的姓名、单位或家庭住址、电话等,以便于审核和进一步追踪调查。但对于一些涉及被调查者隐私的问卷,上述内容则不宜列入。这部分一般放在封面的右下角,或者是放在简单问卷的最后,单独成为一部分。

3. 结束语

结束语是问卷的最后部分,其包括两部分内容:一部分内容为提出几个开放式问题,让研究对象深入、自由地回答有关问题,在量化的基础上进行质的分析,加深对问题的认识,或让被调查者提出对本研究的建设性意见;另一部分内容是表示对被调查者合作的感谢。

结束语可根据问卷的需要设置,也可以不要。

一份完整的调查问卷应包括上述内容,但在实际调查过程中,不同访问方式对问卷设计的要求是不一样的。问卷主体内容是核心,必不可少,其他内容可酌情删减。

## 本章习题

### 一、名词解释

市场营销调研　　抽样调查　　描述性调研

### 二、简答题

1. 市场营销调研的过程有哪些?
2. 企业常用的市场营销调研的方法有哪些?

### 三、操作训练题

选择一个你感兴趣的主题,围绕其设计一份调查问卷。

### 四、案例分析题

**肯德基选址调研**

通常,肯德基选址按以下步骤进行:

(一)商圈的划分与选择

1. 划分商圈

肯德基计划进入某城市,就先通过有关部门或专业调查公司收集这个地区的资料。有些资料是免费的,有些资料需要花钱去买。把资料收集齐了,就开始规划商圈。

商圈规划采取的是计分的方法,例如,这个地区有一个大型商场,该商场营业额达 1 000 万元算 1 分,达 5 000 万元算 5 分。有一条公交线路加××分,有一条地铁线路加××分。这些分值标准是多年平均下来的一个较准确的经验值。

通过打分把商圈分成几大类。以北京为例,有市级商业型(西单、王府井等)、区级商业型、定点(目标)消费型,还有社区型,社区、商务两用型,旅游型,等等。

2. 选择商圈

即确定目前重点在哪个商圈开店,主要目标有哪些。在商圈选择的标准上,一方面要考虑餐馆自身的市场定位,另一方面要考虑商圈的稳定度和成熟度。餐馆的市场定位不同,吸引的顾客群不一样,商圈的选择也就不同。

例如,马兰拉面和肯德基的市场定位不同,顾客群不一样,是两个"相交"的圆,有人吃肯德基也吃马兰拉面,有人可能从来不吃肯德基而专吃马兰拉面,也有人反之。马兰拉面的选址也当然与肯德基不同。

而肯德基与麦当劳市场定位相似,顾客群基本上重合,所以在商圈选择方面也是一样的。可以看到,有些地方同一条街的两边,一边是麦当劳,另一边是肯德基。

商圈的成熟度和稳定度非常重要。比如规划局说某条路要开,将来这里有可能成为成熟商圈,但肯德基一定要等到商圈成熟稳定后才进入,因为肯德基投入一家店要花费好几百万元,一定要比较稳健,保证开一家成功一家。

(二)聚客点的测算与选择

1. 要确定这个商圈内最主要的聚客点在哪里

例如,北京西单是很成熟的商圈,但不可能西单任何位置都是聚客点,肯定有最主要的聚集客人的位置。肯德基开店的原则是:努力争取在最聚客的地方和其附近开店。

古语说"一步差三市"。开店地址差一步就有可能差三成的买卖。这与人流动线(人流活动的线路)有关,可能有人走到这里就要拐弯,则这个地方就是客人到不了的地方,差了一个小胡同,但生意差很多。这些因素在选址时都要考虑进去。

人流动线是怎么样的?在这个区域,人从地铁出来后是往哪个方向走的?等等。这些都要派人去测量,有一套完整的数据之后才能据此确定地址。

例如，在店门前人流量的测定，是在计划开店的地点掐表记录经过的人流，测算单位时间内多少人经过该位置。除了该位置所在人行道上的人流外，还要测马路中间和马路对面的人流量。马路中间的只算骑自行车的，开车的不算。是否算马路对面的人流量，要看马路宽度：路较窄就算；路宽超过一定标准，一般就是隔离带，顾客不可能再过来消费，就不算对面的人流量。

肯德基选址人员将采集来的人流数据输入专用的计算机软件，就可以测算出在此地投资额不能超过多少，超过多少这家店就不能开。

2. 选址时一定要考虑人流动线会不会被竞争对手截住

因为人们对品牌的忠诚度还没到“我就吃肯德基，看见麦当劳就烦”的程度。只要你在我面前，我今儿挺累的，我干吗非要再走一百米去吃别的，我先进你这儿了。除非这里面人特别多，找不着座了，我才往前挪挪。

但人流是有一个主要动线的，如果竞争对手的聚客点比肯德基选址更好，那就有影响。如果两家一样，就无所谓。例如，北京北太平庄十字路口有一家肯德基店，如果往西一百米，竞争者再开一家西式快餐店就不妥当了，因为主要客流是从东边过来的，再在那边开，大量客流就被肯德基截住了，开店效益就不会好。

3. 聚客点选择影响商圈选择

聚客点的选择也影响到商圈的选择。这是因为，一个商圈有没有主要聚客点是这个商圈成熟度的重要标志。比如北京某新兴的居民小区，居民非常多，人口素质也很高，但据调查，找不到该小区哪里是主要聚客点，这时就可能先不去开店，当什么时候这个社区成熟了或比较成熟了，知道其中某个地方确实是主要聚客点再开。

为了规划好商圈，肯德基开发部门投入了很大精力。以北京肯德基公司来说，其开发部人员常年跑遍北京各个角落，对这个每年建筑和道路变化极大、当地人都易迷路的地方了如指掌。经常发生这种情况，北京肯德基公司接到某顾客电话，建议肯德基在他所在地方设点，开发人员一听地址就能随口说出当地的商业环境特征是否适合开店。在北京，肯德基已经根据自己调查划分出的商圈，成功开出了56家餐厅。

肯德基与麦当劳市场定位相似，顾客群基本上重合，所以我们经常看到一条街道一边是麦当劳，一边是肯德基，这就是肯德基采取的跟进策略。因为麦当劳在选择店址前已做过大量细致的市场调查，挨着它开店不仅可省去考察场地的时间和精力，还可以节省许多选址成本。当然，肯德基除了跟进策略外，它自己对店址的选择也很有优秀之处，可以借鉴。

有了店址的评估标准和一些成功案例，我们就可以开发出一套店址的评估工具。评估工具主要由租赁条件表、商圈及竞争条件表、现场情况表、综合评估表组成，它们是我们进行连锁经营店址评估的标准化管理工具。

**思考题**：这一案例给我们什么启示？

# 第七章
# 目标市场营销战略

**【学习目标】**

1. 了解目标市场营销的内涵及实行目标市场营销的步骤；
2. 掌握市场细分、目标市场及市场定位的含义和基本原理；
3. 掌握市场细分的标准、变量和方法；
4. 掌握目标市场营销战略及其选择；
5. 掌握市场定位的方法和战略。

**【案例导入】**

**汇源果汁市场细分**

在碳酸饮料横行的20世纪90年代初，汇源公司就开始专注于各种果汁饮料市场的开发。虽然当时国内已经有一些小型企业开始零星生产和销售果汁饮料，但大部分由于起点低、规模小而难有起色；而汇源是国内第一家大规模进入果汁饮料行业的企业，其先进的生产设备和工艺是其他小作坊式的果汁饮料厂无法比拟的。“汇源”果汁充分满足了人们当时对营养健康的需求，凭借其100%纯果汁专业化的大品牌战略和令人眼花缭乱的新产品开发速度，在短短几年时间就跃升为中国饮料工业十强企业，其销售收入、市场占有率、利润率等均在同行业中名列前茅，从而成为果汁饮料市场当之无愧的引领者。其产品线也先后从鲜桃汁、鲜橙汁、猕猴桃汁、苹果汁，扩展到野酸枣汁、野山楂汁、果肉型鲜桃汁、葡萄汁、木瓜汁、蓝莓汁、酸梅汤等，并推出了多种形式的包装。应该说，这种对果汁饮料行业进行广度市场细分的做法，是汇源公司得以在果汁饮料市场竞争初期取得领导地位的关键因素。

市场细分(Segment)、目标市场(Target)、市场定位(Position)被称为现代营销的STP战略。通过对顾客需求及其购买决策等进行分析，企业可采取多种营销组合策略来满足顾客的需求。但购买者是一个庞大而复杂的整体，企业不可能满足市场上所有顾客的需要。因此，企业必须对潜在的顾客进行分类，根据外部环境及内部条件，选择自己服务的对象，作为自己的目标市场，这种选择就是目标市场的选择。那么企业怎样才能科学地选定自己的目标市场呢？

首先，必须对市场进行细分；其次，在市场细分的基础上，选择自己的目标市场；最后，根据目标市场的实际需求、竞争状况及竞争者的市场定位、企业自身的声誉及资源来确定自己的市场定位战略。

# 第一节　市场细分

## 一、市场细分的产生与发展

市场细分就是以消费需求的某些特征或变量为依据，区分具有不同需求的顾客群体的过程。

市场细分是20世纪50年代中期美国市场营销学家温德尔·斯密在总结市场营销实践经验的基础上首先提出的一个新概念。它是现代市场营销理论的产物，表明市场营销思想和战略进入了一个新的阶段。市场细分的产生与发展经历了以下几个主要阶段：

### (一)大量营销阶段

在19世纪末20世纪初，西方国家生产力水平较低，商品短缺，市场供不应求，企业只重视大量生产销售单一品种的产品，从而降低成本，获得丰厚的利润，而不考虑市场需求的差异性。在这一阶段，企业没有必要也不会重视市场需求的研究，市场细分战略不可能产生。可口可乐公司、福特汽车公司都曾这样做过，向整个市场仅推出一种产品，期望这种产品能吸引每一个人。

### (二)产品差异营销阶段

在20世纪30年代，由于科学技术的进步以及科学管理和大规模生产的普及，产品产量迅速增加，商品供过于求，买方市场逐步形成，企业竞争日趋激烈。于是，一些企业意识到商品差异的价值，开始生产销售多种外观、质量、式样、包装、型号不同的产品。当时强调的商品差异不是市场细分所产生的，企业的目的是为了向市场提供多样化的产品，增加购买者的选择机会。可口可乐公司在这一阶段生产几种口味的饮料，将其包装在大小不同的容器里。

### (三)目标市场营销阶段

20世纪50年代以后，在科学技术革命的推动下，生产力水平大幅度提高，产品日新月异，生产与消费的矛盾日益尖锐，买方市场形态进一步加强，市场需求日益向多样化转化，迫使企业研究市场需求，把一个大市场按需求的差异性划分成若干子市场，企业根据自身的资源与优势，选择可以适应和满足的子市场作为目标市场，设计适当的市场营销组合，全力为其目标市场服务。

市场细分理论的产生使传统营销观念发生根本性变革，在理论和实践中都产生了极大的影响，被西方理论家称为“市场营销的革命”。

市场细分理论也经历了一个不断完善的过程。最初人们认为市场分得愈细愈好，20世纪70年代以后，由于能源危机和西方经济不景气，过度的市场细分带来生产和管理难度加大，企业经济效益降低，因此又出现了“市场同合理论”。这种理论不是对市场细分理论的简单否定，而是主张要根据成本和效益的影响，适度细分市场，是对过度细分的矫正，是市场细分理论的新发展。

## 二、市场细分的原理与理论依据

### （一）市场细分的概念

市场细分（market segmentation）是在 20 世纪 50 年代中期，由美国市场营销学家温德尔·斯密首先提出来的一个概念。它是企业营销思想的新发展，是企业选择目标市场战略的思想，它适应了卖方市场向买方市场转变的这一新的市场形势，是企业贯彻以消费者为中心的市场营销观念的产物，从而成为市场营销理论的重要组成部分。

市场细分就是“同中求异，异中求同”地划分顾客群体的过程。企业通过市场调研，根据整体市场消费者需求的差异性，以影响消费者需求和欲望的某些因素为依据，将某一产品的整体市场划分为若干个需求不同的消费者群的市场分类过程。每一个消费者群就是一个细分市场，也称“子市场”或“亚市场”，它是由需求相似的消费者构成的。因此，不同细分市场的消费者对同一产品的需要与欲望存在着明显差别，而属于同一细分市场的消费者，其需要与欲望则非常类似。以消费者对化妆品的需求为例，不同的消费者对化妆品有不同的需求，有的需要保湿，有的要求美白，有的要求除皱，等等。由此，可将化妆品的消费者划分为若干个需求不同的消费者群，这样，化妆品市场就被细分为若干个子市场。可见，市场细分不是对产品市场进行细分的，而是对同种产品具有不同需求的消费者进行细分的，它是识别具有不同要求或需要的购买者或用户群的活动。

### （二）市场细分的客观基础

市场之所以能够细分，是有其客观基础的，经归纳，市场细分的客观基础包括消费需求的差异性、消费需求的相似性、企业资源和营销能力的有限性、技术的可行性，具体如图 7—1 所示。

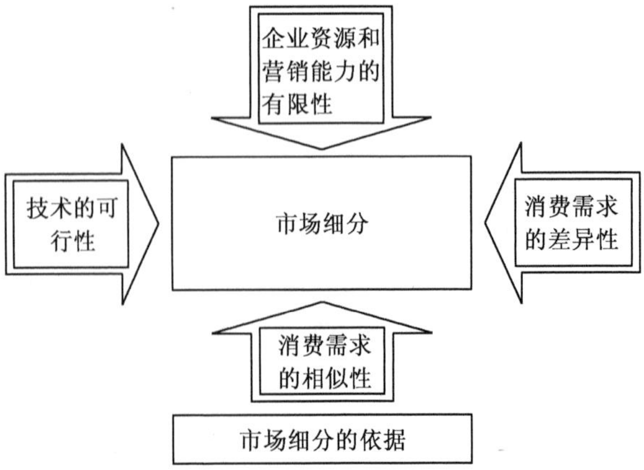


**图 7—1　市场细分的客观基础**

1. 消费需求的差异性

市场之所以能够细分成若干个需求不同的细分市场，主要原因是消费者对同种产品的消费需求存在着差异性。从需求角度考察，产品市场可以分为两类：一类叫作同质市场，另一类叫作异质市场。同质市场是指消费者或用户对某种产品的需要、欲望、购买行为大致相同，同时对企业营销策略的反应也具有极为相似的一致性。在现实生活中，消费者的需求实际上是千差万别的，因此，绝大多数产品的市场是异质市场。异质市场是指消费者或用户对某种产品的质量、特性、规格、档次、花色、款式、质量、价格、包装等方面的需要与欲望是不同的，或者在购买行为、购买习惯等方面存在着差异性。正是这些差异，使得市场细分成为可能。因此，市场细分也可描述为将一个异质市场划分为若干个同质细分市场的过程。

2. 消费需求的相似性

市场细分并不总是意味着把一个整体市场加以分解。实际上，细分化是一个聚集过程而不是一个分解过程。所谓聚集过程，就是由对某种产品特点最易做出反应或具有相似需求的人们或用户集合成群形成类似的消费者群体，从而构成了具有一定个性特征、又相对独立且比较稳定的某一个细分市场。聚集的过程可以依据多种变量连续进行，直到鉴别出其规模足以实现企业利润目标的某一消费者群。

3. 企业资源和营销能力的有限性

任何企业的资源和营销能力是有限的，不可能提供能够满足消费者所有需求的产品或服务，而只能在自身资源和能力所允许的范围内，生产经营某类或某几类产品或服务，以满足某些消费者群的某些方面的需求。这种资源和能力的有限性，要求企业必须对整体市场进行细分，然后选择与自身条件相匹配的细分市场（即目标市场），充分发挥企业资源优势，采取有效的营销策略，满足其选定的目标市场需求。

4. 技术的可行性

可以通过一定的方法，按照一定的细分标准将目标市场进行划分。消费者市场的细分标准主要从人口因素、地理因素、心理因素和行为因素四个方面进行细分。消费者市场的细分变量同样可以适用于组织市场的细分。但由于组织市场的特殊性，一般情况下，可采取专门的细分变量进行细分。

## 三、市场细分的标准

### （一）消费者市场细分的标准

市场细分的基础是消费者需求的差异性，因此可以运用影响消费者需求和欲望的某些因素作为市场细分的标准对市场进行细分。引起消费者需求差异的变量很多，企业一般是组合运用有关变量来细分市场，而不是采用某一种变量。概括起来，细分消费者市场的变量主要有以下四类：

1. 按地理变量细分市场

地理变量主要包括消费者所居住的地区以及这些地区的自然特点，如人口密度、气候、城市规模等。消费者的需求和欲望常常受到这些地理因素的影响，地理变量易于识别，是细分市场应考虑的重要因素。

（1）按地理位置细分。处在不同地理位置的消费者，其购买力、购买习惯、购买方式和购买行为等方面都存在着很大的差异。以饮食为例,南北方消费者的饮食习惯的需求差别十分明显。按地理位置变量可将某种产品的消费者市场细分为华北、东北、西南、华南,或山区、平原、沿海等细分市场。

(2)按人口多寡及密度细分。人口多寡和密度意味着该地区是否有足够的消费者,即市场规模的大小,以及它所产生的销售额和营销活动代价的大小。按人口密度变量可将消费者市场细分为城市、郊区、乡村(农村)市场等。

(3)按气候细分。地区气候的不同会影响一系列商品的消费,如东北地区对服装的需求就与华南地区有较大区别;又如滑雪娱乐场只能在长期下大雪或气温低于零度的地点开办。按气候可将市场细分为热带市场、亚热带市场、寒带市场等。

2. 按人口变量细分市场

按人口因素的市场细分是以描述人口一般特征的人口统计变量,如年龄、性别、收入、职业、教育、宗教、种族或国籍等,将消费者市场划分为不同的消费者群。由于以人口统计变量细分市场比以其他变量细分市场更容易衡量,因此,该标准适用范围比较广泛,许多消费者市场都是按这一标准细分的。

(1)按年龄细分。人们在不同年龄阶段,由于生理、性格、爱好的不同,对同种消费品的需求往往存在着很大的差别。因此,按年龄变量可将某种产品的消费者市场细分出许多各具特色的细分市场,如儿童市场、青年市场、中老年市场和老年市场。

(2)按性别细分。许多商品在用途上具有明显的性别性,而且在购买行为、购买动机、购买角色等方面,两性之间也存在着很大的差异。因此,按性别变量可将某种产品的消费者市场细分为男性市场和女性市场,如服装、化妆品等。

(3)按收入细分。收入水平的不同,不仅将决定消费者购买商品的性质,而且还将影响其购买行为和购买习惯。如收入高的消费者会购买高价产品,且一般喜欢到大百货公司和名牌专卖店购买;收入低的消费者一般会购买低价产品,且一般到超市、专业批发市场及普通商店购买。因此,按收入变量可将某种产品的消费者市场分为高收入、中等收入和低收入市场。

(4)按民族细分。世界和我国均有多种民族,这些民族都有自己的传统习俗、生活方式,过着不同的社会经济生活,从而呈现出各种不同的商品需求。因此,可按民族变量将某种产品的消费者市场细分为汉族市场、藏族市场等。

(5)按职业和受教育程度细分。从事不同职业的人其收入不同,职业特点也不同,这会引起许多需求上的差异。受教育程度不同的人,在志趣、生活方式、文化素养、价值观念等方面都会有所差异,因而会影响到他们的购买种类、购买行为和购买习惯。

(6)按家庭生命周期细分。家庭生命周期指的是一个家庭诞生、发展直至消亡的运动过程,它反映了家庭从形成到解体呈循环运动的变化规律。家庭随着家庭组织者的年龄增长而表现出明显的阶段性,并随着家庭组织者的寿命终止而消亡。家庭生命周期概念最初是美国人类学学者格利克于 1947 年首先提出的。

单身阶段:年轻,单身,几乎没有经济负担,新消费观念的带头人,娱乐导向型购买。

新婚阶段:年轻夫妻,无子女,经济条件较好。购买力强,对耐用品、大件商品的欲望和要求强烈。

满巢阶段Ⅰ:年轻夫妻,有 6 岁以下子女,处于家庭用品购买的高峰期。不满足现有的经济状况,注重储蓄,购买较多的儿童用品。

满巢阶段Ⅱ:年轻夫妻,有 6 岁以上未成年子女,经济状况较好。购买趋向理智型,受广告及其他市场营销刺激的影响相对减少。注重档次较高的商品及子女的教育投资。

满巢阶段Ⅲ:年长的夫妇与尚未独立的成年子女同住。经济状况仍然较好,妻子或子女皆有工作。注重储蓄,购买冷静、理智。

空巢阶段:年长夫妇,子女生活上自立。前期收入较高。购买力达到高峰期,较多购买老年人用品,如医疗保健品,娱乐及服务性消费支出增加。后期的退休收入减少。

孤独阶段:单身老人独居,收入锐减。特别注重情感、关注等需要及安全保障。

除了上述方面,经常用于市场细分的人口变量还有家庭规模、国籍、种族、宗教等。

3. 按心理变量细分市场

按心理因素的市场细分是根据消费者所处的社会阶层、生活方式、个性特点等变量将消费者细分成需求不同的群体,即同一人口统计变量的消费者对同种产品的需求表现出差异性甚大的心理现象。

(1)按社会阶层细分。同一社会阶层的消费者,往往具有类似的行为标准、价值观;而处于不同社会阶层的消费者,其行为标准、价值观等存在着较大的差异,因而他们对同种商品表现出不同的需求。例如,不同社会阶层的消费者对服装、娱乐活动等产品和服务的需求差异较大,对广告媒体的偏爱也不同。按社会阶层可将消费者市场细分为上层社会、中层社会和下层社会等细分市场。

(2)按生活方式细分。生活方式是人们生活及花费时间和金钱的模式。根据消费者的不同生活方式,可以将消费者市场细分为各种不同的细分市场,如深居简出者、时髦者、事业心强者等细分市场。例如,妇女时装生产商将女性服装市场细分为“纯朴女性”“时髦女郎”“男性化女士”等细分市场,并分别为这三类细分市场设计不同款式的服装。

4. 按行为变量细分市场

许多营销学者认为,行为因素是构建细分市场的最佳起点。这是因为,地理因素、人口因素和心理因素这三种细分标准是对构成细分市场人群的事后分析,这些细分因素和方法所依赖的是事后描述性变量,而非因果关系变量。因此,有些营销学者坚信:行为因素是研究市场细分的最行之有效的因素。

(1)按购买时机细分。按消费者提出需要、购买和使用产品时机的不同细分,可将消费者划分为不同的群体。例如,旅游公司根据游客的需求时机不同,将游客划分为不同的细分市场:暑假主要做教师和学生市场,农闲时间做农民市场,春秋季节做政府机关和社会团体市场。

(2)按追求利益细分。利益细分是建立在因果关系变量而非描述性变量基础上的一种市场细分方法。其基本思路是:消费者往往出于满足不同需要的动机,去购买不同的品牌,因此,可以按照消费者追求的不同利益,将消费者划分为不同的消费群体。如购买汽车,有的追求经济实惠,价格低廉;有的追求耐用可靠和使用、维修方便;还有的偏向名牌高价,以显示社会地位和富有;等等。

(3)按使用者状况细分。按消费者进入市场程度的不同细分,可将消费者市场细分为经常使用者、首次使用者、潜在使用者、曾经使用者、从未使用者等细分市场。大企业往往注重将潜在使用者变为现实使用者,小企业则努力争取让使用竞争者产品的消费者转向使用本企业的产品。企业应对潜在使用者和经常使用者分别采用不同的营销方法。

(4)按使用数量细分。按消费者使用某种产品数量的多少细分,可将消费者市场细分为大量使用者、中等使用者和少量使用者等细分市场。大量使用者的顾客数量可能并不多,但他们的消费量在全部消费量中却占很大的比重,管理学中的“20/80 原则”在这里得到了充分的体现。

(5)按品牌忠诚度细分。按消费者对品牌的忠诚度细分,可将消费者市场细分为坚定忠诚者、弹性忠诚者、转移忠诚者和随机者等细分市场。坚定忠诚者是一贯购买某一品牌产品的消费者,表现出对该品牌产品的忠诚不移。弹性忠诚者是忠诚于2～3种品牌产品的消费者。转移忠诚者是从一种原来喜爱的产品品牌转移到另一种产品品牌的消费者。随机者是对任何品牌的产品都不忠诚的消费者。

(6)按购买的准备阶段细分。按消费者对各种信息的获取及对各种产品的了解程度细分,可将消费者市场细分为不知某种产品已存在、知道某产品但没有考虑购买、正在考虑购买等细分市场。对处于不同购买阶段的消费者,企业应采用不同的营销策略与其沟通,说服其购买。

### (二)生产者市场细分的标准

许多消费者市场细分的标准,同样可用于对生产者市场的细分。但是,由于生产者市场细分的对象是企业,其不同于消费者市场的细分对象,所以,生产者市场细分除了运用前述的消费者市场细分的一些标准外,还须运用一些新的细分标准。生产者市场最常用的细分变量有以下几类:

1. 按最终用户要求细分

产品的最终用户,是生产者市场细分最常用的标准。不同的使用者,对产品有不同的需求。例如,地毯生产厂生产的地毯按最终用户不同,可分为客车制造市场、建筑业市场、宾馆饭店市场等;电子元件厂根据最终用户不同,可分为军工市场、工业市场和商业市场。企业应按照最终用户的不同,制定不同的营销策略,以满足不同用途生产者的需要和提供相应的售前、售中和售后服务。

2. 按用户规模细分

用户的规模是生产者市场细分的重要标准。用户规模决定了其购买力的大小。大用户数量少,但购买量大;小用户数量多,但采购量不大。用户规模不同,企业营销组合方案也应不同。例如,对于大用户,往往建立直接的业务联系,不经过中间环节;对于众多小用户,则可通过批发商或零售商组织销售。

3. 按用户地理位置细分

大多数国家和地区由于自然环境、地理位置、社会环境和历史承继,以及生产的相关性和连续性的不断加深等方面的原因,其生产力的布局会形成若干产业区或工业区,如我国的山西煤矿工业区、辽宁冶金工业区、北京的电子工业区和浙江丝绸工业区等。这就决定了生产者市场比消费者市场更为集中。

## 四、市场细分的主要方法

企业在进行市场细分时,既可采用一项标准或变量,即单一变量因素细分,也可采用多个变量因素组合成系列变量因素进行市场细分。下面介绍几种市场细分的主要方法。

1. 单一变量因素法

即根据影响消费者需求的某一重要因素进行市场细分。如奶粉企业,按年龄细分市场,可分为婴儿、儿童、中老年等奶粉。

2. 多个变量因素组合法

即根据影响消费者需求的两种或两种以上的因素进行市场细分。如服装企业，按性别、年龄、收入三个变量细分市场。

3. 系列变量因素细分法

即根据两种或两种以上的因素，且按照一定的顺序，由粗到细依次地对市场进行细分，下一阶段的细分是在上一阶段选定的子市场中进行的。这种方法可使目标市场更加明确具体，有利于企业更好地制定相应的市场营销策略。

### 五、市场细分的有效性

有效的细分市场应具备以下三个条件：

1. 可衡量性

可衡量性是指可以识别和衡量的细分市场，即细分出来的市场范围明确，容量大小能够判断，购买力和细分市场规模等因素能够测定。这样，企业才能决定其相应的生产规模，进行合理定价，建立合适的分销渠道，采取适当的促销方式。

2. 可进入性

可进入性是指企业通过市场营销组合能够有效进入的细分市场，并能较好地满足细分市场的要求。这主要表现在两个方面：一是企业能通过一定的媒介将产品信息传递到该细分市场；二是企业产品能够经过一定的销售渠道抵达该细分市场。细分市场的可进入性，实际上就是企业营销活动的可行性。很明显，企业不能进入或难以进入的细分市场对企业是没有意义的。

3. 实效性

实效性是指有一定的规模、足够的发展潜力、能够获利和相对稳定的细分市场。如果细分市场的范围狭窄、发展潜力不大，企业的投资就得不到补偿，预期的利润目标得不到实现。如果细分市场的需求变化过快，不具有相对的稳定性，则会关系到企业生产结构、产品组合的稳定，增加企业的经营风险，严重影响企业的经济效益。

## 第二节　目标市场选择战略

市场细分的目的在于发现市场机会，即从一系列细分市场中，选择出最适合企业经营的市场，确定目标市场。在市场细分的基础上，企业怎样选择和确定目标市场？这就是目标市场选择战略研究的内容。

### 一、评估细分市场

目标市场是指通过市场细分，被企业所选定的、准备以相应的产品和服务去满足其现实或潜在需求的那一个或几个细分市场。

市场细分的目的是为了选择目标市场，使企业的营销资源与最佳的市场机会相结合。因此，在市场细分的基础上，企业应对各个细分市场进行评价，然后从中选择一定数量的细分市场作为目标市场。目标市场一经确定，企业的一切营销活动都应围绕目标市场进行。

评价细分市场是选择目标市场的前提。评价细分市场的目的在于弄清楚这些细分市场是否值得企业进入以及企业能否进入该细分市场。因此，企业在评价细分市场时，必须采用具体的评价指标。一般来说，评价细分市场包括以下几个方面的指标：

### （一）有一定的规模和发展潜力

企业进入某一细分市场是期望能够有利可图。如果企业选择的细分市场过于狭窄，企业有可能达不到它所期望的销售额和利润；如果企业选择的细分市场过于广泛，企业就会使自己的市场营销力量铺得过宽而显得单薄，增加的消费额和利润可能不足以弥补增加的开支。由此可见，市场规模不是越大越好，而是要适当。至于什么规模适当，不同企业之间的选择相差很大。这里的“适当”是相对于企业实力而言的。

有的市场目前规模虽然不大，但未来可能迅速增长，或预计会有所增长。处于发展中不断增长的市场更被看好。要判断市场的预期增长程度，需要企业综合考虑行业相关的经济、技术、政治、社会等环境因素，并具有敏锐的洞察力。

### （二）细分市场结构吸引力

一个具有适度规模和良好潜力的细分市场，如果存在所需的原材料被一家企业所垄断、退出壁垒很高、竞争者很容易进入等问题，想必它对企业的吸引力会大打折扣。因此，对细分市场的评价除了考虑其规模和发展潜力外，还要对其吸引力做出评价。迈克尔·波特认为有五种力量决定整个市场或其中任何一个细分市场的长期内在吸引力。细分市场的吸引力分析就是对这五种威胁企业长期盈利的主要因素做出评价。

1. 行业内部竞争

即细分市场内同行业之间是否存在激烈的竞争。如果某个细分市场存在为数众多的竞争者，或者竞争者的实力强大，或者竞争者的攻击意识强烈，这意味着企业可能要面临价格战、广告战的威胁，为了在竞争中取得优势，企业可能还要不断推出新产品并投入大量的资金来攻守该细分市场，那么该细分市场就可能失去吸引力。

2. 潜在竞争对手的进入威胁

即新的竞争者能否轻易地进入该细分市场。如果细分市场的进入壁垒很低，而且原有企业对新进入者不会采取任何报复和阻拦措施，那么该细分市场就容易吸引新竞争者的加入。新竞争者加入越多，市场占有率的争夺就会越激烈，该市场的吸引力也就越低。

3. 替代品的威胁

即细分市场上是否存在着替代品或者有潜在的替代品进入。替代品的威胁越大，细分市场内企业的价格和利润就越受限制，该细分市场的吸引力就会越低。

4. 顾客的议价能力

即顾客讨价还价的能力是否很强或正在增强。顾客的议价能力越强，对产品的价格、质量和服务的要求就会越高；企业之间为了获得订单的争夺越激烈，细分市场的吸引力就越低。

5. 供应商的议价能力

即供应商的讨价还价能力是否很强或正在增强。如果供应商所提供的原材料没有替代品或替代品少、供应商集中或者有组织，其议价能力就强，企业可能在价格、质量和服务等方面受制于供应商，而这将直接威胁企业的盈利能力，因此细分市场的吸引力就会受到影响。

### (三)符合企业目标和能力

即企业所拥有的资源和经营目标是否能够与细分市场的需求相吻合。首先,企业的任何活动都必须与企业的目标保持一致,如果某一细分市场的选择虽然能给企业带来短期的利益,但不利于企业长期目标的实现或者偏离企业的既定发展轨迹或者对企业主要目标的完成带来影响,这时企业一定要慎重;其次,企业还应具备在该细分市场上获得成功所需的资源和能力;最后,与竞争对手相比,企业还应具有竞争优势。

## 二、选择目标市场

企业在选择目标市场时有以下五种可供参考的市场覆盖模式。

### (一)市场集中化

这是一种最简单的目标市场选择方式,即企业只选取一个细分市场,只生产一类产品,供应某一单一的顾客群,进行集中营销。例如,大众汽车公司集中经营小汽车市场;理查德·D. 伊尔文公司集中经营经济商业教科书市场;某服装公司只生产儿童服装;等等。公司通过密集营销,更加了解本细分市场的需要,并树立了特别的声誉。因此,便可在该细分市场建立巩固的市场地位。另外,公司通过生产、销售和促销的专业化分工,也获得了许多经济效益。

选择市场集中化一般基于以下考虑:企业具备在该细分市场从事专业化经营或取胜的优势条件;限于资金能力,只能经营一个细分市场;该细分市场中没有竞争对手。

然而,市场集中化一般情况下风险很大,由于集中的市场可能出现不景气情况,或某个强大的竞争对手进入该细分市场,都会对企业造成威胁。

### (二)选择专业化

此种方法是选择若干个细分市场作为企业的目标市场,其中每个细分市场在客观上都有吸引力,符合公司的目标和资源,且与其他细分市场之间较少联系,每个细分市场都有可能盈利。这种选择优于集中化选择,因为这样可以分散公司的风险,即使某个细分市场失去吸引力,公司仍可继续在其他细分市场获取利润。

### (三)产品专业化

此种选择方法是企业只生产一种产品,向各类顾客销售这种产品。如饮水器厂只生产一个品种,同时向家庭、机关、学校、银行、餐厅等各类用户销售。产品专业化模式的优点是:企业专注于某一种或一类产品的生产,有利于形成和发展生产和技术上的优势,在该领域树立形象。其局限性是:当该领域被一种全新的技术与产品所代替时,产品销售量有大幅度下降的危险。

### (四)市场专业化

市场专业化是指企业专门经营满足某一顾客群体需要的各种产品。例如公司专门向政府机构提供所有办公设备,包括电脑、传真机、复印机、打印机等,并成为这个客户所需各种新产品的销售代理商。如果政府部门突然削减经费,就会产生危机。

### (五)市场全面化

市场全面化是指企业想用各种产品满足各种顾客群体的需求。事实上,这是实力雄厚的大公司的目标市场选择战略,如美国IBM公司在全球计算机市场、丰田汽车公司在全球汽车市场等。企业在选择目标市场时有五种可供参考的市场覆盖模式,如图7—2所示。

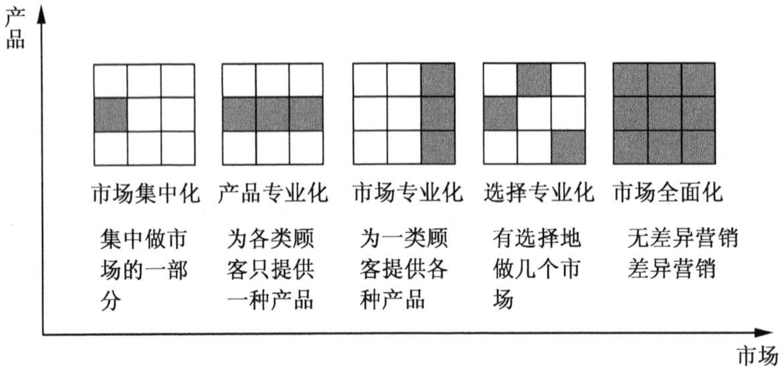


图7—2　目标市场模式的五种选择

## 三、目标市场战略

根据各细分市场的独特性和企业自身的目标,有三种目标市场战略可供选择,见图7—3。

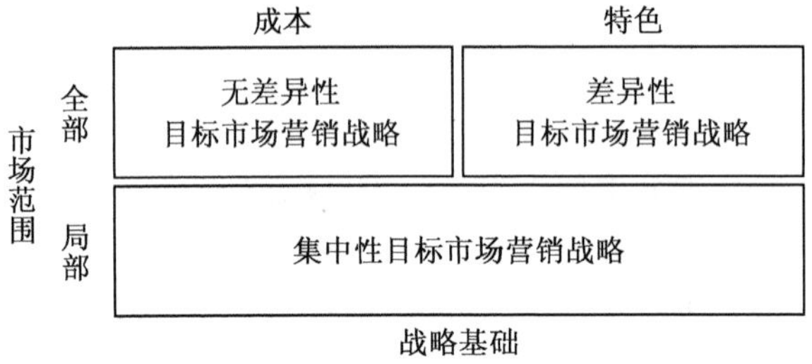


图7—3　目标市场战略的三种选择

### (一)无差异性目标市场营销战略

企业把整体市场看作一个大的目标市场,不进行细分,用一种产品、统一的市场营销组合对待整体市场。采用该战略的企业,主要是着眼于顾客需求的共性或同质性,忽略顾客需求的差异性,对市场不进行细分,只求满足大多数顾客的共性需求。

无差异性目标市场营销战略的最大优点在于成本低、经济性好。首先,不对市场进行细分,可以节省营销调研、市场分析等方面的成本;其次,单一的产品,可以取得最大规模生产带来的成本方面的优势,也可节省产品设计及研发费用;最后,统一的营销组合,可以大大节省渠道、促销等方面的费用。

虽然无差异性目标市场营销战略具有显著的优点,但是对市场上绝大多数产品都是不适宜的。首先，它忽视了市场要求的差异性，难以满足顾客的个性化需求；其次，容易导致竞争激烈和市场饱和，企业难以保持持久的规模经济效益。所以，这种战略只适用于少数大家有共同需要、差异不大的商品。

### （二）差异性目标市场营销战略

差异性目标市场营销战略是企业在市场细分的基础上，选择多个细分市场作为企业的目标市场，并针对各个细分市场的不同特点分别设计不同的产品，运用不同的营销组合策略，以满足多个细分市场消费者的不同需求。采用该种战略的企业，主要着眼于消费者需求的差异性，体现了以消费者需求为中心的现代营销观念。

采用差异性目标市场营销战略的最大优点：一是有针对性地满足不同特征顾客群的需求，提高整体销量；二是由于企业在多个细分市场上开展营销，一定程度上可以降低投资风险和经营风险。实行差异性目标市场营销战略的缺点在于：一是企业生产多种产品，采用多种营销组合，增加了生产成本和营销成本；二是企业的资源分散在多个领域，导致企业不能集中使用资源，甚至企业内部出现彼此争夺资源的现象，容易失去竞争优势。差异性目标市场营销战略的优势基本上成为差异性营销战略的劣势。同时，采用该战略在成本和销售额上升时，市场效益并不一定同步上升。

**营销小链接**

**爱迪生兄弟公司**

爱迪生兄弟公司所经营的900家鞋店可分为4类不同的连锁商店，以此来迎合不同的细分市场。查达勒连锁店出售高价的鞋子，贝克连锁店出售中等价格的鞋子，伯特连锁店出售廉价的鞋子，威尔达·佩尔连锁店着重面向需要非常时髦式样鞋子的顾客。人们可以发现，伯特、查达勒、贝克3家连锁商店分别设置在芝加哥民族大街的3个街段上。尽管商店位置设置得这样接近，却并不影响它们的业务，原因在于它们的目标分别是妇女鞋子市场中各个不同的细分市场。这一战略使得爱迪生兄弟公司成为全美最大的妇女鞋子零售公司。

### （三）集中性目标市场营销战略

集中性目标市场营销战略又称“密集性目标市场营销战略”，是选择一个或少数几个细分市场或一个细分市场的一部分作为目标市场，集中企业全部资源为其服务，实行专门化生产和营销。与前两种战略不同，集中性目标市场营销战略不是以整个市场，也不是以多个细分市场作为目标市场，而是选择一个或少数几个细分市场，通过专业化生产和营销更好地满足这部分消费者的需求。也就是说，采取集中性目标市场营销策略的企业不求四处出击，而求重点突破；追求的不是在较大市场上占有较小的市场份额，而是在较小的市场上占有较大的市场份额。

集中性目标市场营销战略的优点在于：一是营销目标集中，便于企业深入了解市场需求变化，充分发挥企业优势；二是营销组合策略的针对性强，可以节约生产成本和营销费用；三是生产的专业化程度高；四是能满足个别细分市场的特殊需求，有利于企业产品在该细分市场取得优势地位，提高企业的市场占有率和知名度。集中性目标市场营销战略的缺点在于：一是目标市场过于狭小，市场发展潜力不大，企业的长远发展可能会受到限制；二是企业目标市场过于集中与狭小，产品过于专业化，一旦市场发生变化（比如强大的竞争对手介入、购买力下降或兴趣转移、替代品出现等），会给企业带来极大的威胁。集中性目标市场营销战略适用于：一是生产周期短、需求量波动大的产品；二是资源有限、实力不强的中小企业。

三种目标市场战略的选择如图 7—4 所示。

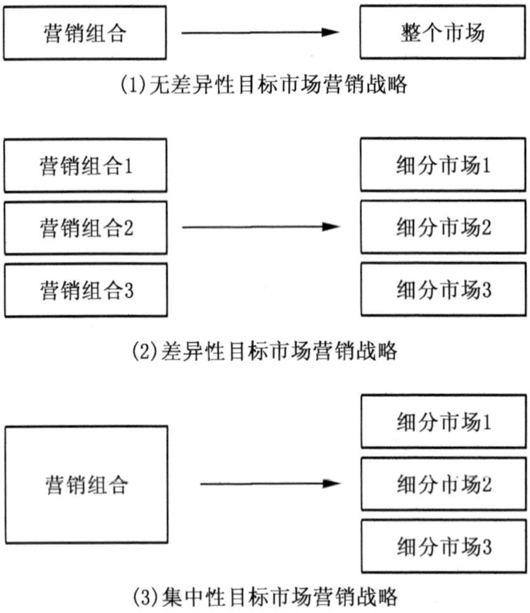


**图 7—4　三种目标市场营销战略**

## 四、选择目标市场应考虑的因素

上述三种目标市场营销战略各有利弊，并适用于不同的情况，企业在具体运用时应综合考虑企业产品和市场等多方面因素后再予以决定。

### (一)企业资源

如果企业资源雄厚，可选择差异性目标市场营销战略或无差异性目标市场营销战略；反之，对于资源有限、能力不足的中小企业，宜采用集中性目标市场营销战略。

### (二)产品同质性

大多数初级产品，如粮、棉、食盐、钢铁、煤炭、水泥等，产品在性能、特点等方面差异不大，变异性较小，而且购买者对这些产品的差别一般也不太重视或不加区分，通常可视为同质产品。对于同质产品或需求上共性较大的产品，宜采用无差异性目标市场营销战略。许多加工制造产品，如服装、化妆品、家用电器、食品等，不仅产品本身可以开发出不同的性能、款式、花色与型号，具有较大的差异性，而且顾客对这些产品的需求也是多样化的，选择性较强。生产这类性质产品的企业一般宜选择差异性或集中性目标市场营销战略。

### (三)市场的类同性

如果市场上消费者和用户的需求、偏好大致相同，购买的数量、对市场营销刺激的反应比较一致，就可视为同质或相似的市场。对于那些类同市场，宜采用无差异性目标市场营销战略；反之，宜采用差异性或集中性目标市场营销战略。

**（四）产品生命周期**

处于投入期和成长期的新产品，市场营销的重点是启发和巩固消费者的偏好，最好实行无差异性目标市场营销战略，或针对某一特定子市场实行集中性目标市场营销战略；当产品进入成熟期后，市场竞争激烈，消费者需求日益多样化，可改用差异性目标市场营销战略以开拓新市场，满足新需求，延长产品寿命周期。

**（五）竞争者的战略**

如果竞争对手采用无差异性目标市场营销战略，企业则应选择差异性目标市场营销战略，利用差别优势争取主动；如果竞争对手采用了差异性目标市场营销战略，企业用无差异性目标市场营销战略将很难与之抗衡，而应在对市场进一步细分的基础上，采用差异性更大的营销战略或集中性目标市场营销战略进行竞争。当然，如果企业在实力上优于对手，可采用与之相同的战略，凭借实力击败对手；如果企业弱于竞争对手，应反其道而行之。

# 第三节　市场定位

## 一、市场定位的含义

市场定位是根据竞争者的现有产品在目标市场上所处的地位，且针对目标市场对产品某些属性的变化程度，塑造出本企业产品与众不同的鲜明个性或形象，并把这种形象传递给目标市场，使本企业产品在目标市场上占据强有力的竞争地位。简言之，市场定位就是为本企业产品建立有别于竞争者的形象，即塑造产品形象。

从上述定义可以看出，市场定位的实质是使本企业与其他企业严格区分开来，使顾客明显感觉和认识到这种差别，从而在顾客心目中占有特殊的位置。

在当今信息爆炸的社会，消费者被过量的产品和服务的信息所困惑，他们不可能在做每项购买决策时都对产品作重新评价，为了简化购买决策，消费者往往会将产品加以归类，即将产品和企业在他们心目中“定个位置”，这种产品位置是消费者将某种产品与竞争者产品相比较而得出的一组复杂的感觉、印象和感想。产品进行了有效的定位，就可使消费者产生深刻、独特的印象和好感，对该产品和品牌形成习惯性购买，从而使企业的市场不断巩固和发展。

### 营销小链接

“定位”是由美国的两位广告经理艾尔·里斯和杰克·特劳特于1972年提出的。他们把定位看成是对现有产品的创造性实践。

定位是以产品为出发点，如一种商品、一项服务、一家公司、一所机构，甚至一个人……但定位的对象不是产品，而是针对潜在顾客的思想。也就是说，要为产品在潜在顾客的大脑中确定一个合适的位置。

## 二、市场定位的依据

在市场营销实践中，企业可以根据产品的属性、价值、价格、质量、用途、使用者、产品档次、竞争局势等多种因素进行定位。

### (一)根据产品特色定位

产品特色定位是指在产品实体方面能让消费者感觉到的特色，如产品属性和利益，产品的用途、价格和质量，产品的价值，等等。如宝洁公司的洗发产品在满足基本的清洁头发和保护头发要求的同时，增加了去头屑的功能，使产品的竞争力得到提升。宝马则突出“驾驶的乐趣”、沃尔沃突出“安全”、雀巢咖啡强调“味道好极了”等，都是强调产品与众不同的特色。

### (二)根据顾客利益定位

产品提供给顾客的利益是顾客最能切身体会到的。例如，沃尔玛超市强调“天天平价”，吸引了精打细算的消费者。新飞冰箱在广告中表明0.4度电能干什么，如果用来刮胡子只刮一半，而用来吹头发，头发还在滴水，却能使新飞冰箱运行一昼夜，用这种利益吸引那些节能环保型的消费者。

### (三)根据使用者定位

即根据不同的产品使用者进行定位。例如，劳斯莱斯是“皇家贵族的坐骑”“金利来，充满魅力的男人世界”。

### (四)根据使用场合定位

为老产品找到一种新用途，是为产品创造新的市场定位的好方法。例如，小苏打可以作为冰箱除臭剂，也可作为调味汁和卤肉的配料。

### (五)根据竞争局势定位

这种定位主要是突出企业的优势，如技术可靠性高、售后服务便捷，以及其他顾客欢迎的因素等，从而在消费者头脑中使自己的产品与竞争对手的产品区别开来，突出自己的形象。例如，美国阿维斯出租汽车公司将自己定位于出租车行业市场上的第二位，强调“我们是老二，我们将更加努力”，暗示要比居于市场第一位的企业提供更好的服务。

## 三、市场定位步骤

市场定位的关键是，企业要设法在其产品上找出比竞争者更具竞争优势的特性。竞争优势通常表现在两个方面：一是价格优势，即能够以比竞争者低廉的价格销售相同质量的产品，或以相同的价格水平销售更高质量水平的产品；二是偏好竞争优势，即企业能向市场提供的产品，在质量、功能、品种、规格、外观等方面，比竞争者能更好地满足顾客需求。企业要进行市场定位，一般需要经过以下三大步骤：

### (一)识别潜在竞争优势

这是市场定位的基础。企业首先必须进行规范的市场研究，切实了解目标市场需求特点及这些需求被满足的程度。一般要回答以下几个问题：竞争对手的产品如何定位？目标市场上消费者的需求满足程度如何？还有哪些方面未满足？针对竞争者的市场定位和潜在顾客的真正需要的利益，要求企业应该和能够做什么？通过回答上述问题，企业就可以确定自己的潜在竞争优势。

### (二)选择相对竞争优势

相对竞争优势是与主要竞争对手相比(在产品开发、服务质量、销售渠道、品牌知名度等方面)，在市场上可获取明显的差别利益的优势。企业在确定相对竞争优势时，应把企业的全部营销活动加以分类，并对各主要环节在成本和经营方面与竞争者进行比较分析，选出最适合本企业的优势项目。

### (三)显示独特的竞争优势

企业的相对优势不会自动地在市场上得到充分体现。因此，企业必须通过一系列的促销活动，将其独特的竞争优势准确传递给潜在顾客，并在顾客心目中留下深刻的印象，使本企业的市场定位与顾客心目中的形象相一致。

## 四、市场定位方式

市场定位作为一种竞争战略，显示了一种产品或一家企业同类似的产品或企业之间的竞争关系。定位方式不同，竞争态势也不同。下面介绍三种主要的定位方式。

### (一)避强定位(另辟蹊径式)

这是一种避开强有力竞争对手的市场定位。其优点是：(1)能够迅速地在市场上站稳脚跟，并能在消费者或用户心目中迅速树立起一种形象；(2)风险较小，成功率较高。因此它常常为多数企业所采用。其缺点是，企业必须放弃某个最佳的市场位置。

**营销小链接**

七喜非可乐——避强定位

七喜的市场定位是：同领先者一样好，但又区别于领先者。其广告词"我不是可乐，我可能比可乐更好"，突出宣传自己不含咖啡因的特点。它将自己抬到了同市场领先者一样的高度，又避免了同领先者进行正面竞争。由于其成功的产品定位，使这种最初在美国不知名的全新饮料在很短的时间内崛起，并位居美国饮料市场的老三。

### (二)对抗性定位

这是一种与具有支配地位最强大的竞争者对抗的定位方式。这种定位虽然有危险，但很多企业认为能够激励自己奋发向上，一旦成功，会取得巨大的市场优势，如可口可乐与百事可乐的对抗性定位。实行对抗性定位，必须知己知彼。

## 营销小链接

### 农夫山泉有点甜

从“农夫山泉有点甜”一句话闯入市场，到推出“奥运军团喝什么水”的疑问；再到养生堂丢出一颗重磅炸弹——农夫山泉基于对消费者负责的态度考虑，决定退出纯净水市场，全力投入天然水的生产销售。矛头对准纯净水厂商，全国各地纯净水厂商纷纷联盟，向法院提出诉讼，欲与农夫山泉对簿公堂。

对于农夫山泉是褒是贬，暂且不论，但必须承认，农夫山泉确实有一批商界精英，他们把目标市场定位策略和差异化策略演绎得惟妙惟肖，并且留下许多经典的商界佳话。

### (三)重新定位

这是一种对产品销路不佳、市场反应冷淡的产品所进行的二次定位。重新定位的原因有两种：一种是企业陷入了困境；另一种是因为产品销售范围超出了原来的预想范围。例如，李宁品牌的运动产品是专为年轻人设计的，却在中老年消费者中流行开来，因此必须进行重新定位。

## 营销小链接

### “重塑李宁”计划

20 世纪 90 年代初，李宁牌成为中国第一个体育明星创立的品牌，并迅速成长为中国体育用品的著名品牌。但据李宁公司 2001 年的市场调查发现：一方面，李宁品牌的 60%的忠诚用户在 24 岁以上，属于生活方式比较传统的人；另一方面，当今的体育用品日益成为变换频繁的时尚消费品，出生于 20 世纪 80 年代的年轻人，已成为体育用品的重要消费者。

因此，2001 年李宁公司推出了“重塑李宁”计划，决定全力打造亲和、时尚、魅力的品牌形象，将核心消费人群定位在 15～35 岁之间喜爱运动、追求时尚的年轻群体，推出了“我运动，我存在”“出色，源自本色”“把精彩留给自己”等一系列广告语。

## 本章习题

### 一、名词解释

市场细分　　目标市场　　市场定位　　避强定位

### 二、简答题

1. 举例说明怎样给企业的产品进行定位。
2. 谈谈市场细分、目标市场和市场定位的关系。
3. 简述市场定位对企业发展的重要作用。

### 三、操作训练题

通过收集资料，分析某一行业三家企业市场定位策略，并对其进行对比。

### 四、案例分析题

**斯沃琪成功市场细分**

斯沃琪(Swatch)，名字中的“S”不仅代表它的产地瑞士，而且含有“second watch”即第二块表之意，表示人们可以像拥有时装一样，同时拥有两块或两块以上的手表。斯沃琪不仅是一种新型的优质手表，同时还带给人们一种全新的观念：手表不再只是一种昂贵的奢侈品和单纯的计时工具，而是一种“戴在手腕上的时装”。

斯沃琪作为瑞士名表的典范，有着世界名表中的青春力量。斯沃琪手表以其时髦缤纷的色彩、活泼的设计以及颠覆传统的造型，滴答地随着摩登生活的节奏向前迈进。在斯沃琪之前，没有任何流行品牌获得过这样的成就：在极短的时间内，占据全球爱好者的心，地位屹立不摇；除了维持既有的版图，同时还持续向其他领域延伸发展。

斯沃琪成功的原因并不是秘密：斯沃琪不只是报时的手表。斯沃琪品牌定位于时尚的、运动的、音乐的、艺术的……用激情去创造。

从经济型手表到时尚的配件，转移目标市场，进攻低端市场。在海耶克上任时，高档消费市场正在萎缩，瑞士手表业虽然占有这个市场的90%，却失去了正在增长中的中档市场，至于低档市场，低于100瑞士法郎的瑞士手表根本没人生产。随后，海耶克大胆进入低档市场，提出近乎荒唐的挑战——“找到一个方法，让我们在瑞士以30美元的价格出售手表”。斯沃琪在低档市场上寻求产品的差异性，进入了“风格时尚型”的行列，对低档市场进行细分，研究了年龄在18～30岁的消费者。通过提高手表质量，提高自动化水平，简化手表结构，改良工艺材料，使得斯沃琪规模经济产生并降低成本，更快适应了低档市场。

高品质，低价位，产于瑞士，品质保证。由于斯沃琪的外壳全部采用合成材料，机芯直接从手表正面装入而不再需要保留后盖，使手表变得既薄又轻，并且可以进入流水线批量生产，确保了销售的低价位。

斯沃琪的价格一般在几十美元到上百美元不等，但它质量优良，重量轻，能防水防震，电子模拟，表带是多种颜色的塑料带，充满了青春活力。坚持在瑞士本国生产，改进生产过程，降低成本，质量标准高，质量管理严，具有欧美市场文化优势，计时精准。

唯一不变的是我们一直在变，塑造独一无二的吸引力。斯沃琪之所以博得全世界众多顾客的青睐，除了凭借手表的高品质之外，还因为其具有更多的吸引力：形状具有趣味性，设计别出心裁，名字特别，可以经历不同的潮流而不会衰落。

公司每年都要向社会公众征集钟表设计图，根据选中的图案设计不同的手表系列，后来又推出每周一套表，从星期一到星期天，每天一块，表面图案各不相同。“去年的斯沃琪表不能替代今年的斯沃琪表”，这是斯沃琪的目标。斯沃琪已成为一种时尚标志，一种流行符号。

斯沃琪突破了手表简单的计时功能，它对时间概念的新演绎，不仅在于款式的千姿百态和色彩的绚丽丰富，而且运用高科技的成果，体现了丰富的艺术想象力，海耶克研究了18～30岁的购买耐克运动鞋、贝纳通运动衫、盖普服饰和布鲁斯音乐唱片的消费者。他认为，要在这个市场上取得成功，必须能够感知消费者口味的变化，这比掌握生产技术重要得多。

通过感知消费者口味、设计独特、变化速度快，斯沃琪对于消费者来讲就是一份纪念品、一段历史、一件工艺品。

**思考题：**

斯沃琪的目标市场是什么？它的STP战略有哪些可取之处？

# 第八章
# 产品策略

【学习目标】

1. 掌握产品的整体概念，明确整体产品的层次；
2. 掌握产品组合策略和产品生命周期的阶段特征及其营销策略；
3. 了解品牌设计与包装设计的原则，掌握品牌的含义和基本策略；
4. 明确市场营销学中的新产品含义；
5. 了解包装策略的类型；
6. 了解新产品开发程序及市场扩散。

【案例导入】

**可口可乐的产品策略**

一、可口可乐的包装策略

1892年，可口可乐公司开发了一种沿用至今的瓶装系统。1898年，可口可乐斥巨资购买了一个栩栩如生、惟妙惟肖的玻璃包装专利，使它成为可口可乐的独特形象。当初，可口可乐更新包装的要求是："希望人们在黑暗中摸到的那种饮料就是可口可乐；瓶子的样子应该是这样的，即使瓶子破碎了，人们一眼就能看出那是什么东西。"1915年，可口可乐设计出仿若少女身形的曲线玻璃瓶，使可口可乐的包装从品种繁多的饮料中脱颖而出。可口可乐的销售量两年内翻了一番，甚至连可口可乐的曲线瓶所用的绿色都以可口可乐总部所在地冠名——"佐治亚绿色"。1950年，"人们一眼就能看出"的经典曲线可口可乐瓶成为第一个登上《时代》杂志封面的消费品。

曾经负责可口可乐广告设计的美国画家Haddon Sundblom在1931年绘制了可口可乐的圣诞广告牌——慈祥微笑着的、长有卷曲的白胡子、带着红色帽子、穿着黑靴子的老人……这就是全世界公认的圣诞老人形象。可是谁又能想到，这个圣诞老人形象是在可口可乐设计的广告牌中最终定型的。这个形象，随着可口可乐的市场宣传飘散到全世界的各个角落，成为世人皆知的形象。

2003年，可口可乐中文商标变更是自1979年可口可乐重返中国后的第一次全新设计。

英文可口可乐字体特有的可口可乐红没有改变，改变的是在红色背景下加入了暗红色弧线，并产生了多维的透视效果，“波浪形飘带”在原来单一的白色基础上增加了银色和黄色，形成多层次的设计，中文标志由传统的中文字体变为弯曲流畅的斯宾塞字体。“我们改变的不仅是标志，这也是我们与消费者的一种新的沟通方式，”可口可乐中国公司总裁包逸秋对媒体说，“前期市场上的可口可乐包装是在2000年1月投放市场的，换包装对可口可乐来说已经是约定俗成的事情，每隔一段时间就会对全球消费者进行一至两年的跟踪调查，了解其对口味和可口可乐包装的需求，最终决定是否换包装。”

可口可乐的“本土化”经营体现在包装上，就是本土文化的展示。例如，不定期更换包装上的广告语：在美国是“无法抓住那种感觉”(Can’t beat the feeling)；在日本改为“我感受可乐”(I feel cola)；在意大利改为“独一无二的感受”(Unique sensation)；在智利改为“生活的感觉”(The feeling of life)。可口可乐在中国的本土化包装，在商界引起了不小的轰动。2001年春节，“大阿福”包装全面上市，爆竹、春联、剪纸、中式棉袄、瓜皮帽等中国元素在品牌标志上全面展现。随后，又推出了十二生肖包装，一直延续到2003年春节。

人们不难发现，可口可乐对时尚信息的敏感度几乎不亚于媒体，无论是世界杯、奥运会，还是歌星、球星，随时都可能出现在其包装图案中，但在其包装设计中，Always Coca-Cola这个元素是不能改变的，尽管包装中新的设计元素与时尚资讯之间随时建立联系，但“always”“delicious”“unique”以及“refreshing”的怀旧氛围则保留着并更加具体化。变化的是包装，不变的是永远的可口可乐。

二、产品线延伸

饮料行业的大量事实证明，碳酸饮料的增长已经遇到了瓶颈。2005年，普通可口可乐在美国的销量下降了2%。长期以来，碳酸饮料被视为“垃圾饮品”，成为造成肥胖的主要原因之一。2005年8月，美国饮料协会宣布了一项非强制性协议：小学校园售卖机只卖瓶装水及百分百果汁；初中校园内的自动售卖机主要售卖瓶装水、纯果汁、运动饮料及低热量或不含热量的果汁饮料；高中校园的自动售卖机内软饮料的比例不超过50%。碳酸饮料的市场遭到了极大的冲击，迫使碳酸饮料企业调整产品战略，加快向健康的非碳酸饮料产品发展。

从另一个方面看，其他饮料品类，比如茶、果汁、乳品、功能饮料等，正在不断吞噬着碳酸饮料的市场。在很多城市，可口可乐都出现了饱和的趋势，非碳酸饮料市场则均有大幅度提升。例如，茶和果汁的全球年增长率连续几年超过了5%，尤其在中国，其增长率更是达到了10%，乳饮料的增长率甚至超过了20%。

为减少对碳酸饮料的依赖，保持企业的可持续发展，可口可乐公司董事长兼首席执行官给出的答案就是拓宽产品线，走产品多元化路线。

1982年，可口可乐公司推出“健怡可乐”；2001年10月，推出了柠檬口味的“柠檬味健怡可乐”、酸橙口味的“酸橙味健怡可乐”、低热量的“香草味健怡可乐”。

2002年5月，可口可乐开始推出香草可乐。这种产品既保持了可口可乐独特的爽，又令人喝起来感觉像香草味冰淇淋搅拌在里面。香草可乐表现出强劲的发展势头，跻身可口可乐在美国出售的饮料品牌前十名，2003年被推广到日本、德国、英国、俄罗斯、摩洛哥等国家，2006年香草可乐在中国内地上市。

不仅是可口可乐，公司其他品牌的碳酸饮料也加快了新产品的投产步伐。1997年8月，可口可乐公司推出六种果味的碳酸饮料品牌，包括西瓜、橙子、椰子、苹果、桃子及提子。2003年，雪碧开始销售水果味的“Sprite Remix”；芬达品牌也开始销售葡萄口味的新产品“Fanta

Fruity Crapefruit"。咖啡饮料属于可口可乐公司为数不多的销量增加的产品，可口可乐最新的咖啡口味汽水饮料于2006年在美国上市，这是一种混合了自然口味与咖啡香浓味道的可口可乐，该产品的客户群主要是成年消费者。

三、产品多元化

2001年，可口可乐公司与雀巢公司合资成立BPW公司，各自拥有50%的股份。可口可乐公司和雀巢公司在产品研发及推广上各有优势，可口可乐的目的就是实现品牌、渠道、生产资源共享，推进可口可乐的多元化战略。BPW公司拥有咖啡、绿茶、红茶等众多饮料品种，可口可乐公司旗下的非碳酸饮料全部归入BPW公司运作。

就中国市场来说，BPW公司推出了"冰爽茶"与"冰极茶"。1996年，可口可乐公司首次为中国市场研制出"天与地"果汁。"天与地"的果汁是特别针对中国消费者的口味生产的。1998年和1999年，其又推出茶产品和矿物质水；2001年，推出水森活纯净水、冰露纯净水、酷儿果汁、爽白酷儿乳酸味饮料、保锐得运动饮料；2004年，推出茶研工坊和美汁源果粒橙。目前，酷儿果汁、美汁源果粒橙在中国主要城市(如上海、广州等地)都颇受欢迎，美汁源已成为中国第二大果汁品牌。目前，现在可口可乐旗下产品品种已超过了100种。

资料来源：

(1)佚名："变化的包装 永远的'可口可乐'"，《中国包装工业》，2004年第1期。

(2)王伟、郭鹏：《世界十大营销经典败局》，清华大学出版社2006年版，第90～98页。

**思考：**

1. 从可口可乐变化的包装策略，分析产品包装对产品的宣传与推广有什么作用。

2. 可口可乐的产品线延伸和多元化给我们带来哪些启示？

产品是市场营销组合中最基本的要素。制定营销组合策略，首先需要考虑发展什么产品以满足目标市场；同时重视产品生命周期趋势的变化，认识到开发新产品、改进和完善产品性能既是占领目标市场的需要，也是企业合理、顺利经营的根源和基础。产品策略还直接或间接影响到其他营销组合要素的管理。从这个意义上讲，产品策略是整个营销组合的基石。

# 第一节　产品整体概念

## 一、产品概念及产品整体概念

### (一)产品概念

关于产品的概念，有狭义和广义之分。狭义的产品概念局限于具体的、能提供某种实际用途的物质实体，一般被理解或表述为：由劳动创造，具有价值和使用价值，能满足人类需求的有形物品，比如茶杯、食物、汽车等。广义的产品概念具有极其宽泛的外延和深刻的内涵，一般被表述为：能够通过交换满足消费者或用户特定需求和欲望的一切有形物品和无形的服务。其中，有形物品包括产品实体及其品质、款式、特色、品牌和包装等；无形服务包括可以使顾客的心理产生满足感、信任感以及各种售后支持和服务保证等。按照菲利普·科特勒的定义："产品是指能提供给市场以引起人们关注、获得使用或消费，从而满足某种欲望或需要的任何东西。"

### （二）产品整体概念

消费需求不断的扩展和变化使产品的内涵和外延不断扩大。从内涵看，产品从有形物品扩大到服务、人员、地点、组织和观念；从外延看，产品从实质产品向形式产品、附加产品拓展。为此，联系消费者需求和企业间的产品竞争，从整体上对产品进行研究，这就是市场营销学提出的产品整体概念。

关于产品整体概念，学术界曾用核心产品、形式产品和延伸产品（附加产品）三个层次内容加以表述。但近年来，以菲利普·科特勒为代表的北美学者提出，产品整体概念包括核心产品、形式产品、期望产品、延伸产品和潜在产品五个层次内容。他们认为，这样做能够更深刻而逻辑地表达产品整体概念的含义，如图 8－1 所示。

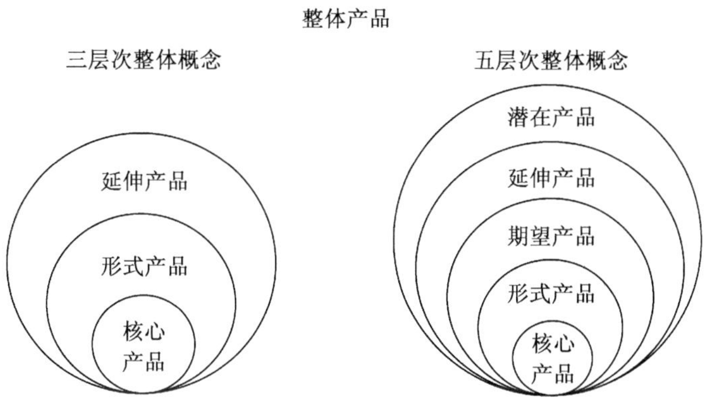


**图 8－1　整体产品概念的三个层次和五个层次**

1. 核心产品

核心产品是指产品向消费者提供的基本效用或利益。从根本上说，每一种产品实质上都是为解决问题而提供的服务。例如，消费者购买洗衣机，并不是为了拥有这种机器物品本身，而是为了获得清洗、洁净衣物和安全的效用。核心产品是消费者追求的最基本内容，也是他们所真正要购买的东西。因此，企业在设计开发产品时，必须首先界定产品能够提供给消费者的核心利益，以此作为立足点。

2. 形式产品

形式产品是核心产品所展示的全部外部特征，即呈现于市场上的产品的具体形态或产品核心功能、效用借以实现的外在形式，主要包括品牌商标、包装、款式、颜色、特色、质量等。劳务产品或服务产品的形式产品是服务质量。可见，形式产品向人们展示的是核心产品的外部特征，它能够满足同类消费者的不同要求。消费者购买某种产品，除了要求该产品具备某些基本功能、提供某种核心利益外，还要考虑产品的品质、造型、款式、颜色以及品牌声誉等多种因素。产品的基本效用必须通过某些具体的形式才能得以实现。因此，企业进行产品设计时，应着眼于消费者所追求的核心利益，同时还要重视如何以独特的形式将这种利益呈现给消费者。

3. 期望产品

期望产品是指消费者购买产品时，期望得到的与产品密切相关的一整套属性和条件，如旅馆的客人期望得到清洁的床单、洗浴香波和浴巾的服务等。企业的营销人员应该了解作为期望产品的属性，以满足消费者的这种期望。期望产品往往能够为企业的产品带来特色。

4. 延伸产品

延伸产品也称附加产品，是指消费者购买形式产品和期望产品时，附带所获得的各种附加服务和利益的总和，主要包括运送、安装、调试、维修、产品保证、零配件供应、技术人员与操作人员的培训等，它能给消费者带来更多的利益和更大的满足。美国学者西奥多·莱维特曾经指出："未来竞争的关键不在于企业能生产什么产品，而在于其产品提供的附加价值：包装、服务、广告、用户咨询、消费信贷、及时交货、仓储以及人们以价值来衡量的一切东西。"能够正确发展延伸产品的公司，必将在竞争中赢得主动。

5. 潜在产品

潜在产品指现有产品包括所有附加产品在内的，可能发展成为未来最终产品的潜在状态的产品。潜在产品包含产品可能的演变和前景，是吸引顾客购买非必需品、非渴求品的最重要的因素。比如人们购买保险产品，在购买时并未得到即刻实现的利益，而是得到一种承诺，即未来可以实现的理赔收益。

产品五个层次所包含的内容如图 8－2 所示。

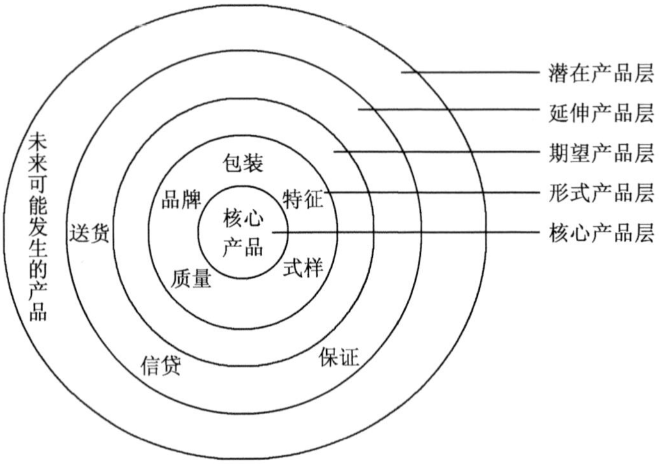


**图 8－2　整体产品概念的五个层次**

产品整体概念的提出，是对营销理论的发展，对企业的营销活动也有多方面的指导作用。首先，产品整体观念体现了市场营销的观念。产品整体概念以消费者所追求的核心利益为核心，以消费者的各种需要为方向，指导着整个市场营销活动；其次，整体产品概念为企业开发适合消费者需要的有形与无形产品、挖掘新的市场机会提供了新的思路，给企业产品开发设计提供了新的方向，为企业的产品差异化提供了新的线索；最后，产品整体概念能够把握产品的所有特征，拓展新产品领域。

## 二、产品组合策略

现代企业为了更好地满足目标市场的需要，扩大销售，分散风险，增加利润，往往生产和经营多种产品。如美国通用电气公司经营的产品多达 25 万种。当然，企业的产品也并不是经营得越多越好。因此，企业如何根据市场需要和自身能力，决定生产经营哪些产品，并明确各产品之间的配合关系，对企业的兴衰有着重要的影响。因此，企业需要对其产品组合进行研究和选择。

### (一)产品组合及其相关概念

1. 产品组合

产品组合是指企业提供给市场的全部产品线和产品项目的组合或搭配,即企业的业务经营范围,又称产品结构。

2. 产品线

产品线是指一组密切相关的产品,又称产品系列或产品品类。所谓密切相关,是指这些产品或者能够满足同种需求;或者必须配套使用,销售给同类顾客;或者经由相同的渠道销售;或者在同一价格范围内出售。例如,某电器集团公司生产的产品系列有电视机、电冰箱、收录机、洗衣机,那么该公司就有四条产品线。

3. 产品项目

产品项目是指在同一产品线或产品系列下不同型号、规格、款式、质地、颜色或品牌的产品。例如,百货公司经营金银首饰、化妆品、服装鞋帽、家用电器、食品、文教用品等,其中各大类就是产品线,每一大类里包括的具体品牌、品种为产品项目。

### (二)产品组合的宽度、长度、深度与关联性

1. 产品组合的宽度

产品组合的宽度,是指企业所拥有的产品线的数量,即一个企业有多少个产品大类。产品线越多,说明企业的产品组合就越宽;否则就越窄。

2. 产品组合的长度

产品组合的长度是指企业所有产品线中所包含的所有产品项目的总数。以产品项目总数除以产品线数目即得出产品线的平均长度。

3. 产品组合的深度

产品组合的深度是指每一条产品线中每一品牌所包含的具体的花色、品种、规格、款式的产品的数量。

4. 产品组合的相关性

产品组合的相关性,也称关联性,是指各条产品线之间在最终用途、生产条件、分销渠道以及其他方面相互关联的程度。其相关程度密切,说明企业的产品线之间具有一致性;反之,则缺乏一致性。例如,某家企业生产电冰箱与洗衣机,产品组合的相关性就较强,因为这些产品都是家用电器,最终使用、生产条件和分销渠道有密切联系。

产品组合的广度、深度与相关性在市场营销战略中具有重要意义。首先,拓展产品组合的广度,可以充分发挥企业特长,充分利用企业资源,开拓新市场,拓展服务面,分散投资风险,提高经济效益;其次,增加产品组合的深度,可使各产品线有更多的花色品种,适应不同顾客的需要,扩大总销售量;最后,增加产品组合的相关性,可以充分发挥企业现有的生产、技术、分销渠道和其他方面的能力,提高企业的竞争力,增强市场地位,提高经营的安全性。

## 营销小链接

P&G公司的产品组合

产品组合的宽度:5条产品线。

产品组合的长度：总长度为25个品种，平均每条产品线上有5个品种。

产品组合的深度：佳洁士品牌有3个规格，每个规格有2种口味，则佳洁士品牌的深度是6，如表8—1所示。

**表8—1　　宝洁公司的产品组合**

| 产品组合的宽度 | | | | | |
|---|---|---|---|---|---|
| 产品线的长度 | 清洁剂 | 牙膏 | 条状肥皂 | 纸尿布 | 纸巾 |
| | 象牙雪1930 | 格利1952 | 象牙1879 | 帮宝适1961 | 娟人1928 |
| | 德来夫特 | 佳洁士 | 柯克斯1885 | 露肤1976 | 粉扑1960 |
| | 汰渍1946 | | 洗污1893 | | 旗帜1982 |
| | 快乐1950 | | 佳美1926 | | 绝顶 |
| | 奥克雪多 | | 香味 | | |
| | 德希1954 | | 保洁净1963 | | |
| | 波尔德1965 | | 海岸1974 | | |
| | 圭尼1966 | | 玉兰油1993 | | |
| | 伊拉1972 | | | | |

### (三)产品组合的优化和调整

企业在调整和优化产品组合时，依据不同的情况，可选择如下战略：

1. 扩大产品组合

当企业预测现有产品线的销售额和盈利率在未来有可能下降时，就必须考虑在现有产品组合中增加新的产品线，或加强其中有发展潜力的产品线。根据产品组合的四种尺度，企业可以采取以下四种方法拓展业务。

(1) 加大产品组合的宽度，在原产品组合中增加产品线，扩展企业的经营领域，实行多元化经营，分散企业投资风险。

(2) 增加产品组合的长度，使产品线丰满充裕，成为更全面的产品线公司。

(3) 加强产品组合的深度，在原有产品线上增加新的产品项目，占领同类产品的更多细分市场，满足更广泛的市场需求，增强行业竞争力。

(4)加强产品组合的一致性，使企业在某特定市场领域内加强竞争和赢得良好的声誉。产品组合决策就是企业根据市场需求、竞争形势和企业自身能力，对产品组合的宽度、长度、深度和相关性方面做出的决策。

2. 缩减产品组合

缩减产品组合是指降低产品组合的广度或深度，剔除那些不获利或获利能力小的产品线或产品项目，集中力量生产经营一个系列的产品或少数产品项目，提高专业化水平，力争从生产经营较少的产品中获得较多的利润。当市场繁荣时，较长、较宽的产品组合会为企业带来较多的盈利机会；但当市场不景气或原料、能源供应紧张时，缩减产品组合反而能使总利润上升。

缩减产品组合策略可采用以下几种方式：

(1)保持原有产品的广度和深度，增加产品产量，降低成本，改革营销方式，加强促销工作。

（2）缩减产品系列，即根据市场的变化，集中发挥企业的优势，减少生产经营的产品类别，只生产经营某一个或少数几个产品的系列。

（3）减少产品项目，即减少产品系列内不同品种、规格、款式、花色产品的生产和经营，淘汰薄利产品，尽量生产销路看好、利润较高的产品。

3. 产品线延伸

产品线延伸是指全部或部分地改变公司原有产品的市场定位。具体有向下延伸、向上延伸和双向延伸三种。

（1）向下延伸。即在高档产品线上增加低档产品项目。利用高档名牌产品声誉，吸引购买力较低的顾客购买此生产线的低廉产品。主要原因是：①公司在高档产品市场受到攻击，于是决定以低档产品进行反击；②高档市场发展缓慢，影响公司效益；③公司采取通过高档树立质量形象，然后再向下扩展的策略；④低档产品为市场空缺，公司如不占领，就会被竞争对手乘虚而入，形成对公司的侧击。向下延伸经常会遇到竞争对手的反击和来自经销商的阻力。但如果该市场机会被竞争对手占有，则对公司是非常不利的。日本汽车公司今天之所以能同美国抗衡，就在于美国汽车公司当初放弃小型汽车市场而给了日本汽车公司一个机会。但实行这种策略也会给企业带来一定的风险，如果处理不慎，很可能影响企业原有产品的市场形象及名牌产品的市场声誉。

（2）向上延伸。即在原有的产品线上增加高档产品项目。这种策略适用于：高档产品市场具有较大的成长潜力和较高的利润率；企业的技术、设备和营销能力已具备进入高档市场的条件；企业要重新进行产品线定位。

（3）双向延伸。即原定位于中档产品市场的企业在掌握了市场优势以后，决定向产品线的上下两个方向延伸：一方面增加高档产品；另一方面增加低档产品，扩大市场阵地。双向延伸是企业寻求市场领导地位的重要途径。但企业会受到来自各方面的挑战，对企业各方面的能力都是极大的考验。

**营销小链接**

双向延伸的成功案例：

丰田公司的产品延伸

丰田公司对其产品线也采取了双向延伸的策略。在其中档品牌“卡罗拉”的基础上，为高档市场增加了“佳美”，为低档市场增加了“小明星”。该公司还为豪华汽车市场推出了“雷克萨斯”，这样“雷克萨斯”的目标是吸引高层管理者；“佳美”的目标是吸引中层经理；“卡罗拉”的目标是吸引基层经理；而“小明星”的目标是手里钱不多的首次购买者。此种策略的主要风险是，有些买主认为在两种型号之间（如“佳美”和“雷克萨斯”之间）差别不大，因而会选择较低档的品种。但对于丰田公司来说，顾客选择了低档品种总比转向竞争者好。另外，为了减少与丰田的联系，降低自相残杀的风险，“雷克萨斯”并没有在丰田的名下推出，它也有与其他型号不同的分销方式。

4. 产品线现代化

在某些情况下，虽然产品组合的宽度、长度都很恰当，但产品线的生产形式却可能已经过时，这就必须对产品线实施现代化改造。例如，某企业的生产主要还停留在20世纪六七十年代的水平上，技术性能及操作方式都较落后，这必然使产品缺乏竞争力。如果企业决定对现有产品线进行改造，产品线现代化战略首先面临这样的问题：是逐步实现技术改造，还是以最快的速度用全新设备更换原有的产品线？逐步现代化可以节省资金耗费，但缺点是竞争者很快就会察觉，并有充足的时间重新设计它们的产品线；而快速现代化战略虽然在短时期内耗费资金较多，却可以出其不意，击败竞争对手。

# 第二节　产品生命周期及其营销策略

产品从投放市场到退出市场，同其他事物一样，有出生、成长、成熟到衰亡的过程，市场营销学将产品在市场上的这一过程用产品生命周期加以描述。产品生命周期是指产品从准备进入市场开始到被淘汰退出市场为止的全部运动过程，是由需求生命周期与技术生命周期所决定。因此，不同产品有着完全不同的生命周期。一个产品的销售历史就像人的生命周期一样，要经历出生、成长、成熟、老化、死亡等阶段，具体可以分为导入期、成长期、成熟期、衰退期四个阶段。

产品（市场）生命周期和产品的使用寿命是两个完全不同的概念。前者是指产品的经济寿命，即产品在市场上销售的时间，它以产品在市场上的销售额和企业利润额的变化为依据进行分析判断，反映产品的销售情况和获利能力随时间的演变规律。而后者是指产品的自然寿命，即产品物质形态的变化、产品实体的消耗磨损。有的产品使用寿命很短，但生命周期很长，如肥皂、爆竹等；而有的产品生命周期很短，但使用寿命很长，如时尚服装、呼啦圈等。

## 一、产品生命周期各阶段及其特点

由于受市场因素的影响，产品在其生命周期内的销售额和利润额并非均匀地变化，不同时期或阶段，产品有着不同的销售额和利润，从这个角度讲，产品的生命周期可以以销售额和利润额的变化来衡量。按照销售额的变化来衡量，典型的产品生命周期包括导入期、成长期、成熟期和衰退期四个阶段，如图 8－3 所示。

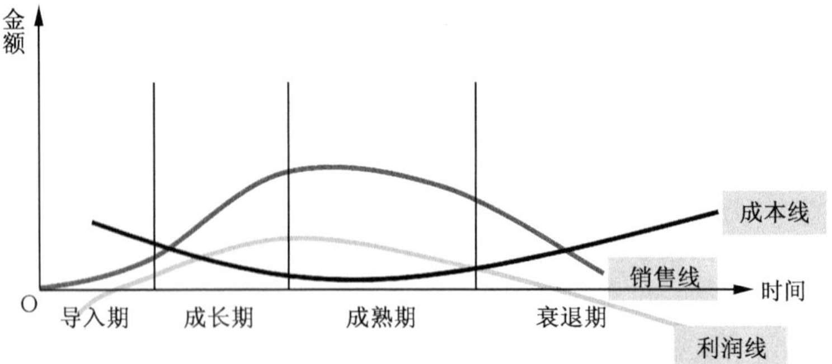


**图 8－3　产品生命周期曲线**

典型的产品生命周期的四个阶段分别体现出不同的特点：

### （一）导入期

导入期是指新产品刚刚投入市场的最初销售阶段。其主要特点是：顾客对产品还不了解，只有少数追求新奇的顾客可能购买，销售量很低。为了扩展销路，需要大量的促销费用对产品进行宣传。此时只有少数企业生产该产品，还要根据用户使用意见不断完善产品设计。生产工艺尚不完善，工人劳动熟练程度低，废品率高，因而成本高。所以，此阶段销售额和利润都很少，甚至可能亏损。

**（二）成长期**

产品销售量迅速增长。这是因为顾客对产品已经熟悉，大量的新顾客已经购买，市场逐步扩大。产品设计已经基本定型，生产工艺已基本确定，工装设备已经齐备，具备大批量生产的条件。因此，产品成本大幅度下降，随着销售额的增加，利润也迅速增长。其他企业见有利可图，纷纷生产同类产品，竞争开始加剧。

**（三）成熟期**

产品进入成熟期，销售额已趋于稳定或稍有增长，此时市场已接近饱和，新的需求不多，市场竞争逐渐加剧。此时产品完全定型，生产技术已完全成熟，产品生产批量大，成本进一步降低，总利润水平达到峰值。但到后期，由于产品售价降低、促销费用增加，企业利润开始下降。

**（四）衰退期**

产品的销售量和利润都迅速下降，产品在技术上、经济上趋于老化，降价已成为竞争的主要手段，因此企业竭力要求职工努力降低生产成本。在该阶段，市场上已经有同类产品来代替老产品，老产品逐渐无人问津，最后退出市场，结束其生命周期。

## 二、产品生命周期的其他形态

典型的产品生命周期是一种理论抽象、一种理想状况。在现实经济生活中，并不是所有产品的生命历程完全符合这种理论形态。本书将这种产品的生命周期称为非典型的产品生命周期，它主要有以下几种形态：

1. 再循环型生命周期

再循环型生命周期，又称“风格型”曲线，是指产品达到成熟期后，并未顺次进入衰退期，而是又进入第二个成长期，如图 8－4 所示。这种再循环生命周期形态往往是厂商成功地进行了产品的多功能开发或投入更多促销费用的结果。

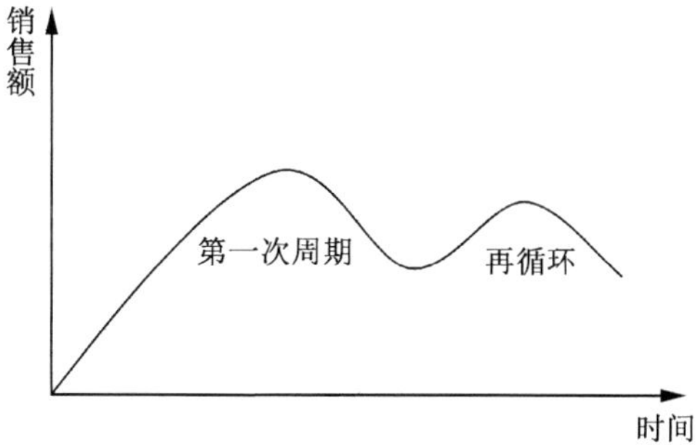


**图 8－4　再循环型生命周期**

2. 多循环型生命周期

多循环型生命周期，又称“扇贝形”曲线，或波浪形循环形态，是指产品在市场上的销售量由一个高峰达到另一个高峰，不断向上攀升，其生命周期持续向前，如图 8－5 所示。这种生命周期形态的产品往往是发现了产品的新特征、用途或用户。例如，纸的销售就具有这种扇贝形特征。随着人们要求的多样化和科学技术的发展，纸的用途越来越广泛，更多地用于日常生活中，相继有了纸杯、纸桌布、纸鞋垫、纸服装等。

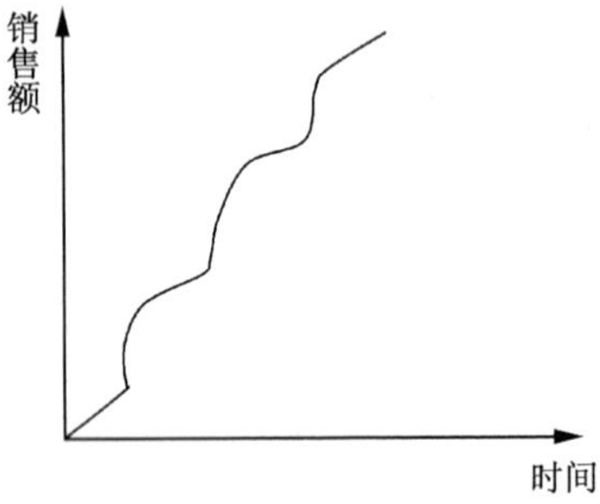

图 8－5　多循环型生命周期

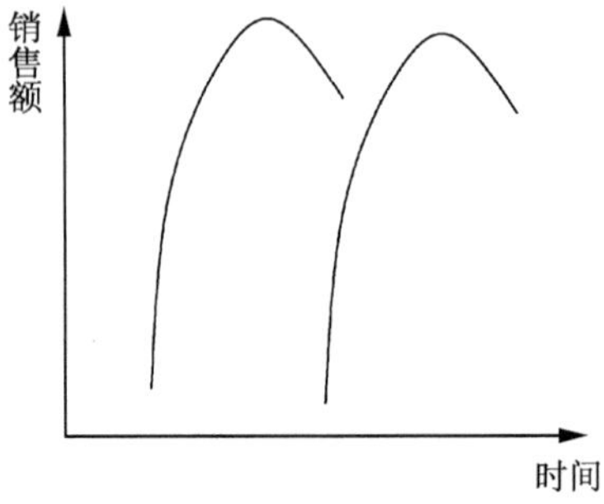

图 8－6　非连续循环型生命周期

3. 非连续循环型生命周期

非连续循环型生命周期是产品在一段时间内迅速占领市场，又很快退出市场，过一段时间后又开始新的循环，如图 8－6 所示。如大多数时髦商品的生命周期属于非连续循环型生命周期。

## 三、产品生命周期各阶段的营销策略

### （一）导入期市场营销策略

在产品推向市场时，企业必须根据市场条件，掌握好每个营销变数的实施力度，较高的产品质量和合适的分销渠道是其顺利进入市场的基础。如果只考虑价格和促销这两个变数，在投入期可供企业选择的策略有以下几种，如图 8－7 所示。

| | | 促销费用 | |
|---|---|---|---|
| | | 高 | 低 |
| 价格 | 高 | 快速掠取策略 | 缓慢掠取策略 |
| | 低 | 快速渗透策略 | 缓慢渗透策略 |

图 8－7　导入期可选择的市场营销策略

1. 快速掠取策略

即以高价和高促销费推出新产品。高价是为了尽可能在销售中获得高额利润。高促销费的目的是使市场上的顾客相信即使以高价购买该产品也并非得不偿失。高促销费可以加速产品渗透市场。如符合以下条件，这种策略就会奏效：潜在市场上的大部分人还不知道该产品；

了解该产品的人急欲购买并能照价付款;企业面临着潜在竞争,期望通过该策略促使顾客对该品牌产生偏好。

2. 缓慢掠取策略

即以高价和低促销费将新产品推入市场。高价销售的目的是要在销售中尽可能多地获取利润;低促销费则可减少营销费用。采用此种策略可以从市场上获取大量利润。如符合下列条件,此种策略是合适的:市场规模有限;市场上大部分人了解这种产品;顾客愿意出高价;没有激烈的潜在竞争。

3. 快速渗透策略

即用低价和高促销费推出新产品。这种策略可以最快速度渗透市场,并达到最大市场占有率。如符合下列条件,就可使用这种策略:市场规模大;市场上的顾客不了解该产品;大部分顾客对价格敏感;存在着强大的潜在竞争力量;随着生产规模的扩大和生产经验的积累,企业的单位生产成本下降。

4. 缓慢渗透策略

即以低价和低促销费推出新产品。低价会刺激市场尽快接受该产品;企业保持低水平的促销费用是为了实现更多利润。企业认为市场需求的价格弹性很大,而促销的价格弹性很小。在下列情况下,可采用这种策略:市场庞大;市场上的顾客非常了解该产品;顾客对价格敏感;存在着潜在竞争对手。

在以上四种策略中,公司不可轻率做出选择,尤其是市场开拓者,切不可因选择"赚大钱"的策略而牺牲长远利益。市场开拓者的目标是保持市场领导地位。市场开拓者还必须通过有效的策略进入那些具有利润潜量的市场,这对其整体发展极有意义。

### (二)成长期市场营销策略

在成长期,企业的主要营销目标是进一步扩大市场,提高市场占有率,以实现市场占有率的最大化。可采用的策略有以下几种:

(1) 进一步提高产品质量,增加花色、品种、式样、规格,并改进产品包装。

(2) 广告促销从介绍产品、提高知名度转为突出产品特色,建立良好形象,力创名牌,建立顾客对产品的偏好,提高忠诚度等。

(3) 开辟新的分销渠道,扩大商业网点,进一步向市场渗透,拓展市场空间。

(4) 在大量生产的基础上,适时、适度降价或采用其他有效的定价策略,以吸引更多的购买者。

### (三)成熟期市场营销策略

成熟期的主要策略有以下几种:

1. 改进市场

从广度和深度上拓展市场,争取新顾客,并刺激老顾客增加购买,以增加现有产品的使用频率和消费数量。例如,强生公司将婴儿爽身粉、婴儿润肤露等婴儿护肤用品扩展到母亲市场,成功地做大了市场"蛋糕"。

2. 改进产品

进一步提高产品质量,进行产品多功能开发,创造新的产品特色,扩大产品的多功能性、安全性和便利性,增加产品的使用价值。

3. 改进市场营销组合

改进市场营销组合是提高销售额的重要途径。其主要策略有以下几种：

(1)价格。通过降价优惠或提价显示质量提高来提高销售额。

(2)分销。通过提高现有渠道的分销能力和开拓新的分销渠道来提高销售额。

(3)广告。通过增加广告开支或重新设计广告策略，提高广告效果，刺激销售。

(4)促销。增加新的销售促进措施，提高销售额。

(5)人员推销。通过加大人员推销力量、提高推销人员素质、重新设计推销人员布局分工以及改善对推销人员的奖励办法来提高销售额。

(6)服务。通过增加服务项目和提高服务质量来促进销售。

#### (四)衰退期市场营销策略

产品老化造成市场疲软、销售困难，但由于会有很多企业退出该市场，留下来的企业就有利可图。所以，对待进入衰退期的产品，淘汰并非唯一策略。衰退期的主要策略有以下几种：

(1) 淘汰策略。即企业停止生产衰退期产品，上马新产品或转产其他产品。

(2) 集中策略。即把资源集中使用在最有利的细分市场、最有效的销售渠道和最易销售的品种、款式上。简言之，缩短战线，以最有利的市场赢取尽可能多的利润。

(3) 持续营销策略。即企业继续生产衰退期产品，利用其他竞争者退出市场的机会，通过提高服务质量、降低价格等方法来维持销售。

(4) 收割策略。即企业尽量减少各方面如厂房设备、维修服务、研制开发和广告、销售队伍建设等方面的投入，同时继续维持产品销售。只要短期内销售量不出现急剧减少，企业就可以从该产品上获得更多的收益，增加现金流量。该策略会使产品的竞争力逐渐削弱而最终失去存在的价值。其适用条件是，衰退期的产品在短期内销售量下降速度比较缓慢，然而从长期来看最终必须放弃。

## 第三节　新产品开发策略

科学技术水平的迅速发展、消费需求变化速度的加快、更加激烈的市场竞争，使得产品生命周期不断缩短。对企业来说，当产品进入衰退期后，采取适当的措施，进行新产品开发，以替代不再具有生命力的产品是最基本的反应。因此，开发新产品对企业而言，是应对各种挑战与变局、维护企业生存与实现可持续发展的重要保证，是企业市场营销战略的重要组成部分。

### 一、新产品的概念及分类

#### (一)新产品的概念

从市场营销角度来说，产品通过更新和变革有了新的结构、新的功能、新的品种或增加了新的服务，从而给消费者带来了新的利益，与原有产品产生了差异，即可视为新产品。

#### (二)新产品的分类

新产品包括以下四类产品：

1. 全新产品

全新产品指应用新技术、新原理、新工艺、新结构、新材料研制而成的前所未有的产品，是企业率先发明创造出来的。在这种新产品问世之前，市场上没有相同或类似的产品，如首次推出的汽车、照相机、计算机等。

2. 换代产品

即指在原有产品的基础上，部分采用新技术、新材料、新结构制成，在性能上有显著提高的产品。如从半自动单缸洗衣机发展到半自动双缸洗衣机再到全自动洗衣机。开发换代新产品相对容易，并且不需要花费巨额资金，企业风险不大。

3. 改进产品

即指采用各种改进技术，对原有产品的品质、特点、花色、式样及包装等做一定改变与更新的产品。(1)原有产品用途不变，通过采用新设计、新材料来改变其品质；或通过采用新式样、新包装、新品牌来改变其外观。(2)在原有产品所具有的功能用途的基础上，把原有产品与其他产品或原材料加以组合，使其增加新功能；或通过采用新设计、新结构、新零件，使其增加新用途。(3)在原有单一种类产品的基础上，研制设计出多种品种、多种型号、多种规格、多种款式的产品，加深产品线的深度，使其适应不同消费者的不同需求。企业根据市场的变化和产品的不同生命周期阶段不断推出各种不同的改进产品，是增强产品竞争能力、延长产品生命周期、减少研制风险、提高经济效益的好办法。

4. 仿制产品

即指企业模仿市场上已有的产品而自己首次生产，又称为企业新产品。仿制产品可以有效利用其他企业的成功经验和技术，风险较小。

## 二、新产品开发程序

开发新产品对企业满足消费者需求、赢得市场竞争并不断发展壮大至关重要。同时，新产品开发又是一项艰巨复杂、风险大、成功率较低的工作。为了提高新产品开发的成功率，为企业创造较大的经济利益，企业开发新产品必须遵循科学的程序来严格执行和管理。

新产品的开发过程是指从萌生想法、评价发展到最终产品的过程。一般而言，新产品的开发程序包括八个主要步骤，其过程如图 8—8 所示。

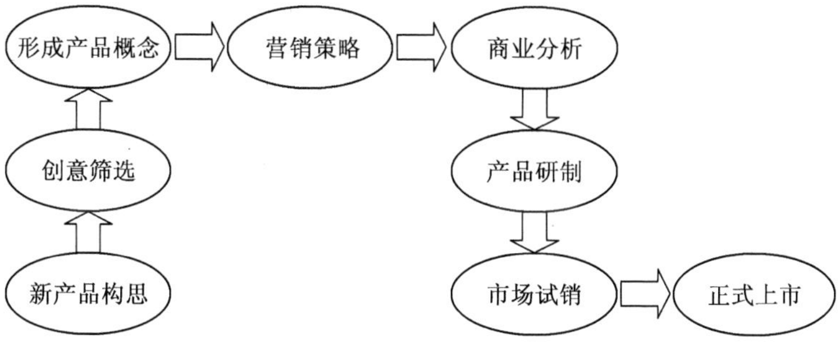


**图 8—8　新产品开发的主要步骤**

1. 新产品构思

新产品构思是指为满足一种新需求而提出的富有新意、创造性的设想。一个成功的新产品，首先来自一个既有创见又符合市场需求的构思。新产品的构思越多，从中挑选出最合适、最有发展希望的构思的可能性也就越大。

新产品构思的来源很多，主要来源于消费者和用户、经销商、科研机构和高等院校、企业员工、竞争对手等。由于构思来自许多渠道，各种构思受到认真关注的机会就取决于企业中对新产品开发负有责任的机构。为此，企业的营销人员必须积极、有序地寻找、搜集并接纳各种新产品构思。寻找和搜集构思的主要方法有以下几种：

（1）产品属性列举法。即将现有产品的属性一一列出，通过寻求改良某种属性以达到改良该产品的目的，在此基础上形成新的产品构思或创意。

（2）强行关系法。即列出若干不同的产品，然后把某一产品与另一产品或几种产品强行结合起来，产生一种新的构思。

（3）调查法。即向消费者调查使用某种产品时出现的问题或值得改进的地方，然后整理意见，转化为新的产品构思。

（4）头脑风暴法。即选择专长各异的人员进行座谈，集思广益，以发现新的产品创意，产生新的产品构思。

2. 创意筛选

筛选是指对所有构思方案"去粗取精"的过程。对广泛搜集到的各种新产品构思，企业要根据自身的资源条件和发展目标进行筛选，摒弃那些可行性小或获利较少的构思，使企业的有限资金能集中于少数成功机会较大的构思。筛选构思时一般要考虑两个因素：一是该构思是否与企业的战略目标相适应，具体表现在利润目标、销售目标、销售增长目标、形象目标等几个方面；二是企业有无足够的能力开发这种构思，这些能力表现为资金能力、技术能力、人力资源、销售能力等。

3. 形成产品概念

经过筛选后保留下来的产品构思必须发展成产品概念。产品概念是指已经成型的产品构思，即用文字、图像、模型等给予清晰阐述，使之在消费者心目中形成一种潜在的产品形象。

企业在确定最佳产品概念、进行产品和品牌的市场定位后，就应当对产品概念进行试验。所谓产品概念试验，就是用文字、图形描述或者用实物将产品概念展示于目标顾客面前，观察他们的反应。通过产品概念的测试，企业可以更好地选择和完善产品概念。

4. 营销策略

对经过测试后确认的产品概念，紧接着就要为该产品拟订营销策略。营销策略应包括三个部分：

（1）说明目标市场的规模、结构、行为、新产品的市场定位、近期的销售量和销售额、市场占有率、利润率等；

（2）略述新产品的计划价格、分销渠道、促销方式和营销预算；

（3）阐述新产品的远景发展情况并提出设想，如长期销售额和利润目标、产品生命周期各阶段的营销组合策略等。

5. 商业分析

商业分析是对新产品概念进行经济效益分析，即对新产品的销售情况、成本和利润做出进一步的评估，判断其是否符合企业的目标，以此决定是否进入新产品的正式开发阶段。商业分析包括预测销售额和推算成本与利润两个步骤。

对新产品销售额的预测可参照市场上同类产品的销售发展历史，并考虑各种竞争因素、市场规模、市场潜量，分析新产品的市场地位、市场占有率，以此推测新产品可能获得的销售额。此外，还应考虑产品的再购率，即新产品是指一定时期内顾客购买一次的耐用品，还是指购买频率不高的产品，或是指购买频率很高的产品。不同的购买频率，会使产品销售量在时间上有所区别。

预测产品一定时期内的销售量以后，就可预算该时期的产品成本和利润收益。产品成本主要包括新产品研制开发费用、市场调研费用、生产费用、销售推广费用等。根据已预测出的销售额和费用额，就可以推算出企业的利润收益以及投资回报率等。

6. 产品研制

顺利通过商业分析的产品概念可以进入产品研制阶段。这一阶段是将用文字、图形或模型等描述的产品概念，转化为实体形态的产品模型或样品。大量的投资资金在这一阶段被花掉，所要解决的问题是，产品概念能否转化为技术上和商业上可行的产品。如果不能，该过程除了提供一些有用的信息之外，至此所累积耗费的投资全部付诸东流。

在样品制造出来以后，还必须进行严格的功能测试和消费者测试。功能测试在实验室或现场进行，主要检查产品是否符合有关安全和技术要求，是否符合国家、行业或企业标准，工艺流程是否合理先进，零部件或成品的质量是否可靠。消费者测试是把一些样品交给消费者试用，以征求他们对新产品的意见。

7. 市场试销

经过测试合格的样品即为正式的新产品，在大批量投放市场之前，还要选择具有代表性的小规模市场进行试销。新产品试销既能帮助企业了解市场的情况，又能检测产品包装、价格、数量、广告的效果，还能发现产品性能的不足之处，为产品正式投入市场打好基础，为企业是否大批量生产该产品提供决策依据。

新产品市场试销的主要决策涉及：

(1)试销地点。应具有企业目标市场的基本特征，地区范围不宜过大。

(2)试销时间。时间长短要综合考虑产品特征、平均重复购买率、竞争者状况和试销费用等因素。重复购买率高的新产品，试销时间应长一些，至少应经历 1～2 个购买周期，因为只有重复购买才能说明消费者喜欢新产品。

(3)试销应取得的资料。在试销过程中，企业要注意收集新产品的试用率、重复购买率，以及销售趋势，购买者是谁，消费者对产品质量、品牌、包装的意见等。

(4)试销所需要的费用开支。

(5)试销的营销策略以及试销成功后应进一步采取的战略行动。

市场试销需要耗费较多的投资，特别是试销时间如果太长，还容易让竞争对手抢占先机。并非所有的新产品都需要试销，当产品的成本很低、新产品由比较简单的产品线扩展而来或是模仿竞争者的产品而生产时，企业可以不进行或只进行少量的试销就批量上市。

8. 正式上市

新产品试销成功后，就可以正式批量生产，全面推向市场。这时企业面临着最大的投资决策：首先，公司需要建立或租赁全面投产所需的设备，其中生产规模将是最关键的。为了安全起见，许多企业把生产能力保持在所预测的销售额以内。其次，企业需要投入大量的营销成本，许多新产品在上市初期往往需要很高的广告和促销预算支持。

在产品正式上市阶段，企业需要作出如下四个方面的决策：

(1)正确选择投放时机。一般地，全新型新产品进入市场的时间要早，动作要快；换代型新产品应选择在老产品的成熟期早期或中期进入市场；改进型新产品或系列新产品应选择在基础产品成熟期进入市场；仿制新产品则应选择在竞争产品的成长期进入市场。

(2)正确选择投放地区。新产品不一定立即向全国市场投放，可以先集中在某一地区市场开展公关宣传和广告促销活动，以打开销路；拥有一定市场份额后，再逐渐向其他地区拓展。通常，小企业会选择一个有吸引力的城市快速进入，而大企业往往把产品引入某一地区，然后向其他地区扩展。一些有信心、有资本实力和有能力的大企业则会在全国市场范围内同时推出其新产品。像宝洁公司这样的超级公司，可以在1年内把新产品从美国推向全球市场。

(3)正确选择目标市场。目标市场的选择以试销或产品的研发所搜集的资料为依据。最理想的目标市场应是最有潜力的消费者群体，它一般具备如下特征：最早采用该新产品的带头购买者；大量购买该新产品的顾客；其购买行为具有一定的传播影响力的消费者；等等。

(4)制定有效的营销组合策略。新产品批量上市时，还要正确制定消费者愿意接受的价格，选择合适的分销渠道，实施多种多样、行之有效、富有创意的促销措施，以使新产品在市场上迅速提高知名度和美誉度，扩大销路。

# 第四节　品牌与包装策略

## 一、品牌相关概念

### (一)品牌的概念

品牌是指用于识别某个销售者或某群销售者的产品或服务，并使之与竞争对手的产品或服务区别开来的商业名称及其标志，通常由产品(或服务)的文字、标记、符号、图案和颜色等要素或这些要素的组合构成，其目的是把不同竞争者生产的同种产品区别开来。

品牌俗称牌子、厂牌、牌号或货牌，它包括品牌名称、品牌标志和商标。

### (二)品牌相关概念

1. 品牌名称

品牌名称是指品牌中能用语言称呼的部分。例如“可口可乐”“海尔”都属于可以用语言称呼的品牌名称。

2. 品牌标志

品牌标志是指品牌中能被识别，但不能用语言直接称呼的部分。它包括专门设计的符号、图案、色彩或字体。例如“奔驰”“奥迪”的标牌以及鳄鱼T恤衫的小鳄鱼图案等，都是品牌标志。

3. 商标

商标是指按法定程序向商标注册机构提出申请，经商标注册机构审查，予以核准，并授予商标专用权的品牌或品牌中的一部分。商标受法律保护，任何人未经商标注册人许可不得仿效或使用该商标。

### (三)品牌与商标的区别

商标与品牌既有密切联系,又有所区别。严格地说,商标是一个法律名词,而品牌是一种商业称谓。品牌的全部或其中某一部分经注册成为商标,这一品牌便具有法律效力。一般而言,品牌与商标是总体与部分的关系,所有商标都是品牌,但品牌不一定是商标,二者紧密相连,而且基本作用相同。

## 二、品牌的内涵与作用

### (一)品牌的内涵

品牌的基本作用是辨认、识别,它因此而承载了多重含义,这些含义包括:

1. 属性

属性是指品牌所能够带来的、符合消费者需要的产品特征。例如,“奔驰”这一品牌意味着马力强劲、安全性好、做工精湛、昂贵、转卖价值高。

2. 利益

消费者购买某一品牌产品,购买的并不是该品牌所提供的属性,而是该产品属性所能转化而来的功能或利益。如奔驰轿车,其做工精湛的属性可转化为功能性利益:一旦出事情,我很安全。其昂贵的属性可转化为情感性利益:这辆奔驰车让我感到自己很重要并受人尊重。

3. 价值

品牌提供的价值包括营销价值和顾客价值。如“奔驰”车代表高绩效、安全、声望等,有些消费者对这些价值是很感兴趣的。

4. 文化

品牌中所蕴含的文化是使品牌得到市场高度认可的深层次原因。市场对品牌的偏好反映的恰恰是消费者对品牌中所蕴含的文化的认同。每个品牌都会从产品中提炼自己的文化,如奔驰汽车代表着德国的高度组织、高效率和高质量的文化。

5. 个性

品牌还代表了一定的个性。如果品牌是一个人、动物或物体,那么不同的品牌会使人们产生不同的品牌个性联想。New Balance 运动品牌迎合了消费者自由、随性的个性,而奔驰车则追求的是“雍容华贵、沉稳”的个性。

6. 用户

品牌还暗示了购买或使用该产品的消费者类型。这类消费者也代表一定的年龄、文化、个性,这对于企业细分市场、进行市场定位有很大帮助。如在一般人的想象中,开奔驰车的人应该是一位中年的高级经理,而不是一位二十几岁的秘书。

**营销小链接**

名车品牌大观

宝马(BMW)

中间的蓝白相间图案,代表蓝天、白云和旋转不停的螺旋桨,喻示宝马公司渊源悠久的历史,象征公司一贯宗旨和目标:在广阔的时空中,以先进的精湛技术、最新的观念,满足顾客的最大愿望。

保时捷(PORSCHE)

采用斯图加特市的盾形市徽。商标中间是一匹骏马，代表斯图加特市盛产的一种名贵种马；左上方和右下方是鹿角的图案，表示斯图加特曾是狩猎的好地方；右上方和左下方的黄色条纹，代表成熟了的麦子，喻示五谷丰登，黑色代表肥沃的土地，红色象征人们的智慧和对大自然的热爱。

大众(VW)

大众汽车公司是德国最大也是最年轻的汽车公司，总部在沃尔斯堡。德文 Volkswagen，意为大众使用的汽车，标志中的 VW 为名称中单词首字母。标志像是由三个用中指和食指作出的"V"组成，表示大众公司及其产品必胜、必胜、必胜。

沃尔沃(VOLVO)

沃尔沃又被称为富豪，于 1924 年创建。拉丁语"VOLVO"是"滚动向前"的意思，喻示着汽车车轮滚滚向前、公司兴旺发达和前途无限。

别克(BUICK)

别克的商标图案是三把刀，它的排列给人们一种起点高并不断攀登的感觉，象征着一种积极进取、不断攀登的精神。

### (二)品牌的作用

1. 便于顾客识别、挑选和购买

作为产品标记的品牌，其主要目的就是便于辨认。可以吸引消费者注意，节省购物时间。另外，品牌显示产品的质量形象，对顾客购买是无声的建议。

2. 商标可以维护注册者的合法权益，保护厂商利益免受侵害

3. 可以吸引品牌忠诚者，稳定企业销售

企业通过卓有成效的营销努力可以创造一定数量的品牌忠诚者，从而增强产品竞争优势，并给企业带来长期利润。

4. 可以理顺买卖关系，便于企业广告宣传

品牌有助于买卖简单化，在众多产品中，企业只宣传自己的品牌就可以起到应有的效果。

5. 有助于树立企业及产品形象

在企业形象识别中，重要的方面是视觉识别。视觉识别要落在品牌上。产品形象就等于品牌形象，培养品牌形象就是维护产品形象。品牌策略是企业营销策略的重要方面，对企业取得营销成功大有帮助。

6. 有助于企业保持、提高产品质量和创新

品牌意识使企业十分关注产品质量，努力提高产品质量。商标的独家专用又大大增加了企业创新的积极性。

### (三)品牌设计的原则

品牌设计的题材极为广泛，诸如花鸟虫鱼、名胜古迹、天文地理等。品牌设计是艺术和技巧在企业营销活动中的体现。从市场营销角度来看，品牌设计包括以下原则：

1. 新奇独特

品牌是产品的标志，必须有显著特征。一个品牌代表着一个产品的特性、质量和企业的商

誉。品牌设计中无论是对文字、图案还是对色彩的运用，都要以独特的风格区别于其他企业的相似产品。独特性越强，品牌特征越显著。

2. 美观大方

品牌的造型要美观大方、构思新颖、特色鲜明，这样的品牌能给消费者以美的享受，对消费者产生强烈的艺术感染力。

3. 简洁明了

品牌设计要简明醒目，易懂易记，具有强烈的吸引力，使人见后能留下深刻的印象。

4. 展现风貌

品牌要能展现企业及产品的风貌，表达出企业或产品的特点。例如，康师傅方便面的品牌设计使消费者产生营养美味健康的认知，销售旺盛。

5. 遵循法律规定

品牌设计一定要遵循商标法的有关规定，不能使用商标法禁用的文字和标志。如有关国家的名称、国旗、军旗、国徽不允许用做商标；有关国际组织的旗帜、徽记、名称不允许用做商标等。

6. 适应风俗习惯

不同的消费者，由于文化、民族特点不同，具有不同的风俗习惯及信仰。在品牌设计中要充分权衡，全面考虑。

## 三、品牌策略

为了使品牌在市场营销中更好地发挥作用，就应采取适当的品牌策略。品牌策略是指企业依据自身状况和市场情况，最合理、有效地运用品牌商标的策略。有下列几种品牌策略可供选择，见图 8—9。

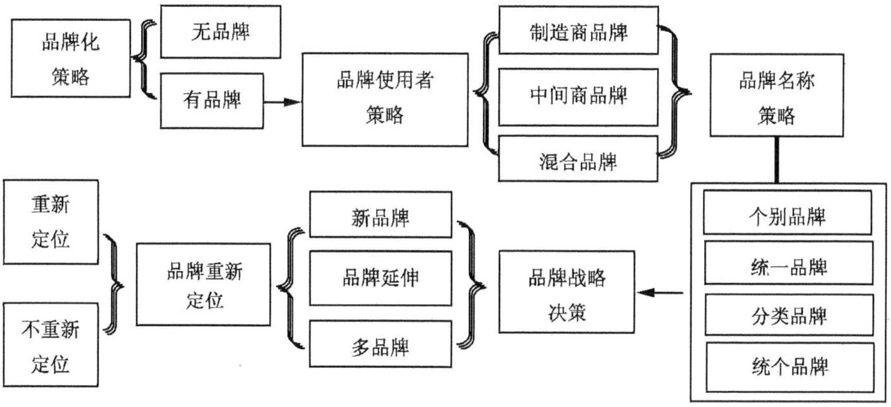


**图 8—9　品牌策略**

### (一)品牌化策略

品牌化策略是企业决定是否使用品牌的策略。使用品牌无疑对企业有许多好处，对大多数企业来说，为了发展产品的信誉，应使用品牌。从另一个角度看，使用品牌意味着企业要承担相应的责任，如要保持产品质量的稳定、要对品牌进行宣传、要履行法律规定的义务等。若企业无力承担这些责任，就可不使用品牌。例如，一些产品尚不定型的新创企业，结合自己的实际情况，有时并不一定要使用品牌。另外，有些以规格划分的匀质产品(如煤炭)，无一定技术标准而按消费者爱好选购的小商品，习惯上不认品牌而按实物、样品选购的产品(如布匹、玩具等)也不一定要使用品牌。

### (二)品牌使用者策略

企业一旦决定使用品牌，就要考虑使用谁的品牌，一般有三种选择：第一种是使用本企业的品牌(即制造商品牌)；第二种是使用中间商的品牌(即经销商品牌)；第三种是使用混合品牌，即一部分产品使用制造商品牌，另一部分产品使用经销商品牌。财力比较雄厚、生产技术和经营管理水平比较高的企业一般都力求使用自己的品牌。企业也可考虑使用他人已有一定市场信誉的品牌，其优点是：可以利用许可方品牌信誉，迅速打开市场；获得许可方技术和管理方面的援助；利用许可方销售渠道和维修服务网络；不承担或少承担产品广告宣传上的责任。使用他人品牌，也存在着一些风险和后顾之忧：企业丧失了对产品销售价格的控制；可能是丧失了创立自己品牌形象的机会。总之，企业应根据自身条件，综合考虑使用自己品牌和使用他人品牌两种情况下的利弊，反复权衡，再作决定。

### (三)品牌名称(数量)策略

品牌名称(数量)策略是企业决定使用多少个品牌的策略。决定使用本企业的品牌，还要对使用多少个品牌进行抉择。对于不同的产品线或同一产品线下的不同产品项目如何使用品牌有以下四种策略可供选择：

1. 个别品牌策略

个别品牌策略是企业对各种不同产品分别使用不同的品牌。例如，宝洁洗发水使用潘婷、飘柔、清扬、沙宣等品牌，就是采用的这种策略。这一策略的优点是：企业可以针对不同细分市场的需要，有针对性地开展营销活动；企业在生产优质、高档产品的同时，也可以生产低档产品而不受影响，为企业综合利用资源创造了条件；采用此策略的各品牌之间联系松散，不会因个别产品出现问题、声誉不佳而影响企业的其他产品。该策略的缺点在于：品牌较多，会影响广告效果，易被遗忘。这种策略需要较强的财力作后盾，因此一般适于实力雄厚的大企业采用。

2. 统一品牌策略

统一品牌策略又称家族品牌策略，即企业的所有产品组合都采用同一个品牌名称。例如，美国通用电气公司的产品都使用“GE”这个品牌。采用此策略的优点是：可减少品牌设计费，降低促销成本；同时，如果品牌声誉高，还有助于新产品的推出。其不足之处是：某一产品出问题，会影响整个品牌的形象，危及企业的信誉。

3. 分类品牌策略

分类品牌策略又称个别的统一品牌或系列品牌策略，是指在产品组合中对产品项目按一定的标准分类，各类别使用不同的品牌。比如美国大型零售商西尔斯公司，它的家电、妇女服饰、家居用品就分别使用了不同的品牌。

4. 统个品牌策略

统个品牌(企业名称加个别品牌)策略是企业生产经营的各种不同的产品分别使用不同的

品牌，且每个品牌之前都冠以企业的名称。例如，美国通用汽车公司（GM）生产的各种轿车，就有各自的个别品牌，像“凯迪拉克”“雪佛兰”等，但前面另加“GM”，以示是通用汽车公司的产品。这一策略，可以使新产品系列化，借助企业信誉扩大品牌影响。

5. 其他

另外，按照品牌的用途不同，可以分为生产资料品牌和生活资料品牌；按其构成元素不同，可以分为文字品牌、图形品牌、记号品牌、组合品牌、立体品牌；等等。

## 营销小链接

统一品牌与个别品牌并用的通用汽车公司

美国通用汽车公司生产不同档次、不同类型的多种汽车，所有产品都采用GM的总商标，而对各类产品又分别使用凯迪拉克、别克、切诺基、雪佛兰等不同品名。各个品名都代表一种具有某种特点的产品，如雪佛兰代表普及型的大众化轿车，凯迪拉克代表豪华型高级轿车等。

### （四）品牌战略决策

品牌战略决策是企业对使用新品牌、品牌延伸或使用多品牌、合作品牌等所做的决策。

1. 品牌延伸策略

品牌延伸策略是企业利用其成功品牌的声誉来推出改进产品或新产品。品牌延伸策略通常有两种做法：（1）纵向延伸。即企业首先推出某一品牌，成功后，又推出新的经过改进的该品牌产品，然后再推出更新的该品牌产品。例如，宝洁公司在中国市场，先推出飘柔洗发香波，然后又推出新一代飘柔洗发香波。（2）横向延伸。即企业将成功的品牌用于新开发的不同产品。例如巨人集团，以“巨人”品牌先后推出计算机软件、生物制品和药品等一系列产品。

品牌延伸可以大幅度降低广告宣传等促销费用，使新产品迅速、顺利地进入市场。这一策略如运用得当，有利于企业的发展壮大。然而，品牌延伸未必一定成功；另外，品牌延伸还可能淡化甚至损害原品牌的形象，使原品牌的独特性被逐步遗忘。所以，企业在品牌延伸决策上应审慎行事，要在调查研究的基础上，分析、评价品牌延伸的影响，在品牌延伸过程中，应采用各种措施尽可能地降低对原品牌的冲击。

2. 多品牌策略

多品牌策略是指企业对同一类产品使用两个或两个以上的品牌。多品牌策略虽然会使原有品牌的销售量减少，但几个品牌加起来的总销售量却可能比原来一个品牌时要多。例如，宝洁公司在中国市场的洗发香波就有三个品牌：海飞丝、飘柔、潘婷。每个品牌都有其鲜明的个性，都有自己的发展空间，如海飞丝的个性为去头屑，飘柔的个性是使头发光滑柔顺，而潘婷的个性在于对头发的营养保健，三个品牌在中国市场上的总市场占有率高达60%以上。

### （五）品牌重新定位策略

品牌重新定位策略是指由于某些市场情况发生变化，企业对产品品牌进行重新定位。企业在对品牌重新定位时应考虑两方面的因素：一是产品品牌从一个细分市场转移到另一个细分市场的费用，重新定位与原有定位的差距越远，重新定位的费用就越高；二是重新定位的品牌所获得的收益，收益多少取决于细分市场消费者的数量、平均购买率、竞争者的实力及数量等。企业应对品牌重新定位的各种方案进行分析，权衡利弊，从中选优。

## 四、包装策略

良好的包装是获得市场竞争力的有效手段。它不但保证了产品的使用价值，还促进了产品销售，增加了产品价值。著名的杜邦定律指出，大约63%的消费者是根据商品的包装和装潢作出购买决策的。正因为如此，现在的市场经济被称为眼球经济。由此可见，有商品“第一印象”之称的包装在市场实战中越来越发挥出不可忽视的作用。

### （一）包装的概念

包装是指对某一品牌产品设计并制作容器或包扎物的一系列活动。它有两层含义：一是指产品的容器和外部包扎，即包装器材；二是指采用不同形式的容器或物品对产品进行包装的操作过程，即包装方法。在实际工作中，两者往往难以分开，故统称为产品包装。

### （二）包装的种类

包装按其在流通过程中作用的不同，可分为运输包装和销售包装。运输包装又称外包装或大包装，是指为了适应储存、搬运过程的需要所进行的包装，主要有箱、袋、包、桶、坛、罐等包装方式。销售包装又称内包装或小包装，是指为了消费者携带、使用、美化和宣传产品的包装，这类包装不仅能保护产品，而且能更好地美化和宣传产品，吸引和方便消费者。

### （三）包装的作用

包装是产品的有机组成部分，是直接影响到产品质量和市场营销的重要因素，其对企业有着重要的作用。

1. 保护产品

保护产品是包装最原始和最基本的功能。在产品的流通和使用过程中，包装可以起到防止各种损坏的作用，如防止破损、散失、变质、挥发、污染、虫蛀、鼠咬等，以保证产品的清洁卫生和安全，保持产品的良好本色。

2. 便于储运

商品的包装要便于商品的储存、运输、装卸。如液体、气体、危险品，如果没有合适的包装，商品储运就无法进行。包装还要便于消费者对商品的携带。

3. 促进销售

包装可谓是商品“无声的推销员”。通过包装，可以介绍商品的特性和使用方法，便于消费者识别，能够起到指导消费的作用。通过美观大方、漂亮得体的包装，还可以极大地改善商品的外观形象，吸引消费者购买。世界上最大的化学公司——杜邦公司——的营销人员经过周密的市场调查，发明了著名的杜邦定律，即63%的消费者是根据商品的包装和装潢而进行购买决策的；到超级市场购物的家庭主妇，被精美包装和装潢所吸引，所购物品通常超过她们出门时打算购买数量的45%。由此可见，包装是商品的“脸面”和“衣着”，作为商品的“第一印象”进入消费者的视野，影响着消费者的购买决策。

4. 增加盈利

商品的包装是整体商品的一个重要组成部分。高档商品必须配以高档次的包装，精美的包装不仅能美化商品，还可以提高商品的身价。同时，由于包装降低了商品的损耗、提高了储存运输装卸的效率，从而增加了企业利润。如我国苏州的檀香扇在香港市场进行销售就是一例。此产品未包装之前，售价仅 65 港元，采用成本 5 元的锦盒包装后，售价提高到 165 港元，且销售量大增。我国许多传统的出口产品因包装问题给人以低档廉价的感觉，造成"一流产品、二流包装、三流促销、四流价格"的尴尬局面。

### （四）包装的设计原则

包装设计是一项技术性和艺术性很强的工作，总的原则是美观、实用、经济。企业在设计产品包装时，应遵循如下原则：

1. 包装的造型要美观大方

包装设计美观大方，图案生动形象，不落俗套，不搞模仿，采用新的包装材料，使人耳目一新。

2. 包装的质量与产品的价值相一致

包装设计和包装材料的选用，一定要与产品的质量和价值相一致，根据产品质量的档次，配上与之相适应的包装。例如，贵重产品（珠宝、首饰等）和工艺品的包装，要能烘托出产品的高贵、典雅和艺术性。

3. 包装要能显示产品的特点和独特风格

对于以外形或色彩表现其特点或风格的产品，如服装、装饰品及食品等的包装，应设法能向顾客直接显示产品自身，以便于其购买。应考虑在包装上附有产品的彩色照片，或用文字、图案对产品特性进行具体的说明和展示。

4. 包装设计应适应消费者心理

包装设计既要美观、新颖、形象生动，又要适应消费者的心理和审美观。应针对不同的消费者群体，设计和选用不同的包装。

5. 包装设计应尊重消费者的宗教信仰和风俗习惯

包装设计中要尊重不同国家、不同民族、不同宗教的信仰和风俗习惯，包装装潢上的文字、图案、色彩等不能与目标消费者的宗教信仰和风俗习惯相抵触。

6. 符合法律规定

应按法律规定在包装上标明厂名、厂址；对于食品、化妆品等与人民身体健康密切相关的产品，应标明生产日期、保质期；包装材料应符合环保要求；标签上的文字说明要实事求是，不得弄虚作假、夸大其词等。

### （五）包装策略

良好的包装必须与正确的包装策略结合起来发挥作用。可供企业选择的包装策略有如下几种：

1. 类似包装策略

类似包装策略是指企业所生产经营的各种产品在包装上采用相同的图案、色彩或其他共有特征，从而使整个包装外形相类似，使公众容易认识到这是同一家企业生产的产品。

这种策略的主要优点是：(1)便于宣传和塑造企业产品形象，节省包装设计成本和促销费用。(2)能增强企业声势，提高企业声誉。一系列格调统一的商品包装势必会使消费者受到反复的视觉冲击而形成深刻的印象。(3)有利于推出新产品。通过类似包装，可以利用企业已有声誉，使新产品能够迅速在市场上占有一席之地，即借助已成功的产品带动其他产品。

类似包装策略适用于质量水平档次类同的商品，不适于质量等级相差悬殊的商品，否则会给高档优质产品带来不利影响，并危及企业声誉。其弊端在于，如果某一个或几个商品出了问题，会对其他商品带来不利的影响。

2. 分类包装策略

分类包装策略是指企业依据产品的不同档次、用途、营销对象等采用不同的包装。比如把高档、中档、低档产品区别开来，对高档商品配以名贵精致的包装，使包装与其商品的品质相适应；对儿童使用的商品可配以色彩和卡通形象等来增强吸引力。

3. 配套包装策略

配套包装策略是指企业将多种相互关联的产品组合在一个包装物内销售，如工具配套箱、家庭用各式药箱、百宝箱、化妆盒等。但要注意，在同一个包装物内必须是关联商品，如牙膏和牙刷组合包装、一组化妆品组合包装等。

4. 再使用包装策略

再使用包装策略是指包装物在被包装的产品使用完毕后，包装物本身可以移做他用。这种策略增加了包装物的用途，刺激了消费者的消费欲望，扩大了商品销售，同时带有企业标志的包装物在被使用过程中可起到广告载体的作用。这种商品的包装不仅与商品的身价相适应，有的还可作为艺术品收藏。

5. 附赠品包装策略

附赠品包装策略是目前国际市场上比较流行的包装策略，现在我国市场上运用得也很广泛。这种策略是指企业在某商品的包装容器中附加一些赠品，以吸引购买者的兴趣，诱发重复购买。比如儿童食品的包装中附赠玩具、连环画、卡通图片等，化妆品包装中附有美容赠券等。有些商品包装内附有奖券，中奖后可获得奖品；如果是用累积获奖的方式，效果则更加明显。

6. 改变包装策略

当某种产品销路不畅或长期使用一种包装时，企业可以改变包装设计、包装材料，通过使用新的包装，使消费者产生新鲜感，达到扩大销售的目的，如把饮料的瓶装改为易拉罐装、把普通纸的包装改为锡纸包装、采用真空包装等。

## 本章习题

**一、名词解释**

产品的内涵　产品整体概念　产品组合　产品线　产品项目　产品生命周期　品牌　产品包装

**二、简答题**

1. 简述什么是产品组合。
2. 简述产品生命周期各个阶段的策略。
3. 品牌对企业经营有何作用？
4. 包装策略如何运用？

**三、操作训练题**

通过收集资料，分析某一企业市场产品的整体概念，确定所研究产品的整体概念和市场生命周期阶段。根据研究结论，针对该产品的竞争和营销现状提出改进方案。

## 四、案例分析题

### 三星品牌之路

一、三星的品牌理念

1. 独特的品牌自主创新

三星通过购买先进技术取代阶段性研发。它的半导体技术是从美光科技买来的。三星派研发人员到美国留学，留学回来后，自己研发生产半导体，最后半导体做到了世界第一。三星的电视液晶显示器技术是从美国买来的，现在它的液晶体全世界市场占有率排名第一。三星的手机技术也是从国外公司买来的CDMA专利，如今三星手机在美国手机销量位居第一位，是全球最大的CDMA手机供应商。那么三星是怎样从技术不领先发展到赢得市场青睐的呢？以三星手机为例，它是以外观设计创造出不一般的价值。为了设计出最好的外形，三星在全球建立了三个设计院，不只是为了给年轻的设计师提供专业培训，也是为了激发设计师的创新思维。

2. 以设计为导向的产品策略

漂亮、时尚是三星产品的最大特点。现任三星集团中国总部社长的李相铉说："在三星内部有一个很重要的方针，就是设计和技术是相提并论的，三星集团的高层正在把重视设计的想法灌输给每一个人。大家基本上达成了共识。"出色的时尚设计正在把三星与时尚、酷、未来的感觉连在一起。三星对设计师的要求有三点：一是一眼就认出是三星的产品；二是把产品看作艺术；三是每天都要创新。

3. 技术领先、质量过硬

品牌是技术的结晶，技术领先是企业创建强势品牌的核心要素；质量是产品和品牌的灵魂。在20世纪80年代以后，三星投巨资建立了自己的研发队伍，力争在尖端技术领域取得竞争优势。

从1993年开始，三星展开了一场"新经营运动"，其核心是进行经营模式的转型，转向以质量为主的经营模式，还砍掉了一批不盈利的非核心业务。三星还把生产出一些他们认为有质量问题的产品，包括电视机、电冰箱、微波炉等都堆到一个操场上，点火焚烧。另外，三星手机刚开始销售时，收回了市场上有问题的15万部手机，将其堆积到工厂面前，让价值150亿韩元的产品化为灰烬。为了打造过硬的产品，抢占摩托罗拉的市场，三星手机进行了各种恶劣环境下的严格测试，并将产品命名为Anycall，意思为在任何地方、任何时间都能通话的手机。每当推出新手机，李基泰一定到工厂检验，亲自确认后才放心。

4. 情感与理智的平衡

作为高端品牌，一定要让消费者感觉到购买这个品牌的超值所在，还应该超脱于质量和技术层面，上升到精神和情感层面，努力增强品牌的亲和力。为了提高品牌的亲和力，三星电子在1998年提出了宣传口号："Samsung Digital Everyone's invited"，即"三星世界欢迎您"，让消费者认识到三星是一家充满开放意识并让人倍感亲切的高端数字企业，通过开发高端、新型、多功能的产品，让每个人的生活更加便利和丰富多彩。

三星深知，在信息革命时代，除了保持国际一流品牌地位，三星还必须赢得消费者的信任，建立情感的纽带。正是基于这一理念，三星北京2008年奥运会火炬手选拔活动提出了鲜明的"和谐使者"的概念，强调榜样的力量和精神价值。除了赞助奥运会，三星还邀请韩国美少女组合FIN. K. L做三星MP3品牌YEPP的代言人，赞助各种演唱会和体育赛事，拉进与年轻人的距离，强化了三星亲善的品牌形象。

二、三星品牌战略

三星创造了绝佳的品牌神话，超过了众多的国际品牌。三星以149亿美元的品牌价值位居"2005年全球100个最有价值品牌"第20位，而索尼的品牌价值仅为108亿美元，排名第28位，三星品牌价值首次超过索尼，三星成为全球品牌价值提升最快的公司，这得益于三星卓越的品牌战略管理。三星的品牌战略可以归结为"三步走"：

1. 打造自有品牌

20世纪80年代，三星一直为日本企业打工，通过OEM积累了一定的资金。随着规模的扩大，三星推出了自己的带有"Samsung"的产品。三星采取低价策略，占据了低端产品市场的优势地位，数字技术的发展又让三星电子发现了机会。1999年，三星进行了有史以来最大的战略调整，就是要以数字技术为核心，将经营核心转向自有品牌。

2. 打造世界一流品牌，强有力的全球品牌传播

要想成为国际品牌，就必须提高品牌的附加值，并在全球范围内进行品牌传播。

1993 年是三星集团的改革元年，通过对三星劣质品的焚烧、从“数量为主”到“质量为主”的转变，追求技术领先，极大地提高了三星产品的技术含量和质量，使三星步入了以品质取胜的良性发展轨道。

三星要走向世界，展开了以美国为重心的全球品牌传播。三星已经在欧洲、中东和拉美市场取得了成功的经验。随后，三星发动了第一次大规模的全球品牌传播，以美国市场为重心，涉及 30 个国家，广告费达 4 亿美元，传播主题是“数字世界，人人分享”，很好地诠释了三星的品牌理念，广告影响力迅速从美国蔓延开来。三星在美国市场奠定了品牌基础，改变了三星品牌在美国人心中的品牌形象和品牌地位。根据美国专业品牌咨询机构 Interbrand 对全球品牌价值的调查，三星的品牌价值在 2001 年就提升了 10 亿美元，成为当年全球品牌价值提升最快的品牌中的第二名。

2002 年，三星又发动了新一轮的更大规模的品牌传播攻势，广告主题是“数字体验”，投入高达 9 亿美元，包括广告、电视、广播以及平面媒体的购买、零售促销活动和一些品牌展会。2002 年 5 月 16 日，在美国电视媒体播出三星广告为序幕，三星随后在欧洲、南亚、拉美、非洲、中东地区和中国的媒体上也陆续播出或刊登了三星一系列以“数字电视”为主题的广告，还在互联网上进行传播，在超过 50 个网站购买了门户广告版面。通过这些传播活动，三星有力地扩展了三星品牌的知名度，迅速在全球范围内建立了品牌的高端形象，塑造了世界一流品牌的形象。

3. 数码战略

三星的数码战略开始于 1999 年，即实施以数字为中心的数字化战略。三星调整了自己的产业结构和组织结构，集中资源，在产业规模、产品设计、产品市场变化等方面加大投资，在液晶显示器的外观和轻薄程度上进行创新。在通信领域，三星电子在手机的工业设计、功能配置方面进行创新，使三星移动电话在全球的市场份额增加到 10%，并因 CDMA 手机成为全球最大的供应商，占有整个市场份额的 26%。三星还是全球第三大直观式数字电视机生产商、世界三大 DVD 播放机生产商之一，以及世界第二大芯片制造商。

**思考题：**

1. 三星在短时间内成长为世界一流品牌，你认为成功的关键因素有哪些？
2. 三星已经建立了强有力的品牌，你认为三星应该从哪些方面巩固自己的品牌地位和形象？
3. 如何评价三星的品牌理念和品牌战略？它的成功对中国企业有何借鉴意义和启示？

# 第九章
# 价格策略

**【学习目标】**

1. 了解影响产品定价的主要因素；
2. 理解企业定价的目标和一般方法；
3. 掌握定价的基本策略；
4. 理解企业的价格调整策略以及企业面对竞争者调价时的应对措施。

**【案例导入】**

**奇虎360：免费“赢”销战略**

2008年7月，奇虎360推出了完全免费的个人杀毒软件，免费模式无疑意味着自断财路。然而，免费与盈利是否相悖呢？2009年奇虎360盈利420万美元，2010年盈利增长了102.7%，达到850万美元，迅速占领国内安全软件市场，硬生生地将江民杀毒挤出前三甲，并且市场份额稳居第一。2010年11月，金山公司迫于市场压力，宣布金山毒霸永久免费。2011年3月，瑞星公司宣布，瑞星杀毒软件完全免费。正当各大公司为寻求在免费背景下公司新的盈利模式而忙得焦头烂额的时候，奇虎360却靠着早已搭建成熟的盈利模式，于2011年3月成功在纽约证券交易所上市，从而完成了新的资本积累。

那么，奇虎360免费的法宝是什么呢？

一、完全免费，培植用户

奇虎360的策略简单而明了：采用完全免费形式，尽最大可能地培植用户数量。在此之前，国内各大安全软件厂商都将杀毒软件的收费业务视为生存的命脉，因此当奇虎360推出免费杀毒软件的时候，业内嘘声一片。但当360杀毒软件凭借着完全免费的招牌在安全软件行业迅速站稳脚跟并且装机量一度飙升为业内第一的时候，国内各大安全软件巨头再也不能那么淡定了，它们纷纷采取延长免费使用期限策略来巩固已有用户。然而，随着各大安全软件巨头自身已有用户数量的大量流失以及360杀毒软件在业内市场份额的进一步提升，原收费安全软件商最终被迫无奈地放弃收费市场，纷纷推出免费的杀毒软件产品。而此时的奇虎360，则凭借着免费策略所网罗的巨大用户群作为基础，积极推出一系列的增值服务。正是这一模式的选择，为奇虎360培育了大批量的用户群，作为基础盈利模式，其对奇虎360的重要意义不言而喻。

二、以战养战，捆绑搭售

360杀毒软件采取完全免费的盈利模式，迫使其选择别的方式来帮助自身维系生存。而以战养战的策略则是在当时情况下的无奈之举。奇虎360主要依靠捆绑销售国外杀毒软件的方式来实现这一目的。通过这种方式，不但可以弱化国外安全软件巨头对自身的敌对心理，还可以从中赚取不菲的推销费用，缓解自身的财务压力；同时，随着国外安全软件巨头在国内市场份额的增加，又可以遏制国内安全软件大佬们的疯狂扩张，削弱它们的势力范围。而作为局外人的奇虎360，却利用双方恶战的间隙，打着免费的招牌处处培植用户，积蓄自己的力量。当奇虎360安全软件的装机量跻身业内市场份额前三甲的时候，它果断摒弃了这一模式，并且开始利用积累的大量用户来搭售自身的各种产品。

三、杀毒免费，服务有偿

360电脑技师的主要功能是提供个性化电脑问题解决方案。所谓个性化电脑问题解决方案，就是采用人工在线的方式远程帮助用户解决使用电脑过程中遇到的一系列问题，然后从中收取一定的服务费用。360电脑技师推出的个性化电脑解决方案这一业务既满足了用户个性化的需求，帮助他们解决了切实困难，又在潜移默化中增加了已有用户的忠诚度，深化了自身服务的延展性及美誉度。更为重要的是，这一盈利模式的推出，逐渐改变着用户的支付观念与习惯，为今后其他付费服务的推出扫清了心理障碍，利用新的盈利模式来吸引用户使用付费的产品，不易引起他们过分的反感。

四、软件推广，竞价排名

在360软件管家中，详细归类了不同的软件，从而更方便用户选择和下载。这样的方式大大简化了用户的下载过程及安装时间，加之这一服务是免费的，便吸引了众多用户的使用。奇虎360依靠所积累的庞大用户群以及产生的巨大信息流量，引来众多软件厂商的加入。软件厂商想让自己显示在醒目位置甚至是排在同类软件前面，就必须向奇虎公司支付一定的费用。通过软件管家，奇虎公司可以很容易地将与自身有竞争关系的软件厂商排除在外，形成对用户使用习惯的一种垄断，进一步巩固已有用户群体。

五、开放平台，应用为王

从亚马逊的Simple Storage Service、Facebook的Platform到苹果公司的App应用商店、谷歌的App Engine，综观当前各大互联网巨头乃至移动巨头都纷纷推出开放的应用平台以吸引用户并且从中获取利益。360开放应用平台的推出可谓大势所趋。2011年2月，奇虎360推出了"360团购开放平台"，通过审核的团购网站可以接入平台，用户只需申请一个账号，就可以在所有开通的团购网上站进行购物消费；3月，奇虎360又发布了一款酷似iPhone App应用的产品——安全桌面，其后又推出了"360应用开放平台""360极速浏览器应用开发平台"。奇虎360应用平台的推出，最大可能地整合了用户所需求的各种应用，为用户带来了前所未有的便利，也为自身的长远发展构建出一个清晰的盈利框架。

奇虎360的盈利模式被业界人士称为"freemium"，即"free（免费）＋premium（增值服务）"。这一增值服务包括以下几个核心点：免费的杀毒软件是先驱；用户数量是基础；增值服务是手段；平台开放是关键。

资料来源：臧树伟、李延风："免费背景下的"赢"销模式"，《销售与市场》，2011年第34期，第89～91页。

**思考：**

1. 针对奇虎 360 的免费模式，试分析其定价目标。

2. 免费模式的营销启示是什么？

价格是市场营销组合中敏感而又难以控制的因素，是市场营销组合中产生收入的唯一因素，也是市场营销组合中最活跃的因素。中国企业市场竞争进入白热化阶段之后，价格残杀愈演愈烈，造成企业利润不断流失，这已成为许多企业的心头之痛，从而促使价格问题上升到决定企业盈亏的战略问题。

# 第一节　影响定价的因素

狭义的价格是指为了取得产品所须付出的金额（货币付出）；广义的价格是指取得产品的代价（金钱、精力、时间、体力）。

商品价格的高低，主要是由商品中包含的价值大小决定的。但是，从市场营销角度来看，影响企业定价的因素是多方面的。主要的影响因素有三个方面：供给成本（costs）、竞争对手（competitors）、消费者（customers），即 3C 定价原理，如图 9－1 所示。

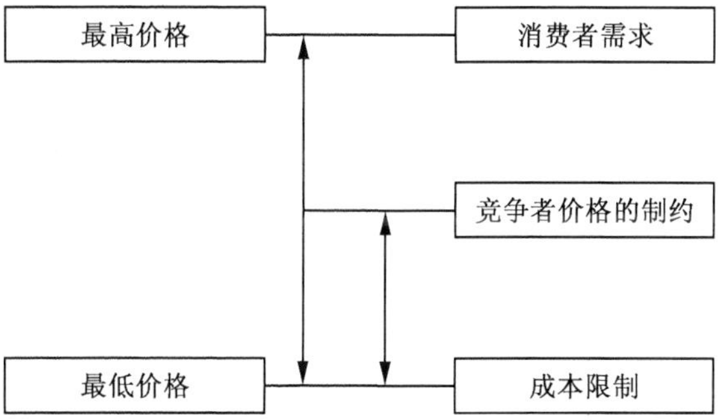


**图 9－1　影响定价的三个主要因素**

除此之外，还有一些影响企业定价的重要因素，这些因素可以分为两类：一类是企业内部因素对定价的影响；另一类是企业外部因素对定价的制约。

## 一、影响企业定价的内部因素

### （一）公司目标

公司目标作为企业市场营销目标体系中的一个具体目标，必须服从于企业营销总目标，并与其他营销目标相协调，目标越清楚，就越容易制定价格。如图 9－2 所示，企业的定价目标有以下几种：

1. 维持生存的定价目标

即以保持企业能够继续营业为定价目标。通常是企业处于不利环境中实行的一种缓兵之计。如果企业产量过剩，或面临激烈竞争，或试图改变消费者需求，这时企业往往把维持生存

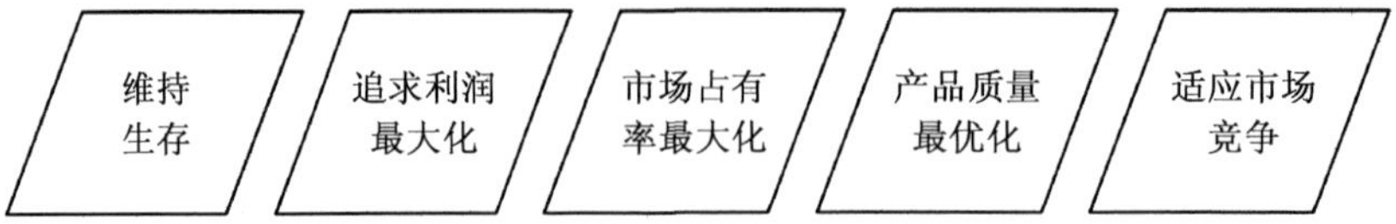


**图 9—2　企业定价目标**

作为主要目标。按照这一目标，为了使企业运营，企业通常制定较低的价格，前提是市场是价格敏感型的。在这种情况下，生存比利润更重要。这种定价目标只能作为特定时期内的过渡性目标，一旦出现转机，将很快被其他目标所代替。

2. 追求利润最大化的定价目标

即企业追求一定时期内获得的最高利润。但是，过高的价格会抑制需求，降低产品销售，影响企业利润。所以，利润最大化更多地取决于合理价格推动产生的需求量和销售规模。追求利润最大化的定价目标是以良好的市场环境为前提的。

3. 市场占有率最大化的定价目标

有些企业通过定价取得控制市场的地位，使市场占有率最大化。因为这些企业确信，赢得最大市场占有率，将享有最低成本和最高的长期利润，所以在单位产品价格不低于可变成本的条件下，制定尽可能低的价格，追求市场占有率领先地位。企业也可能追求某一特定的市场占有率，比如计划一年内将市场占有率从 10%提高到 20%，为实现这一目标，企业必须制定相应的市场营销计划和价格策略。

具备下述条件之一时，企业可考虑通过低价实现提高市场占有率的目的：第一，市场对价格高度敏感，低价能刺激需求迅速增长；第二，生产与分销的单位成本会随着生产经验的积累而下降；第三，低价能够阻止现有的和潜在的竞争者。

4. 产品质量最优化的定价目标

企业也可以考虑质量领先的目标，并在生产和市场营销过程中始终贯彻产品质量最优化的指导思想。这就要求用高价弥补高质量和研发的高成本。产品优质优价的同时，还应辅以相应的优质服务。

5. 适应市场竞争的定价目标

价格是企业竞争的重要手段，竞争者的定价策略和对不同价格的反应，是企业定价时必须考虑的重要因素。以应对竞争为定价目标的企业，在定价时必须广泛收集资料，分析竞争对手的定价策略及竞争对手可能的反应，将本企业的产品质量、规格、价格等与竞争者相比较，然后制定出有利于应对竞争的价格。采用这种定价目标的企业，无论其成本与需求是否变化，只要竞争者价格不变，他们的价格也不变，一旦竞争者改变价格，他们也会改变价格。

**(二)产品成本**

产品成本是企业能够为其产品定价的最低限度，产品定价必须能够补偿产品生产、销售和促销的所有支出，并补偿企业为产品承担风险所付出的代价。任何企业都不能随心所欲地制定价格。一种产品的最高价格取决于市场需求，最低价格取决于这种产品的成本费用。从长远看，任何产品的销售价格都必须高于其成本费用。只有这样，才能以销售收入来抵偿生产成本和经营费用，否则就无法经营。因此，成本是影响定价决策的一个重要因素。

成本的主要类型有以下几种：

1. 固定成本

固定成本是指不随产量变化而变化的成本，如固定资产折旧、月房租租金、行政人员的薪水、利息等。

2. 变动成本

变动成本是指随产量变化而变化的成本，包括原材料、燃料、辅助材料、储运费用、生产工人的工资等。

3. 总成本

总成本是指维持一定生产水平所需的固定成本和变动成本的总和。管理部门希望制定的价格至少能够补偿在既定生产水平下的生产总成本。

4. 平均固定成本

平均固定成本等于总固定成本除以产量。虽然固定成本不随产量的增减而变动，但是平均固定成本将随着产量的增加或减少而相应地下降或上升。

5. 平均变动成本

平均变动成本等于总变动成本除以产量。变动成本随产量的增减而同向增减，但平均变动成本不随产量变动而发生变动，其数额通常保持在某一特定水平上。

6. 平均成本

平均成本是总成本与总产量之比，即单位产品成本。企业定价决策的一项重要内容就是确定定价时应以何种成本为依据。就长期而言，产品价格不应低于平均成本，否则企业将难以生存；就短期而言，产品价格必须高于平均变动成本，否则亏损额将随销售量的增长而增加。

## 二、影响企业定价的外部因素

### （一）市场需求

市场需求对企业的定价有着重要影响。一方面，产品定价应充分考虑消费者愿意并且能够支付的价格水平，它决定企业产品在市场中的价格上限；另一方面，还应考虑需求价格弹性对定价的影响。需求价格弹性，是指商品价格变动所引起的需求量变化的比率，即市场需求量变化对价格变化反应的灵敏程度。不同产品具有不同的需求价格弹性，需求价格弹性的强弱可影响企业的价格决策。需求价格弹性 E 的类型主要有以下三种：

1. E=1，反映需求量与价格等比例变化

在这种情况下，卖方总收入保持不变，即销售量虽然减少，但价格的提高使总收入不变。这类产品价格的上升或下降会引起需求量同幅度的减少或增加。企业定价时，可选择实现预期盈利率为价格依据或选择通行的市场价格，同时将其他市场营销措施作为提高盈利率的主要手段。

2. E>1，反映需求量变动的百分比大于价格变动的百分比，称为需求弹性大或富于弹性

此类产品，价格的升降会引起需求量较大幅度的下降或上升。企业定价时，应通过降低价格、薄利多销来达到增加盈利的目的。

3. E<1，反映需求量变化的百分比小于价格变化的百分比，称为需求弹性小或缺乏弹性

此类产品价格的升降会引起需求量较小程度的变化。企业定价时，高价往往会增加盈利，低价对需求量刺激效果不明显，薄利反而会减少企业收入。

需求弹性是由什么决定的呢？在下列情况下，需求可能比较缺乏弹性：替代品很少或没有，没有竞争对手，买方较少在意价格。在产品总成本远远低于买方的收入或费用由他人负担时，买方也较少在意价格。

### (二)市场性质

不同的市场性质存在着不同的竞争强度。根据经济学家划分的四种市场类型，企业定价的自由程度会随不同的市场类型发生变化。

1. 完全竞争市场

完全竞争市场的特点：每个企业只占行业总量微不足道的份额；产品完全相同；企业进退自由；生产同种产品的企业很多。在完全竞争市场上，每个企业都是价格的“被动接受者”，而非价格的“决定者”，市场价格完全由市场的供求关系决定，如日用小商品、小五金等市场。

2. 垄断竞争市场

垄断竞争有两个基本特征：一是由于企业众多，行业集中程度不高，市场总体处于竞争状态；二是每个制造商独特的产品或品牌垄断了部分消费者。在这类市场上，价格竞争和非价格竞争都很激烈，本企业产品价格受同类产品价格的影响很大。因此，企业可以根据其提供的产品或服务的“差异性优势”，部分地变动价格来寻求高额利润。

3. 寡头垄断

在寡头垄断的市场中，少数几家企业占整个行业的绝大部分市场份额，行业集中程度很高。因此，寡头垄断企业为了避免在竞争中两败俱伤，非常重视保持既定的市场格局，一般不会轻易地变动产品价格。

4. 完全垄断

在完全垄断情况下，垄断企业能完全控制产品的价格。完全垄断市场中除了政府垄断外，独家垄断的行业不多，如电力、水等。企业虽然能完全控制产品价格，但企业通常会很谨慎地使用这种权利，主要是顾及舆论的影响。

### (三)竞争者力量

影响企业定价必须考虑到竞争对手的产品和价格，以便在最高价和最低价之间找到最合适的价格。企业在定价时应采取适当的方式，掌握竞争者所提供的产品质量和价格。如果企业的产品与竞争品品质大体相同，价格也应大体一致，否则就会失去市场；如果本企业的产品与竞争品相比质量不同，那么按质论价就是企业的明智选择。

在市场经济中，企业间的竞争日趋激烈，竞争方式多种多样，其中最原始、最残酷的就是价格竞争，价格竞争可能使整个行业平均利润降低。尽管如此，处于竞争优势的企业往往拥有较大的定价自由，而处于竞争劣势的企业则更多地采用追随性价格政策。所以，企业产品定价时刻受到其竞争者的影响和制约。

### (四)政府与法令

在现代市场经济中，政府扮演着越来越重要的角色。作为国家与消费者利益的维护者和代表者，政府力量渗透到企业市场行为的每一个角落。政府在企业定价方面的干预，表现为制定一系列经济法规，如西方国家的《反托拉斯法》《反倾销法》等，这些法规在不同方面和不同程度上制约着企业的定价行为。这些制约具体表现在对企业定价种类、价格水平等几个方面的约束。因此，企业产品价格政策制定必须遵循政府的经济法规。

### 三、影响企业定价的其他因素

企业的定价策略除了受竞争性质、需求以及政府力量的影响外，还受到其他多种因素的影响。这些因素包括消费者心理和习惯、企业或产品的形象、社会经济状况、通货膨胀、产品生命周期、企业营销组合策略等。

#### （一）消费者心理和习惯

消费者的心理是影响企业定价的一个重要因素。无论哪种消费者，在消费过程中，必然会产生复杂的心理活动来指导自己的消费行为。面对不太熟悉的商品，消费者常常从价格上判断商品的好坏，认为高价高质。在大多数情况下，市场需求与价格呈反向关系，即价格升高，市场需求降低；价格降低，市场需求增加。但在某些情况下，由于受消费者心理的影响，会出现完全相反的反应。如“非典”初发期，白醋、板蓝根等商品的大幅涨价反而引起了人们的抢购。因此，在研究消费者心理对定价的影响时，要持谨慎态度，仔细了解消费者心理及其变化规律。

**营销小链接**

被焚烧掉的画卷

在比利时的一间画廊里，一位美国画商正与一位印度画家讨价还价，争辩得很激烈。其实，印度画家的每幅画心理价仅在10～100美元。但当印度画家看出美国画商购画心切时，对其所看中的3幅画单价非要250美元不可。美国画商对印度画家的宰客行为很不满意，吹胡子瞪眼地要求降价成交。印度画家也毫不示弱，竟将其中的一幅画用火柴点燃，烧掉了。美国画商亲眼看着自己喜爱的画被焚烧，很是惋惜，随即又问剩下的两幅画卖多少钱。印度画家仍然坚持每幅画要卖250美元。从对方的表情中，印度画家看出美国画商还不愿意接受这个价格。这时，印度画家气愤地点燃了火柴，竟然又烧了另一幅画。至此，酷爱收藏字画的美国画商再也沉不住气了，态度和蔼多了，乞求说：“请不要再烧掉最后这幅画了，我愿意出高价买下！”最后，竟以800美元的价格成交。

#### （二）企业或产品的形象

有时企业依据企业理念和企业形象设计的要求，需要对产品价格作出限制。例如，企业为了树立热心公益事业的形象，会将某些有关公益事业的产品价格定得较低；或者为了形成高贵的企业形象，将某些产品价格定得较高。

## 第二节　定价方法

影响企业定价最基本的因素是成本、消费者需求和市场竞争。除此之外，还有一些因素也影响企业的定价，如消费者的心理因素、企业的营销组合策略等。企业在为产品定价时，主要是通过考虑几种因素中的一个或几个来选择定价方法。通常采用的定价方法有三类：成本导向定价法、需求导向定价法和竞争导向定价法。常用的几种定价方法见图 9－3。

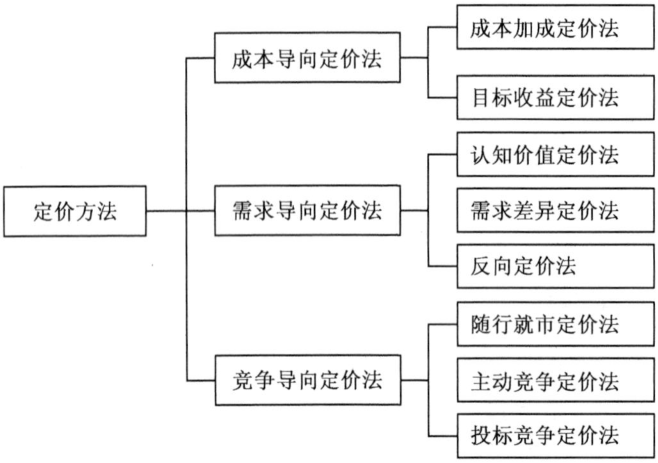


**图 9—3　定价方法**

## 一、成本导向定价法

成本导向定价法是一种主要以成本为依据的定价方法，包括成本加成定价法、目标收益定价法、盈亏平衡定价法和边际贡献定价法。

### (一)成本加成定价法

所谓成本加成定价是指按照单位成本加上一定百分比的加成来制定产品销售价格。加成的含义就是一定比率的利润。其计算公式为：

$$单位产品价格(P)=单位产品总成本(C)\times[1+成本加成率(R)]$$

例如，某电视机厂商的成本和预计的销售量如下：

总固定成本　　3 000 000 元

单位变动成本　　1 000 元

预计销售量　　5 000 台

若该制造商的预期利润率为 20%，则采用成本加成定价法确定价格的过程如下：

$$单位成本=单位变动成本+\frac{总固定成本}{销售量}=1\ 000+\frac{3\ 000\ 000}{5\ 000}=1\ 600(元)$$

$$单位产品价格=1\ 600\times(1+20\%)=1\ 920(元)$$

采用成本加成定价法，确定合理的成本利润率是一个关键，而成本利润率的确定，必须考虑市场环境、行业特点等多种因素。某一行业的某一产品在特定市场以相同的价格销售时，成本低的企业能够获得较高的利润率，并且在进行价格竞争时，低成本企业可以拥有更大的回旋余地。

这种定价方法具有计算简单、简便易行的优点，在正常情况下按此方法定价可以使企业获得预期利润。其缺点是，忽视市场竞争和供求状况的影响，缺乏灵活性，难以适应市场竞争的变化形式。

### (二)目标收益定价法

目标收益定价法又称投资收益定价法，是根据企业的总成本或投资总额、预期销量和目标收益额来确定价格的一种定价方法。其计算公式为：

单位产品价格=(总成本+目标利润)/预期销量

例如，某企业预计其产品的销量为10万件，总成本为740万元，决定完成利润目标为160万元，则：

单位产品价格=(740+160)/10=90(元)

这种定价方法的采用必须建立在对价格、销量、成本和利润四要素进行科学预测的基础上，其优点在于保证在一定销量的条件下收回全部成本，并实现既定的目标利润。但是，这种方法没有考虑顾客的需求弹性和竞争因素。

另外，成本导向定价法还有盈亏平衡定价法、边际贡献定价法等方法。从本质上说，成本导向定价法是一种卖方定价导向。因此，采用成本导向定价法还需要充分考虑市场需求和竞争状况来确定最终的市场价格水平。

## 二、需求导向定价法

需求导向定价法，是指企业主要以消费者对产品的价值感受和需求强度来作为定价的基本依据制定价格的方法。只有当企业制定的价格符合消费者的价格心理、价格意识及价格承受能力时，才能被消费者所接受，企业的产品才能有销路。需求导向定价法主要有认知价值定价法、需求差异定价法和反向定价法三种。

### (一)认知价值定价法

认知价值定价法是指企业依据消费者对商品价值的理解，而不是依据企业的成本费用水平来定价，通过运用各种营销策略和手段，在消费者心目中建立并加强认知。认知价值定价法的关键和难点是获得消费者对有关商品价值认知的准确资料。企业如果过高估计消费者的认知价值，其价格就可能过高，难以达到应有的销量；反之，如果企业低估了消费者的认知价值，其定价就可能低于应有水平，使企业收入减少。因此，企业必须通过广泛的市场调研，了解消费者的需求偏好，根据产品的性能、用途、质量、品牌、服务等要素来判定消费者对商品的认知价值，然后据此来定价。

认知价值定价法的一个突出优点是，它能与产品的定位很好地结合起来。与成本导向定价法相比，认知价值定价法要复杂和困难得多。但是，认知导向定价能够回避价格竞争，获取利润的潜力远胜于其他的定价方法。

### (二)需求差异定价法

这种定价方法是根据销售时间、销售地点、销售对象不同而产生的需求差异为定价的基本依据进行定价。根据需求特性的不同，需求差异定价法通常有以下几种形式：

1. 因时间而异

当需求随着时间的变化而变化时，对同一种产品在不同的时间应制定不同的价格。例如，一些娱乐场所周末的收费标准就高于平时；旅游旺季，车船票价和旅馆费用不再打很高的折扣。

2. 因地点而异

同一产品在不同地点、不同场合出售，以及同一产品的不同位置如果存在不同的需求强度，就可以分别制定不同的价格。例如，同一种饮料在食品店出售与在舞厅或高级宾馆出售，其价格会有很大差别，后者明显高于前者；又如音乐会的票价，前排和后排在价格上是不同的。

3. 因销售对象而异

根据销售对象的不同，制定不同的价格。例如同一商品销售给批发商、零售商或消费者，应有不同的价格。还有按照消费者的年龄、职业、民族等方面的差异给予相应的价格优惠，如"六一"国际儿童节对儿童商品实行优惠，重阳节对老年人用品实行优惠。

要顺利实行差异定价，应具备以下条件：

(1)市场可细分，且不同的细分市场显示出不同的需求强度；

(2)高价市场中没有低价竞争者；

(3)能防止低价细分市场的买主向高价细分市场转售产品；

(4)价格差异适度，不会引起消费者的反感，并能促进产品销售。

#### (三)反向定价法

所谓反向定价法，是指企业依据消费者能够接受的最终产品销售价格，计算自己从事经营的成本和利润后，逆向推算出产品的批发价和零售价格。这种定价方法不是以实际成本为主要依据，而是重点考虑市场需求状况。逆向定价法的特点是：产品价格能反映市场需求情况，保证中间商的正常利润，并且企业可根据市场供求情况及时调整价格。其计算公式是：

产品出厂价格＝市场可销零售价格×(1－批零价格)×(1－进销差率)

反向定价法的优点是能反映市场供求关系，有利于开拓销售渠道，企业可根据供求状况及时调整价格。它适用于需求弹性较大、花色品种翻新较快的商品。其缺点是，对市场可销零售价格难以准确估计。

### 三、竞争导向定价法

竞争导向定价是指在激烈的竞争性市场上，企业通过研究竞争对手的生产条件、服务状况、价格水平等因素，依据自身的竞争实力，参考成本和供求状况来确定商品的价格。其特点是：价格的制定以竞争者的价格为依据，与企业自身商品的成本及市场需求状况不发生直接关系。一般可以分为以下几种具体方法：

#### (一)随行就市定价法

所谓随行就市定价法，也称通行价格定价法或流行水准定价法，就是将公司产品价格与主要竞争者价格或一般市场价格定得差不多。以下几种情况通常采用这种定价方法：成本难以测算；企业打算与同行和平共处；竞争者不确定或很难了解购买者和竞争者对本企业进攻性产品价格的反应。

采用通行价格定价法，最重要的就是确定目前的"行市"。在实践中，"行市"的形成有两种途径：第一种途径是在完全竞争的环境里，各个企业都无权决定价格，通过对市场的无数次试探，相互之间取得一种默契而将价格保持在一定的水准上；第二种途径是在垄断竞争市场条件下，某一部门或行业的少数几个大企业首先定价，其他企业参考定价或追随定价。

### （二）主动竞争定价法

这种定价方法是定价企业不追随竞争者的价格，而是根据本企业产品的实际情况和竞争者的产品差异状况来制定价格。在定价时，首先将市场上竞争品的价格与本企业初步估算的价格进行比较；其次，将本企业产品的性能、质量、式样与竞争品进行比较，分析造成价格差异的原因；再次，根据本企业产品的优势与特点决定市场定位；最后，按照定价目标确定价格。企业有两种选择：一是高于市场一般水准的价格，这要求本企业的产品必须有比竞争产品更好的品质和服务，能够更好地满足消费者的需求；二是选择较低的渗透价格，以排挤竞争者，吸引更多的顾客。这种方法通常被实力雄厚或产品独具特色的企业所采用。

### （三）投标竞争定价法

投标竞争定价法是大多数通过投标争取业务的公司通常采取的竞争导向定价法。竞标的目的在于争取合同，因此公司考虑的重点是竞争者会报出何种价格。竞标企业确定投标报价是以既能中标又能获得尽可能多的利润为前提。但这两方面是矛盾的：一方面要考虑中标机会，报价必须低于竞争者，但如果报价太低，企业不但得不到利润，甚至会出现亏损，这样就失去了中标的意义；另一方面为了获得更多的利润，报价就应定得高一些，但价高，中标的可能性较小，如果因为价高而败标，则利润为零。因此，竞标企业必须同时考虑目标利润和中标概率，以求确定投标的最佳报价。

投标定价法中常用的是密封投标定价法，许多大宗商品、原材料、成套设备和建筑工程项目最终的买卖和承包价格就是通过此方法确定的。其具体操作方法是，首先由采购方通过刊登广告或发出函件，说明拟采购商品的品种、规格、数量等具体要求，邀请供应商在规定的期限内投标。供应商如果想做这笔生意，就要投标，即在规定的期限内填写标单，填明可供应商品的名称、品种、规格、价格、数量、交货日期等，密封送给招标人（采购方）。采购方在规定的日期内开标，选择报价最合理、最有利的供应商成交并签订采购合同。一般来说，招标方只有一个，处于相对垄断地位，而投标方有多个，处于相互竞争地位，因此，最后的价格是供应商根据对竞争者报价的估计制定的，而不是按照供应商自己的成本费用或市场需求来制定的。

竞争导向定价法最大的优点在于考虑到了产品价格在市场上的竞争力。但其主要缺点有：过分关注价格竞争，容易忽略其他营销组合可能形成产品差异化的竞争优势；容易引起竞争者报复，导致恶性价格竞争，使公司利润受损。实际上，竞争者的价格变化并不能被精确估算。

## 第三节　定价策略

前面所述的定价方法是依据成本、需求和竞争等因素决定产品基础价格的。基础价格是单位产品在生产地点或者经销地点的价格，尚未计入折扣、运费等对价格的影响。企业要更好地实现目标，就应该根据不同的产品和市场情况，采用灵活多变的定价策略和技巧。

但在市场营销实践中，由于企业生产经营的产品和销售渠道以及所处的市场状况等条件各不相同，所以企业还需要考虑或利用灵活多变的定价策略，修正或调整产品的基础价格。

## 一、折扣定价策略

企业为了鼓励消费者及早付清货款、大量购买、淡季购买，可以酌情降低其基本价格，这种价格调整称为价格折扣，是企业经常采用的价格竞争手段之一。目前，多数企业通过以下几种形式进行价格折扣。

1. 数量折扣

数量折扣主要是根据中间商和用户的购买数量，采用不同的价格折扣，以鼓励大量订货或者一次性多购买某种产品，具体可用累进折扣和非累进折扣等方法。这种折扣是企业给那些大量购买某种产品的顾客的一种减价，因为大量购买能使企业降低生产、销售、储运、销售等环节的成本费用。

数量折扣的促销作用非常明显，企业因单位产品利润减少而产生的损失完全可以从销量的增加中得到补偿。此外，企业产品销售速度加快，企业资金周转次数会增加，流通费用随之下降，而产品成本会大大降低，从而导致企业总盈利水平上升。

2. 现金折扣

这是企业在允许买主延期付款的情况下，鼓励顾客尽早付款，加速资金周转，降低销售费用，减少企业风险而给购买者的一种价格折扣。财务上常用的表示方式为“2/10，n/30”，其含义是双方约定的付款期为 30 天，若买方在 10 天内付款，将获得 2%的价格折扣，超过 10 天，在 30 天内付款则付款没有折扣，超过 30 天付款则要加付利息。现金折扣的前提是，商品的销售方式为赊销或分期付款。因此，采用现金折扣一般要考虑三个因素：折扣比例；给予折扣的时间限制；付清全部货款的期限。

3. 功能折扣

功能折扣又称贸易折扣。指企业根据中间商的不同类型和不同分销渠道所提供的服务不同，给予不同的折扣，以补偿中间商的有关成本和费用。对中间商的主要考虑因素包括在分销渠道中的地位、对生产企业产品销售的重要性、购买批量、完成的促销功能、承担的风险、服务水平、履行的商业责任，以及产品在分销中所经历的层次和在市场上的最终售价等，目的在于鼓励中间商大批量订货，扩大销售，争取顾客，与生产企业建立长期、稳定、良好的合作关系。一般而言，给予批发商的折扣较大，给予零售商的折扣较小。

4. 季节折扣

季节折扣是企业为在淡季购买商品的顾客提供的一种价格折扣。由于有些商品的生产是连续的，而其消费却具有明显的季节性，通过提供季节折扣，可以鼓励顾客提早进货或淡季采购，从而有利于企业减轻库存，加速商品流通，迅速收回资金，促进企业均衡生产，充分发挥生产和销售潜力，避免因季节需求变化所带来的市场风险，如商家在夏季对冬季服装进行的打折促销便是季节折扣。

5. 价格折让

这是另一种类型的价目表价格的减价。折让的形式有：(1)回收折让。指消费者可以用同类的旧产品来抵消一部分产品价格。这种策略多用于耐用品的销售上，如洗衣机、电冰箱等。(2)免费服务折让。指在销售有形产品的同时，向消费者提供免费的服务，如送货上门、安装、维修等。(3)促销折让。指企业为经销商提供营业推广活动、刊登广告等促销方式，从而调动经销商的积极性，促进产品销售。

## 二、地区定价策略

企业产品要运往不同的市场区域进行销售，其中发生的运输费用对产品的价格会产生显著的影响，在产品交易的各方之间，无论是谁来支付运费，都将影响产品的售价，尤其是当运费在产品成本中所占比例较大时。企业的地理定价策略，就是考虑产品交易时的地理差异进行定价。

1. FOB 原产地(离岸价格)定价

FOB是指消费者(买方)按照厂价购买某种产品，企业(卖方)只负责将这种产品运到产地某种运输工具(如卡车、火车、船舶、飞机等)上交货。交货后，产品的所有权就转移给了消费者；相应地，消费者将承担随后发生的一切风险和费用。如果按产地某种运输工具上交货定价，那么每一个消费者都各自负担从产地到目的地的运费，这是很合理的。但是，这样定价对企业也有不利之处，即远地的消费者有可能不愿购买这个企业的产品，而购买其附近企业的产品。

2. 统一交货定价

所谓统一交货定价就是企业对于卖给不同地区消费者的某种产品，不论远近都实行一个价格。这个价格水平是按照相同的厂价加上等额的运费形成的。实际上，是近距离的消费者在运费上补贴了远距离的消费者。当运输成本相对较低而且企业希望对所有销售区域执行同一价格时，通常采用这种定价策略。

3. 分区定价

分区定价是指企业把全国(或某些地区)市场划分为若干个价格区，对于不同价格区销售的产品，分别制定不同的地区价格。距离企业远的价格区，价格定得较高；距离企业近的价格区，价格定得较低。在各个价格区范围内实行一个价格。这种策略容易出现的问题是：(1)在同一价格区内，有些消费者距离企业较近，有些顾客距离企业较远，前者就不合算；(2)处在两个相邻价格区接壤处的消费者，能够利用明显的价格差别套利，最终导致“窜货”的发生。

4. 基点定价

有些企业会选定某些城市作为基点，然后按一定的厂价加上从基点城市到消费者所在地的运费来定价，而不管产品实际上是从哪个城市起运的。西方的制糖、水泥、钢铁和汽车等行业一直采用基点定价。有些企业为了提高定价的灵活性，会选定许多个基点城市，按照消费者最近的基点计算运费。这种方法适用于以下条件：(1)产品笨重，运费占产品成本的比例很高；(2)市场范围大，消费者分布广；(3)产品需求弹性小。这种策略的优点是，有利于企业产品扩展到远方市场，增加竞争力；缺点是，对邻近地区的消费者不利。

5. 运费免收定价

有些企业因为急于在某些地区开展市场，会选择由本企业负担全部或部分实际运费。这些企业认为，如果市场份额扩大，其产品平均成本就会降低，足以抵偿这些运费开支。采取运费免收定价，可以使企业加深市场渗透，并且能在竞争日益激烈的市场上站得住脚。

## 三、心理定价策略

### (一)整数定价

整数定价是指针对消费者的求名、求方便心理，将商品价格有意定为以“0”结尾的整数。

在日常生活中，对于难以辨别好坏的商品，消费者往往喜欢以价论质，而将商品的价格定为整数，使商品显得高档，正好迎合了消费者的这种心理。例如，精品店的服装可以定价为 1 000 元，而不必定为 998 元。这样定价的好处是：(1)可以满足消费者炫耀富有、显示地位、崇尚名牌、购买精品的虚荣心；(2)省却了找零钱的麻烦，方便企业和消费者的价格结算；(3)对于花色品种繁多、价格总体水平较高的产品，可以利用产品的高价效应，在消费者心目中树立高档、高价、优质的产品形象。

整数定价策略适用于产品需求价格弹性小、价格高低不会对需求产生较大影响的商品，如流行品、时尚品、奢侈品、礼品、星级宾馆等。

### (二)尾数定价

又称“奇数定价”“非整数定价”，是以奇数或人们喜欢的数字结尾，在直观上给消费者一种价格低廉和企业经过认真的成本核算才定价的感觉，从而使消费者对企业产品及其定价产生信任感。心理学家的研究表明，价格尾数的微小差别，能够明显影响消费者的购买行为。例如，将肥皂的零售价定为 3.9 元而不是 4.1 元。虽然前后仅相差 2 角钱，但会让消费者产生一种前者便宜很多的错觉。有时价格为尾数让消费者觉得真实，如 98.95 元一瓶的葡萄酒，让消费者觉得其价格是经过企业仔细算出来的，给人以货真价实的感觉。有时候尾数的选择完全是出于满足消费者的某种风俗和偏好，如西方国家的消费者对“13”忌讳，日本的消费者对“4”忌讳，美国、加拿大等国的消费者普遍认为单数比双数少、奇数比偶数显得便宜，我国的消费者则喜欢尾数为“6”和“8”。

### (三)声望定价

声望定价是指根据消费者的求名心理，企业有意将名牌产品的价格制定得比市场中同类商品的价格高。声望定价可以满足某些消费者的特殊欲望，如地位、身份、财富、名望和自我形象等，还可以通过高价格显示名贵优质，因此，这一策略适用于一些传统的名优产品、具有历史地位的民族特色产品，以及知名度高、有较大的市场影响、深受市场欢迎的名牌商品。如德国的奔驰轿车、我国台湾的宝丽来太阳镜等，虽然价格偏高，但仍然畅销无阻。这也反映了企业创名牌、树商誉的重要性。

**营销小案例**

金利来以高价赢得市场

金利来领带，一上市就以优质、高价定位，对有质量问题的金利来领带他们决不上市销售，更不会降价处理。给消费者这样的信息，即金利来领带绝不会有质量问题，低价销售的金利来绝非真正的金利来产品，从而极好地维护了金利来的形象和地位。

### (四)招徕定价

招徕定价是指将某几种产品价格定得非常高或者非常低，引起消费者的好奇心理和观望行为，以此带动其他商品的销售。这一定价策略常为综合性百货商店、超级市场甚至高档商品的专卖店所采用。

招徕定价运用较多的是将少数产品价格定得较低，吸引顾客在购买“便宜货”的同时，购买其他价格比较正常的商品。或者将某种产品的价格定得较低，甚至亏本销售，而将其相关产品的价格定得较高，这也属于招徕定价的一种。

### 营销小案例

**"一元拍卖活动"**

北京地铁口有家每日商场，每逢节假日都要举办"一元拍卖活动"，所有拍卖商品均以1元起价，报价每次增加5元，直至最后定夺。但这种由每日商场举办的拍卖活动由于基价定得过低，最后的成交价就比市场价低得多，因此会给人们产生一种"卖得越多，赔得越多"的感觉。岂不知，该商场用的是招徕定价术，它以低廉的拍卖品活跃商场气氛，增大客流量，带动了整个商场销售额的上升。

#### (五)习惯定价

一些产品，尤其是消费者经常购买、使用的日用消费品，已经在消费者心目中形成一种习惯性的价格标准。这一类产品价格不应轻易更改，免得引起消费者不满。企业宁可在产品的内容、包装、质量等方面进行调整，也不应采用调价的方法。日常生活中的饮料、大众食品一般适用这种策略。

### 四、新产品定价策略

新产品价格就是产品处于介绍期的价格。新产品定价的难点在于，无法确定消费者对于新产品的理解价值。如果价格定高了，难以被消费者接受，影响新产品顺利进入市场；如果定价低了，则会影响企业效益。新产品定价常采用的两种方法如表9—1所示。

**表9—1　新产品定价**

| 新产品 | 撇脂定价 | 渗透定价 |
|---|---|---|
| 价格 | 高 | 低 |
| 需求弹性 | 小 | 大 |
| 单位成本 | 与销量关系不大 | 与销量关联度高 |
| 技术秘密 | 拥有专利 | 多个竞争者掌握 |

#### (一)撇脂定价策略

撇脂定价是指在产品上市初期，价格定得较高，以便在较短的时间内获得最大的利润。一般而言，对于全新产品、受专利保护的产品、需求价格弹性小的产品、流行产品、未来市场形势难以测定的产品等，可以采用撇脂定价策略。

撇脂定价通过高价产生厚利，使企业能够在新产品上市之初，迅速收回投资，减少风险，同时，还能提高产品身份，创造高价、优质、名牌的印象；此外还可以在未来有较多的调价余地。不过，撇脂定价策略不利于企业打开新的市场，容易给竞争对手机会。如满足以下条件，企业可以采用撇脂定价：(1)市场有足够的购买者，他们的需求缺乏弹性，即使把价格定得很高，市场需求也不会大量减少；(2)高价使需求减少一些，因而产量减少一些，单位成本增加一些，但这不至于抵消高价所带来的利益；(3)在高价情况下，仍能独家经营，别无竞争者，即有专利保护的产品。

### (二)渗透定价

所谓渗透定价，是指企业将其创新产品的价格定得相对较低，以吸引大量消费者，提高市场占有率。这种定价策略的好处是，能迅速打开新产品的销路，增加产量，使成本随着产量的增加而下降，有利于提高企业的市场占有率，树立良好的企业形象；同时，低价薄利不易诱发竞争，便于企业长期占领市场。其缺点是，成本回收期较长且价格变动余地小，难以应付突然出现的竞争或需求的较大变化。从市场营销实践看，企业采取渗透定价需具备以下条件：(1)市场需求表现得对价格极为敏感，因此低价会刺激市场需求迅速增长；(2)企业的生产成本和经营费用会随着生产经营经验的增加而下降；(3)低价不会引起实际和潜在竞争。

### (三)满意定价

这是一种介于撇脂定价和渗透定价之间的定价技巧。它以获取社会平均利润为目标，同时兼顾企业、中间商、消费者的利益，制定适中的价格，使各方面都满意。其优点是价格比较稳定，在正常情况下，可按期实现目标利润，有调价的余地；缺点是不适应复杂多变和竞争激烈的市场环境。

## 五、差别定价策略

所谓差别定价，也叫价格歧视，是指企业按照两种或两种以上不反映成本费用的比例差异的价格销售某种产品或服务。这种差别定价，不表明产品成本的不同或其他差异，而是根据不同的顾客、不同的时间、不同的场合确定不同的价格。

企业采取差别定价策略必须具备以下条件：

(1)产品市场必须是可以细分的，而且各个子市场必须表现出不同的需求程度；

(2)以较低价格购买某种产品的消费者不可能以较高价格把这种产品倒卖给别人；

(3)竞争者不可能在企业高价格销售产品的市场上以低价竞销；

(4)细分市场和控制市场的成本费用不得超过因实行价格歧视而得到的额外收入，也就是说，不能得不偿失；

(5)价格歧视不会引起消费者反感而放弃购买，影响销售；

(6)采取的价格歧视形式不能违法。

差别定价主要有以下几种形式：

1. 顾客细分定价

即企业按照不同的价格把同一种产品或劳务卖给不同的顾客。比如，对老客户和新客户、长期客户和短期客户、女性和男性、儿童和成人、残疾人和健康人、工业用户和居民用户等，分别采用不同的价格。我国的火车票对学生的售价就是半票，比售给一般人的价格要低。

2. 产品式样定价

即企业对不同花色品种、式样的产品定不同的价格，但这个价格对于它们各自的成本是不成比例的。例如，新潮服装与普通式样的服装虽然成本相近，但价格差异较大。

3. 渠道定价

指企业对经不同渠道出售的同一商品制定不同的价格。例如,出售给批发商、零售商和用户的价格往往不同;在图书城出售的书与在网上书店出售的书的价格也不一样。

4. 地点定价

即对处于不同地点的同一商品收取不同的价格,即使在不同地点提供的商品的成本是相同的。比较典型的例子是影剧院、体育场、飞机等,其座位不同,票价也不一样。这样做的目的是,调节客户对不同地点的需求和偏好,平衡市场供求。

5. 销售时间差别定价

即企业对不同季节、不同时期甚至不同钟点的产品或服务分别制定不同的价格。例如,长途电话收费,在不同时间段,其收费标准不一样;旅游收费在不同季节,其价格也不一样。

## 六、产品组合定价策略

当产品成为产品组合中的一部分时,定价就不能仅仅孤立地考虑该产品,必须与产品组合联系起来考虑。企业要研究出一系列价格,使整个产品组合的利润实现最大化。由于各种产品之间存在需求和成本的相互联系,而且会带来不同程度的竞争,所以定价十分困难。

### (一)产品大类定价

企业通常生产的是产品大类,而不是单一产品。当企业生产的系列产品存在需求和成本的内在关联性时,为了充分发挥这种内在关联性的积极效应,可以采用产品大类定价策略。

产品大类定价策略是指企业就同一系列产品的不同规格、型号和质量,按照相近原则,把产品划分为若干个档次,不同档次制定不同价格的策略。

进行产品定价时,首先,确定某种产品的最低价格,让它在产品线中充当领袖价格,以吸引消费者购买产品线中的其他产品;其次,确定产品线中某种产品的最高价格,让它在产品线中充当品牌质量和收回投资的角色;最后,产品线中的其他产品也分别依据其在产品线中的角色不同而制定不同的价格。

**营销小链接**

奔腾 X80 设计出 1.8 升、2.0 升、2.3 升三种不同排量的汽车,并依次提升产品性能。

2015 款 2.0 升手动基本型定价为 11.9 万元,2015 款 1.8 升自动豪华型定价为 15.2 万元。在制定价格时考虑的因素有:(1)成本差额;(2)顾客对不同特征的评价;(3)竞争对手的价格;(4)各型号间价差不能太大。

### (二)选择品定价

许多企业在提供主要产品的同时,还会提供与主产品密切相关但又可独立使用的产品,如自行车的车篮、车锁,汽车用户可以订购电子升窗控制器、扫雾器和减光器等。选择品定价有两种主要策略:(1)将选择品的价格定得较高,使其成为企业盈利的一个来源。(2)将选择品价格定得较低或免费提供,以吸引消费者购买。例如,许多饭店的酒价很高,而食品的价格相对较低,食品收入可以弥补食品的成本和饭店其他的成本,而酒类则可以带来利润。这就是为什么服务人员极力要求消费者买酒或饮料并抵制消费者自带酒水的原因。也有的饭店会将酒价定得较低,而对食品制定高价,以此来吸引爱饮酒的消费者。

### (三)补充产品定价

如果一种产品的销售会促进另一种产品的销售,则这两种产品互为补充品。有些产品需要附属产品或补充产品,比如剃须刀片和胶卷。企业经常为主要产品(剃须刀和照相机)制定较低的价格,而为附属产品制定较高的价格。例如,卡特比勒公司对其部件和服务制定了高价格,以便在售后市场中获取高额利润。该公司设备的加成率为30%,而部件的加成率有时达到300%。

### (四)分部定价

在服务业中经常采用分部定价的方法,即企业先收取一定固定费用,在此基础上再加收一定的可变使用费用。例如,电信企业在手机的收费中一般先收取一定的固定月租费,在此基础上按实际通话时间收取话费。大型游乐场也先收取门票费用,在游乐场内针对各具体游乐项目再分别收取不同的票价。一般来说,固定定价应较低,以推动消费者购买服务,利润可以从使用费中获取。

### (五)副产品定价

在生产加工肉类、石油产品和其他化工产品的过程中,经常有副产品。如果副产品价值很低,处理费用昂贵,就会影响到主要产品的定价。企业确定的主要产品价格必须能够弥补副产品的处理费用。如果副产品对某一消费者有价值,能带来收入,主要产品的价格在必要的时候可定低一些,以提高企业产品的竞争力。

### (六)产品系列定价

企业可以把相关产品组合在一起,为它制定一个比分别购买更低的价格,进行一揽子销售。例如,化妆品、计算机、假期旅游公司为消费者提供的一系列产品或服务,这一组产品或服务的定价低于单独购买其中每一产品或服务的费用总和。因为消费者可能并不打算购买其中所有的产品,所以这一组合的价格必须有较大的降幅,以此来推动消费者购买。但是,有些消费者不需要整个产品系列。

# 第四节　价格变动与企业对策

企业为某种产品制定出价格以后,并不意味着大功告成。随着市场营销环境的变化,企业必须对现行价格予以适当调整,以适应激烈的市场竞争。

## 一、企业降价与提价

调整价格,可采用降价与提价策略。企业产品价格调整的动力既可能来自内部,也可能来自外部。倘若企业利用自身的产品或成本优势,主动对价格予以调整,将价格作为竞争的利器,这称为主动调整价格。有时,价格的调整出于应付竞争的需要,即竞争对手主动调整价格,企业也相应被动地调整价格。无论是主动调整还是被动调整，其形式不外乎降价和提价两种，如图 9—4 所示。

| 降价 | 提价 |
| --- | --- |
| 产能过剩→价格↓→扩大销售 | 通货膨胀→价格↑→保证盈利 |
| 竞争压力→价格↓→保持份额 | 供不应求→价格↑→限制需求 |
| 成本优势→价格↓→控制市场 | |

**图 9—4　企业降价与提价**

### (一)降低价格

降低价格往往会挑起同行之间的价格竞争，但在下列情况下必须考虑降价：

(1)企业的生产能力过剩，急需要扩大销量来缓解库存压力，但此时通过加强推销、改进产品或者其他措施都不能达到目的时就需要降价。不过，企业降价容易引起价格战。

(2)企业面临强大的竞争压力，市场占有率逐渐下降，为了扭转被动局面、保住市场份额而降低价格。例如美国的汽车、照相机等行业，由于日本竞争者的产品质量较高、价格较低，使其丧失了市场，面对这种情况，美国的一些企业不得不降价。国内市场也是如此，1996 年长虹彩电降价 30%，TCL 曾试图保持原价，通过提高产品质量和差异、加大广告宣传力度来应付，但终因产品的价格弹性较强而未能见效，也不得不采取降价策略。

(3)企业的成本降低，使产品有降价的空间；或者是企业希望通过降价来扩大市场份额，进而达到降低成本的目的。因为有些产品的潜在顾客由于受其消费水平的限制而放弃购买，企业降价无疑可使这一部分顾客转化为现实顾客，从而增大企业的销量，但此时降价的风险也较高。首先，顾客可能会误认为是产品的质量降低；其次，价格降低在一定时间内可买到市场份额，但买不到顾客忠诚，随着竞争者价格的降低，顾客又会转向竞争者。

(4)在经济萧条时期，消费者的购买力下降，他们只愿意购买较为便宜的东西，此时企业不得不降价，以适应消费者的购买力水平。

企业降价既可直接将企业产品的目录价格或标价绝对下降，也可灵活地采用变相降价的方式。具体方法有：提供各种折扣、优惠；提供多种免费服务；在价格不变的情况下，提高产品质量、增加产品的性能、增大单位包装的产品含量；允许顾客延期付款；等等。由于这种降价技术较为灵活与隐蔽，不会很快招致竞争者的攻击。

### (二)提高价格

提高价格虽然会引起消费者的不满，但在下列两种情况下企业就应该提价：

1. 通货膨胀、物价上涨，企业成本提高，这是导致企业提价的一个重要原因

货币贬值造成物价普遍上涨，企业成本增加，生产效率却不能相应提高，这将导致利润下降，企业不得不提高价格。在通货膨胀条件下，企业常采用下列方法来调整价格，以应对通货膨胀：

(1)延缓报价。即企业暂时不确定最后价格，等到完工或交货时再确定价格。一些生产周期较长的行业，如建筑业和重型设备制造业通常采用这种方法。

(2)在合同中注明随时调价的条款。即企业在合同中规定，在一定时期内可按某种价格指

数来调整价格。

(3)对产品和服务分别定价，产品价格不变，将以前的某些免费服务项目改为收费服务，这样原产品价格实际上提高了。

(4)取消获利低的产品。

(5)缩小报价单位。如某乳品厂生产的袋装奶粉原价每袋9.20元，当原料向上调价后，该厂保持售价不变，而把原来500g一袋改为400g一袋。

(6)减少产品功能，降低产品质量。但这种做法容易引起消费者反感，影响企业形象。

2. 企业产品供不应求，无法满足所有消费者的需求，提高价格能有效抑制过旺的需求，并增加企业的利润，这是企业提价的另一原因

在这种情况下，提价的方法有：取消价格折扣；在产品大类中增加价格较高的种类；把价格提高。企业提高价格时，为了减少消费者的不满，应通过各种传媒做好宣传解释，争取他们理解，并帮助他们解决因产品提价而产生的困难。

企业无论是降价还是提价，都应注意价格调整的幅度和频率，还要把握价格调整的时机，以取得预期的效果。同时，企业调整价格要符合政府的有关政策和法律，避免因违反《价格法》《反不正当竞争法》《消费者权益保护法》等而受到制裁。

产品价格是消费者最为敏感的要素，也是企业最敏感的因素，企业调高了价格必然会产生很大的影响，既包括消费者方面的，也包括竞争者方面的。企业需要对这些影响进行分析，然后制定相应的对策。

企业提价可采取如下几种方式：

(1)直接提高商品目录的价格。在企业提价原因不明的情况下，很容易招致消费者的反感。

(2)在通货膨胀时期延缓报价。企业决定暂时不规定最后价格，等到产品制成时或交货时方规定最后价格。对于生产周期较长的商品，如大型机械设备、轮船、飞机制造等，采用延缓报价可减少通货膨胀对企业造成的不利影响。

(3)采用价格自动调整条款。企业要求顾客按当前价格付款，但在交货时可按某种价格指数调整价格，如在交货时支付由于通货膨胀引起增长的全部或部分费用。这一般适用于施工时间较长的工程，如建筑业。

(4)将免费项目独立出来收费。如免费送货、免费的零配件等都可被重新定价。

(5)减少或取消价格折扣。如数量折扣、现金折扣等。

在方式选择上，企业应尽可能多地采用间接提价，把提价的不利因素降到最低程度，使提价不影响销量和利润，而且能被潜在消费者普遍接受。同时，企业提价时应采取各种措施，向顾客说明提价的原因。另外，在确定价格调整幅度时，企业应考虑到消费者的反应。

当然，企业也可采取其他方法来避免提价：在价格不变、包装不变的情况下，减少产品的分量；降低产品的质量；减少产品的功能；使用廉价的材料；等等。但是，如果这些方法运用不当，容易引起顾客的不满，降低企业形象，给企业的长远发展带来不利影响。

## 二、消费者对企业产品调价的反应

消费者对企业产品价格调整的反应，将直接影响价格变动的目的能否实现。通常，消费者对价格变动的反应是通过消费者对原来购买产品数量的增减反映出来的，对此企业应该高度

关注，进行分析预测，制定相应的策略。消费者对企业产品调价的反应见表9－2。

表9－2　消费者对企业产品调价的反应

| 顾客眼中的降价 | 顾客眼中的提价 |
| --- | --- |
| 式样陈旧 | 数量有限 |
| 有缺点 | 有价值 |
| 财务困难 | 赚大钱 |
| 还要跌 | 还要涨 |
| 质量有问题 | |

由于不同产品的需求价格弹性存在差异，因此不同产品的价格调整对消费者的影响是不同的。消费者一般对那些价值低、不经常购买的小商品价格不太在意。另外，消费者不但关心产品的价格，还关心使用和维修产品产生的相关费用。因此，如果企业能使消费者相信某种产品取得、使用和维修的总费用较低，就可以把这种产品的价格定得比竞争者高，从而获得更多的利润。

## 三、竞争者对企业产品调价的反应

企业在考虑调整价格时，不仅要考虑到购买者的反应，还必须考虑竞争对手对企业价格变动的反应。当某一行业中企业数目很少时，提供同质产品的竞争者的反应就显得很重要。

在异质的产品市场上，企业调价的自由度和竞争者做出反应的自由度都很大。消费者做出购买决策时也不只是考虑价格因素，还要更多地考虑各种非价格因素，如产品的质量、款式、顾客服务等，这些因素也减少了消费者对较小产品价格差异的敏感性。

在产品质量相同的市场上，竞争者对企业调价的反应很重要。(1)当产品供不应求时，竞争者一般会追随企业的产品提价而提价，即使有个别企业不提价，也不会影响到本企业产品的销售；(2)当企业由于通货膨胀导致成本上升时，只要有一个竞争者因为能在企业内部全部或部分地消化增加的成本，或认为提价不会使自己得到好处，因而不提价或提价幅度较小，那么企业和追随者提价的产品销售都将受到影响，可能不得不降价。企业产品降价时，竞争者产品不降价，企业产品销量会上升，市场占有率也会提高。当然，竞争者也可能采取非价格的手段来应对企业产品降价。但更多的情况是，竞争者会追随企业进行产品降价，企业之间进入新一轮产品价格竞争。当企业因为产品成本低于竞争者而降价时，企业拥有一定的竞争优势，拥有更多降价空间，如果竞争者追随降价并对损失的承受能力低于企业，这时企业有能力发动进一步的产品降价，在这种情况下，竞争者反应的影响作用相对减弱。但企业缺乏低成本为依托的产品降价，在竞争者追随降价后，企业之间又恢复原来的竞争格局，谁也不能从产品降价中得到好处，这是当前市场上产品价格竞争最常见的结局。

因此，企业要准确分析、预测竞争者对企业产品调价的反应，制定相应的营销策略，而不是随意地进行产品价格调整。

当企业只面对一个主要竞争者时，企业可以从两方面来预测竞争者对企业调价做出的可能反应：

(1)竞争者对其对手的价格变更以一种既定的方式做出反应。在这种情况下，竞争对手的反应可以预测。企业可以通过获取并分析该竞争者的内部资料、历史案例来预测其可能的反应,也可以根据从该竞争者接触较多的顾客、供应商、代理商、金融机构等方面获取信息来预测其可能的反应。

(2)假设竞争者将企业的每次产品调价都看成挑战,并根据当时自身利益做出反应。在这种情况下,企业必须确定竞争者的自身利益所在,调查竞争者当前的财务状况、生产能力和销售情况、顾客忠诚情况及经营目标。如果竞争者以维持和提高市场占有率为目标,它会在企业产品提价时保持价格不变,在企业产品降价时也追随降价;如果竞争者以当期最大利润为目标,那么企业提高产品价格时竞争者会提价,在企业产品降价时竞争者可能不降价,而采用加强消费者服务等非价格手段来开展竞争。

竞争者对企业产品调价可能做出的反应,与竞争者对企业产品调价目的的判断有关。因此,企业在搜集竞争者资料时,也要注意搜集竞争者对企业产品调价的看法。

当企业面对几个竞争者的时候,就必须对每个竞争者的可能反应做出估计。如果他们的反应类似,那么只需要对其中一个典型的竞争者进行分析即可。当各个竞争者由于在生产规模、市场份额和经营战略等方面存在较大差异,做出的反应也各不相同时,企业就应该对他们分别进行分析。一般地,如果某些竞争者会追随企业产品调价而调价,就可以认为其他竞争者也会这样做。

**营销小链接**

休布兰公司的差别定价策略

休布兰公司在美国伏特加酒市场上属于营销出色的公司,其生产的史米尔诺夫酒在美国伏特加酒的市场占有率达23%。20世纪60年代,另一家公司推出一种新型伏特加酒——华而夫施密特,其质量不比史米尔诺夫酒低,每瓶价格却比它低一美元。按照惯例,休布兰公司有三种对策可供选择:(1)降价一美元,以保住市场占有率;(2)维持原价,通过增加广告费用和推销支出来与对手竞争;(3)维持原价,听任其市场占有率降低。由此看出,不论公司采取上述哪种策略,都处于市场被动地位。但是,公司的市场营销人员经过深思熟虑后采取了对方意想不到的第四种策略。那就是,将史米尔诺夫酒的价格再提高一美元,同时推出了另外一种品牌——雷尔斯卡,来同华而夫施密特竞争,并且还生产另一种品牌——波波夫,以低于华而夫施密特的售价出售。

这一策略,一方面提高了史米尔诺夫酒的品牌形象,同时使竞争对手的华而夫施密特沦为一种普通的品牌。结果,休布兰公司不仅渡过了难关,而且利润大增。实际上,休布兰公司的上述三种产品的味道和成分几乎相同,只是该公司懂得以不同的价格来销售相同的产品而已。

## 四、企业对竞争者产品调价的反应

前面讲的是企业在调价前应预测其他相关方的反应,那么当竞争者的价格先变动时,企业相应地又该如何做出反应呢?

企业对竞争者调价的反应会因市场的不同而不同。在同质产品市场,如果竞争者降价,企业必随之降价,否则企业会失去顾客。如果竞争者提价,且提价对整个行业有利,其他企业会随之提价;但如果有一个企业不提价,提价的企业将不得不取消这次提价。在异质产品市场,企业对竞争者价格变动的反应有更多选择的自由,因为此时的购买者不仅考虑产品价格高低,而且考虑质量、服务、可靠性等因素，因而他们对较小的价格差额并不敏感。具体来说，面对竞争者的价格变动，企业可做出如下反应：

1. 了解竞争者调价的相关信息

面对竞争者的调价，企业在做出反应前，应对下列问题进行调查和分析研究：(1)为什么竞争者要进行产品调价？(2)竞争者的产品调价是长期的还是临时的？(3)如果企业对此不做出反应，会对企业的市场占有率和利润产生什么影响？(4)其他企业对竞争者的产品调价是否会做出反应？这又会对企业产生什么影响？(5)对企业可能做出的每一种反应，竞争者和其他企业又会有什么反应？

2. 企业的应对策略

企业经常受到其他企业以争夺市场占有率为目的而发动的挑衅性产品降价攻击。当竞争者的产品质量、性能等方面与企业的产品没有差异或差异很小时，竞争者产品的低价有利于其扩大市场份额。这种时候，企业可以选择的对策主要有：

(1)维持原来的价格。如果企业认为产品降价会导致企业利润大幅减少，或认为企业消费者忠诚度会使竞争者市场份额的增加极为有限时，可能采取这一策略。但如果由于竞争者市场份额增加而出现其竞争信心增强、企业消费者忠诚度减弱或企业员工士气动摇等情况时，那么这一策略可能会使企业陷入困境。

(2)维持原价的同时改进产品、服务、沟通等。企业发现运用这种战略比低价经营更划算。

(3)追随产品降价，市场领导者降价是因为他们认为：降价后成本会随着数量的增加而下降；由于市场对价格很敏感，不降价将使市场占有率大幅下降；维持原价将导致市场份额降低后难以恢复原有的市场份额。如果企业降价，不应降低产品质量和服务水平，否则会损坏企业形象，影响以后的发展。

(4)提价并开发新品牌来围攻竞争者的降价品牌，这将贬低竞争者降价品牌的市场定位，提升企业原有的品牌定位，也是一种有效的价格竞争手段。

(5)推出更廉价的产品线。企业可在竞争者所攻击的产品线中增加廉价的产品，以迎接竞争者的挑战。

竞争者发动的价格竞争通常是经过周密策划的，留给企业做出反应的时间很短。因此，企业应建立有效的营销信息系统，加强对竞争者有关信息的搜集，以便对竞争者可能的调价行动做出正确预测，同时还应建立应对价格竞争的反应决策模式，以便缩短反应时间，应对竞争对手的调价。

## 本章习题

**一、名词解释**

撇脂定价法　　渗透定价法　　投标定价法　　差别定价　　招徕定价　　声望定价

**二、简答题**

1. 影响企业定价的因素有哪些？
2. 心理定价策略有哪些？
3. 简述竞争者对企业调价的反应。
4. 企业定价目标有哪些？
5. 新产品定价包括哪几种定价方法？

## 三、操作训练题

以某企业为例，根据企业自身的特点，给企业产品设计一个合理的定价策略。

## 四、案例分析题

### 日化群雄逐鹿价格战

一、降低姿态的宝洁

美国宝洁公司是世界最大的日用消费品公司之一，全球雇员近10万人，在全球80多个国家设有工厂及分公司，所经营的300多个品牌的产品畅销160多个国家和地区，其中包括洗发用品、护发用品、护肤用品、化妆品、婴儿护理产品、妇女卫生用品、医药、食品、饮料、织物、家居护理用品及个人清洁用品。在中国，宝洁的飘柔、海飞丝、潘婷、舒肤佳、玉兰油、护舒宝、碧浪、汰渍和佳洁士等已成为家喻户晓的品牌。

宝洁进入中国以来一直采用的是市场高价策略，这对宝洁迅速实现在中国的盈利以及10多年的高速发展十分重要。高价策略使宝洁这样一个注重研发的企业快速收回了研发成本，并且成功地在中国消费者心目中树立了宝洁中高档产品的独特形象。

但是，出乎业内人士意料的是，一贯姿态甚高的宝洁从2003年开始突然打起了降价牌，从碧浪、汰渍到帮宝适，从潘婷、飘柔到激爽、舒肤佳，宝洁许多价高产品大张旗鼓降价促销，麾下众品牌开始以平民化姿态向假货和国产品牌叫板。

2002年3月，宝洁在全国范围内悄然推出一种大众化包装的汰渍（其价格从5.9元降到了3.5元）。2003年4月，汰渍、碧浪开始轮番降价，价格一度跌到3元以下，直逼纳爱斯的雕牌。宝洁另一战壕的旗帜产品品牌飘柔、潘婷亦含羞遮面开始试探“降价”的水温。

2003年2月起，强调年轻活力的激爽首次降幅30%，每100毫升新价格为4元，剑指同样目标定位突出清爽的六神；而以除菌闻名的舒肤佳沐浴露价格降幅达到了25%，每100毫升新价格为4.9元，剑指目标定位突出健康的花世界；而玉兰油沐浴乳亦加入降价行列，首次降幅20%，剑指以护肤为主打的强生。同时宝洁通过全国电视广告大力支持3个品牌沐浴露降价，并通过店内POP来宣传促销。

在中国消费者的心目中，宝洁公司的系列日化产品一直都是一种中高档产品、中高档价位的形象。这种价值感从宝洁20世纪80年代中期登陆中国以来直到现在都没有改变过。但是中国化妆品市场的发展并没有如宝洁所预期的那样，反而是农村市场快速发展，而城市市场日趋饱和。一些以流通方式开拓的品牌以低价格和高知名度迅速占领了宝洁的薄弱市场——农村，并且随着经济发展的现状——物价指数的下降，而攻入中小城市市场，进一步威胁到宝洁在中心城市的地位。截至2002年底，在洗发水领域，舒蕾、夏士莲、好迪、名人、蒂花之秀等群雄并起；在洗衣粉领域，雕牌、奇强等低价杀入；在护肤品领域，宝洁正受到大宝、小护士等的攻击。低价的二、三线品牌以及外资商品迅速地抢占了宝洁的市场份额，宝洁受到强有力的挑战。

作为市场领先者，宝洁需要做的就只有继续让旗下的产品稳居细分市场榜首，立在潮头，这样才能使竞争对手的市场份额的扩张受到遏制，保持自己的竞争优势。形势逼迫这位日化巨头不得不对当前的战略进行调整，于是宝洁的持续降价策略启动了，在品牌光辉掩映下的系列产品以低价大量进入中低端市场，也同样对这些围追堵截的二、三线品牌还以颜色，发动了一场空前的价格战，试图通过降价打击竞争对手，收复失地。

宝洁降价的核心就是与竞争对手在价格层面直接交锋，利用高品质、低价格快速打垮竞争对手，夺回失去的阵地。而面对宝洁的降价，在中国市场围攻宝洁的众多日化产品制造商和销售商们则更显出严阵以待的态度，因为它们要迎接的将是一场惨烈的竞争。

二、长袖善舞的纳爱斯

浙江纳爱斯集团是目前国内洗衣粉、肥皂两大行业的龙头企业，它正是采用极具攻击性的价格战，才在短短几年内，在竞争激烈的洗涤用品市场获得了主动，并逐步占据了霸主地位。纳爱斯集团当时认为，洗涤用品市场正处于增长期，市场增长率的提高必定会导致产品产量的增加，进而带动产品成本的下降。但是，随着市场规模的增大，行业内竞争者和行业外的新进入者都会来分一杯羹，市场格局的变化还是难以预料的。于是，纳爱斯集团断然采取了极具风险的低价攻势，纳爱斯从战略上将进攻点定在“高档产品大众化”上，相应的品牌营销策略也基本上围绕这一点展开。纳爱斯的切入点是从比较优势入手，“不怕不识货，就怕货比货”。既然宝洁玩的是“高价游戏”，纳爱斯就到处说“只买对的，不买贵的”，不以自己的实际制造成本来确定产品的销售价格，而是假设自己的销售量已达到某个量来确定售价。表面上看，这纯属自杀行为，但由于定价远远低于竞争对手，同时采取灵活的营销策略，辅之以铺天盖地的广告宣传，使得市场份额迅速膨胀，销售量急剧上升，一段时间以后便让自己的产品成本降至预定的区域内。

虽然大部分竞争者因“成本门槛”被淘汰出局，但如果也有一些公司看穿了纳爱斯的战略意图而跟着削价怎么办？显然这就会演变成你死我活的消耗战了。不过如果跟进者只有极少数（目前只有南风集团的奇强），那么由于纳爱斯集团率先采取了低价攻势，从而先入为主地占据了市场的制高点，占据了消费者的心智资源——“只买对的，不买贵的”，也就降低了风险系数。事实上，纳爱斯洗衣粉年产量已超过 100 万吨，占据了中国洗衣粉市场的绝对霸主地位。从 2000 年开始，纳爱斯开始了它的产品线扩张，从洗衣皂和洗衣粉开始向雕牌牙膏、纳爱斯香皂扩展，2001 年，又增加了水晶皂、沐浴露、洗发水等。显然，纳爱斯在构筑一个新的洗涤王国，它为自己设定的目标是：成为“中国跨国公司”，进入全球经济圈。集团的战略意图随着市场的变化如愿实现。

三、试图超越的联合利华

联合利华集团是全球最知名的日用消费品公司之一，总部位于荷兰鹿特丹及英国伦敦，整个事业集团共分北美、欧洲、亚太、拉丁美洲、非洲和中东等区域事业体；公司是英、荷合资企业，在 100 个国家设有分公司，产品行销网遍及 150 个国家，是全球获利最佳的公司之一，在 88 个国家中拥有约 300 多个业务机构，1 000 多个著名品牌的产品在 150 多个国家销售；整个集团现有员工近 30 万。

但联合利华 1993 年进入中国以后的道路并不平坦，旗下的奥妙洗衣粉的市场份额曾一度落在宝洁公司的碧浪和汰渍后面。

2000 年 11 月，联合利华将两款新推出的奥妙洗衣粉——奥妙全效和奥妙全自动洗衣粉——全面降价，降幅分别达 40%和 30%，400 克奥妙洗衣粉的价格从近 6 元直逼 3.5 元，这个价格当时仅相当于主要对手的一半左右。由于奥妙精心营造的高档形象已深入人心，老百姓突然能够买得起以前买不起的奥妙洗衣粉了，市场由此打开，奥妙也一跃成为洗衣粉市场的领导品牌，月销售量大幅度增加，比原来增长了 4 倍以上。

据当时的调查，降价后的奥妙洗衣粉在全国各主要城市的零售都出现了连续热销，奥妙品牌市场占有率翻了一番，把老对手宝洁公司也甩在了后面。在上海，奥妙洗衣粉的市场份额达到了突破性的 37%，稳稳地坐上了头把交椅。而在四川，广告轰炸和降价促销使奥妙的市场占有率迅速上升到 12%，这与宝洁的汰渍和碧浪市场占有率的下降正好形成鲜明对比。

著名的调查公司 AC 尼尔森公司曾对 2000 年洗衣粉市场销售量前十的品牌进行过零售调研，结果显示，奇强和雕牌以非常接近的份额分别名列第一、第二位，奥妙排在立白后面，位列第四，碧浪及汰渍分别名列最末两位。奥妙已成为中国最具知名度的洗衣粉品牌之一。

在洗发护发产品上，2003 年，联合利华推出了 200 毫升瓶装的夏士莲黑芝麻洗发露，通过产品细分（强调头发黑亮）、价格低廉（只有 10 元）以及耳目一新的电视广告，加上“用起来与飘柔差不多的感觉”，使宝洁陷入竞争恐慌中。针对联合利华的挑战，宝洁推出了 9.9 元的飘柔日常护理洗发液，试图占领低端市场。

无论是宝洁公司、纳爱斯集团还是联合利华集团，在它们价格战的背后都秉承着同样的战略意图：牺牲眼前市场的产品利润，不断降低产品成本，直到形成无人可及的成本优势，才以低成本、低价格来清理业内门户，同时也以规模效益高高筑起“行业门槛”，打消行业外可能进入者的企图，巩固市场竞争中的优势地位。

**思考题：**

1. 试分析宝洁进入中国市场时的定价策略和纳爱斯的定价策略，这两种策略分别有什么优势？

2. 面对纳爱斯和联合利华的低价和降价，作为领导者的宝洁可以采取什么样的价格策略？

3. 面对市场上日趋激烈的竞争，你认为价格战是一种好的竞争手段吗？如果是，请回答成功发动一场价格战应注意哪些方面；如果不是，请回答如何规避价格战的风险。

# 第十章
# 分销渠道策略

**【学习目标】**

1. 了解分销渠道的概念和类型；
2. 了解消费品市场和工业品市场中的渠道体系；
3. 掌握批发商管理策略；
4. 掌握零售商管理策略。

**【案例导入】**

**得渠道者得天下**

2015 年 6 月，王老吉诉加多宝“中国每卖 10 罐凉茶，7 罐加多宝”系列广告构成虚假宣传不正当竞争案二审在广东省高级人民法院开庭。至此，加多宝与王老吉已多次对簿公堂。

2012 年，在广州药业集团，收回王老吉商标后，渠道管理问题成为企业面临的一个重要课题。由于王老吉商标一直被租借，所以长期的渠道管理都是借别人之手。当法院公开宣判后，虽然品牌回归广药，但是渠道却被竞争者牢牢掌控着，大半年的时间里，在很多一线城市的大型零售终端，很难找到红罐王老吉，取而代之的是红罐加多宝，这成为广药集团一个非常头疼的问题。

为了解决这个问题，广药集团在全国市场急招了 3 000 多人的销售团队，并借助原有的绿盒王老吉的销售渠道，经过详尽的调研，王老吉采取了“先超市后餐饮”的两步走战略：一方面对大型超市铺货；另一方面加大投入大型餐饮连锁店。同时，进一步借助有一定实力的酒水经销商，提高餐饮渠道的市场份额。

经过几年的渠道重新布局，配合其他有效的营销策略实施，目前王老吉的市场份额已大幅度提升，逐渐开始和加多宝形成对立之势。

无论是加多宝的渠道制胜战略，还是王老吉的渠道管理工作的奋起直追，都证明了一点：得渠道者得天下！在企业管理的过程中，牢牢抓住渠道管理这个部分，就会在激烈的市场竞争中取得长期的竞争优势，使企业立于不败之地。

商品从生产者流向最终消费者的过程中要经过一系列的商务活动，这一过程要借助市场营销渠道来完成。掌握科学的渠道管理方法，是企业提升市场营销能力、获得竞争优势的利器。

# 第一节　分销渠道的职能与类型

## 一、分销渠道的含义与职能

### (一)市场营销渠道与分销渠道的概念

所谓分销渠道,是指某种产品和服务在从生产者向消费者转移过程中,取得这种产品和服务的所有权或帮助所有权转移的所有企业和个人,如图 10—1 所示。

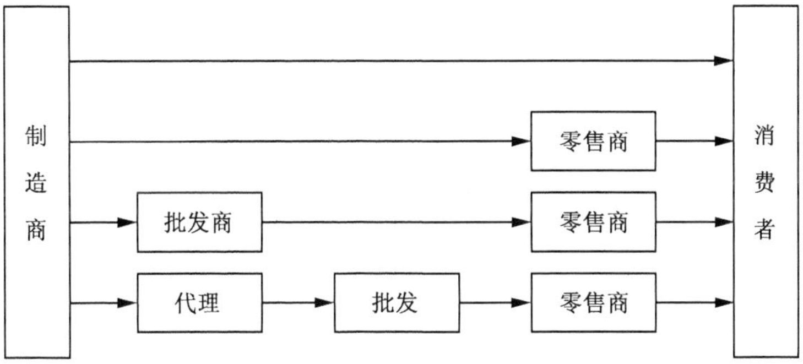


**图 10—1(a)　消费者分销渠道**

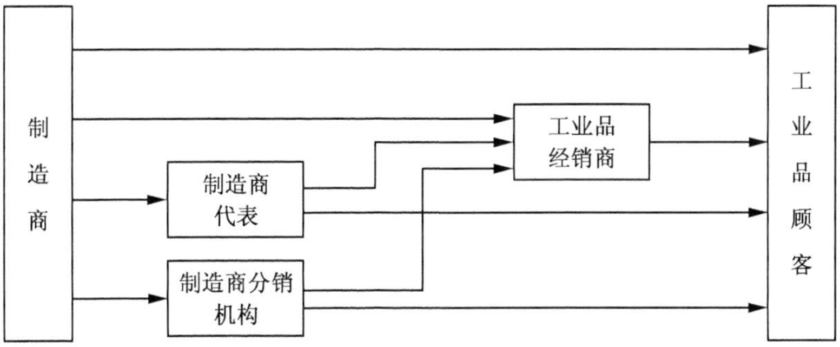


**图 10—1(b)　工业市场分销渠道**

对于渠道的定义,国内外的学者进行了深入的研究,美国学者斯特恩和艾尔·安塞利对市场营销渠道的定义是,致力于促使产品或服务顺利地消费或使用有关活动的一系列相互依存的组织。中间商关心自己的利润和风险,很可能把渠道定义为商品交换过程;消费者更可能把渠道看作多种形式的中间商,这些中间商所形成的组织共同协作、赚取利润。在一些学者的研究中,渠道被看作经济系统的一部分,认为渠道就是组织和效率。

总之,渠道常常被人们理解为一种商品从生产者手中到达最终用户手中的通道;一种实现商品交换的过程;也是一种企业之间为实现交易目的而组成的联盟或关系。

在分销渠道中，除产品所有权转移方式外，在生产者与消费者之间还隐含着其他的物质流动形式，如实体流、所有权流、支付流等。它们相辅相成，但在时间和空间上并非完全一致。

(1)实体流。指实体原料及成品从制造商转移到最终顾客的过程。

(2)所有权流。指货物所有权从渠道中的某个主成员到另一个主成员的转移过程。

(3)促销流。指某一渠道成员运用其广告、人员推销、宣传、销售促进等活动，对另一渠道成员施加影响的过程。

(4)协商流。指在整个渠道管理过程中，渠道成员之间所进行的价格制定，以及调整、促销策略商议、人员调整等一系列的沟通调整过程。

(5)财务流。是指货款在各渠道成员之间的流动过程。

(6)风险流。在整个渠道发展过程中，随着实体流的流动，渠道各个环节的成员所需要承担的相应风险的流动过程。

(7)订购流。主要指在整个渠道内部所进行的预期商品流动活动。

(8)支付流。主要指在渠道运行过程中，货款预付、货款支付等资金的流动。

### (二)分销渠道的职能

分销渠道中，商品完成了从生产者到消费者的移动，在这个过程中完成了商品或服务在时间、地点和所有权上的分离。分销渠道成员承担了许多渠道所要承担的职能，只有实现这些职能，才能顺利完成渠道管理工作。这些职能包括：

(1)收集信息。主要包括收集潜在消费者、消费者、竞争者等多方面的信息。

(2)促销。即对中间商或者消费者进行说服性、教育性的沟通。

(3)接洽。即与现有消费者和潜在消费者进行沟通，传播商品信息、配合促销活动等。

(4)配合。即使所供产品符合购买者需要，包括制造、装配、包装等过程。

(5)谈判。既包括常见的渠道价格谈判，也包括物流运输等相关渠道管理工作的谈判。

(6)物流。即从事产品的运输、储存、配送，将产品从分销渠道上游流通到下游的过程。

(7)融资。即为补偿分销成本而取得并支付相关资金，通常从第三方金融机构获得。

(8)风险承担。渠道成员共同承担相应的分销风险。

分销渠道除了上述主要职能外，还具有减少交易次数、降低流通费用、提供服务、资金融通等作用。因此，企业在市场营销中，重视分销渠道的管理，科学进行渠道建设和渠道管理，对提升整体企业营销水平具有至关重要的作用。

## 二、分销渠道的类型

由于市场条件和市场战略不同，企业所实施的渠道结构方式也是不同的，不同的渠道结构，有利于企业在不同的细分市场开展有效的营销工作。因此，研究和制定合适的营销渠道结构具有非常重要的意义。

### (一) 分销渠道的层次结构

根据有无中间环节和中间环节介入多少划分，分销渠道可分为以下四种基本类型：

1. 直接渠道

直接渠道又称零级渠道，是指产品从企业流向最终消费者的过程中没有任何中间商帮助产品转移，如图 10－2 所示。

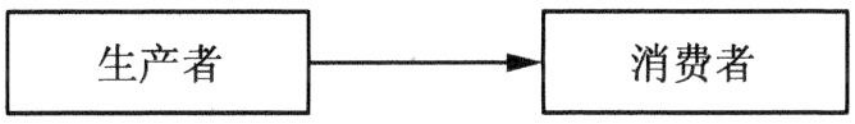


**图 10－2　直接渠道**

直销渠道是最简单、最直接的渠道，可以避免中间商层层加价情况的发生，同时又可以保证生产厂商在渠道管理中拥有最大的话语权，很多直销企业采用的就是这种渠道模式，如世界著名企业安利公司、雅芳公司等。除了很多直销企业外，某些消费品有时也通过直接渠道分销，例如农民在市场上直接将其生产的新鲜蔬菜、水果、禽蛋等生鲜农产品直接销售给最终消费者。近些年来，我国很多大中型城市政府所倡导的“农超对接”商业模式，也是利用直接渠道的结构优势，给广大百姓创造出最大的价格优势。另外，企业也通过采取邮购方式或电话、电视，将其产品直接销售给最终消费者。

在产业市场中，直接渠道是工业品分销采用的主要类型。这是因为，一方面，许多工业品要按照用户的特殊需要制造，有高度的技术性，企业要派遣专业人员去指导用户安装、操作、维护设备；另一方面，这些工业品的单价高，用户数量较少，某些行业生产基地往往集中在某一地区，用户购买批量大。

虽然直接渠道具有很多的渠道结构优势，但它会分散企业的精力，使企业增加渠道资金投入，企业需要承担全部的市场风险，无法利用广大中间商的能力开拓当地市场，这些都是企业使用直接渠道所要充分考虑的因素。

2. 间接渠道

间接渠道是指企业利用中间商，将商品送到最终消费者手中的一种渠道结构模式。大多数企业缺乏直接开展市场营销的财力和经验，需要利用中间商的销售网络、业务经验和专业化渠道运作能力；另外，从获利角度分析，利用中间商分销能够减少商品的交易次数，获得更多利润。间接渠道包括一级渠道、二级渠道、三级渠道等。

(1)一级渠道。这种模式是指商品从生产者流向最终消费者的过程中，经过一个中间商的渠道结构模式。在消费品市场上，这个中间环节通常是零售商，在产业市场，则可能是销售代理商，如图 10－3 所示。

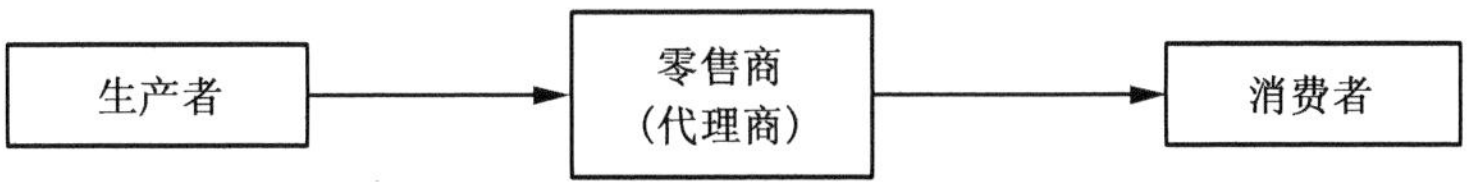


**图 10－3　一级渠道**

一级渠道的优点是：中间环节少，产品分销渠道短，有利于企业充分利用零售商的力量来扩大产品销路。例如，世界零售业连锁巨头沃尔玛在全球采购过程中，往往直接从生产商处采购，利用一级渠道模式所带来的优势，创造出世界零售界的神话。其缺点包括：一是需要对零售商进行有效的控制；二是大规模专业化生产与零散消费之间的矛盾，即因零售的储存不可能太大而不能很好地解决存储成本。

(2)二级渠道。这是现实生活中比较常见的渠道模式。这种模式是指在企业与消费者之间经过两个层次的中间环节的分销渠道。如图 10－4 所示，在消费者市场，通常表现为批发商和零售商，如现实生活中的很多日常消费品，经过食品或饮料批发商，最后由零售商销售给最终消费者；在产业市场，则通常是批发商和销售代理商。

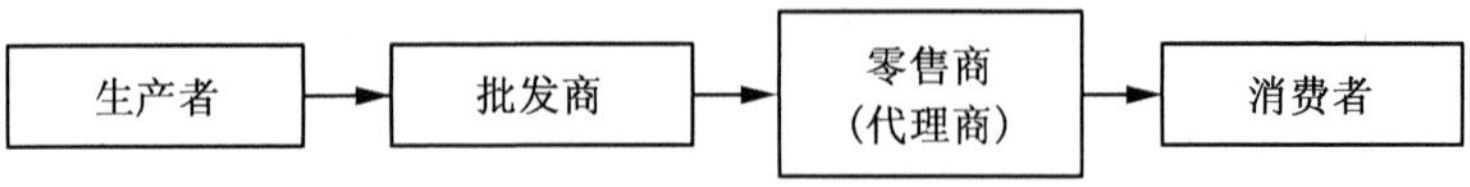


图 10－4　二级渠道

(3)三级渠道。这种模式是指在企业与消费者之间经过三个层次中间环节的分销渠道。在国际贸易中，很多企业为了开拓国际市场，多采用这种渠道结构。这种渠道结构通常经过一个专业的代理商，再由代理商负责一个细分市场，将商品分销到批发商、零售商，最终到消费者手中，如图 10－5 所示。

图 10－5　三级渠道

产品由企业向最终消费者转移的过程中，经过两层或两层以上中间环节的分销渠道称为长渠道；不经过任何中间环节或只经过一层中间环节的分销渠道称为短渠道。一般来说，产业市场中的商品或者生鲜类的特殊商品，往往采用短渠道；销售范围大、产品需求旺盛的日常类消费品，更多选择长渠道。

### (二)分销渠道的宽度策略与企业的分销战略

1. 分销渠道的宽度

分销渠道的宽度是指渠道的每个层次使用同种类型中间商数目的多少。它与企业的分销策略密切相关，如图 10－6 所示。

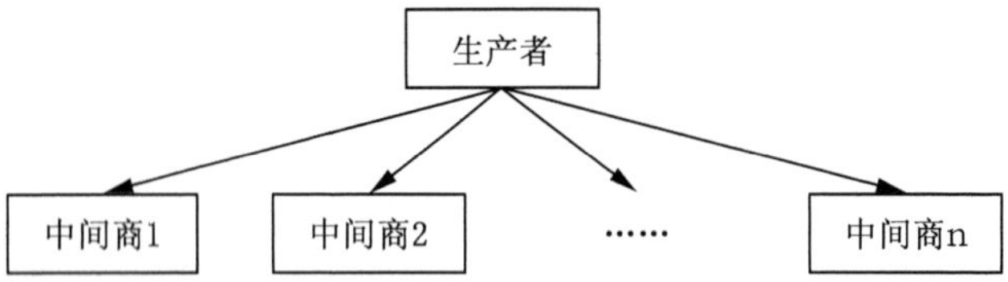


图 10－6　渠道宽度

2. 企业的渠道宽度类型

分销渠道宽度的选择与企业的分销战略密切相关。确定中间商数目时，企业的分销战略通常可分为三种，即密集分销、选择分销和独家分销。

(1)密集分销。密集分销，也称广泛分销。指企业尽可能多地利用每个等级的中间商分销商品，使广大消费者都能及时、方便地购买到所需产品。这种分销策略，比较适合消费品中的便利品(牙膏、香皂、洗面奶等)，工业品中的一般原材料、小五金以及不宜长期存放的商品。

(2)选择分销。所谓选择分销，是指企业在一个细分市场仅通过少数几个精心挑选的、最合适的中间商推销其产品。在日常的分销管理过程中，消费品中的选购品和特殊品最适合采取选择分销。采用选择分销渠道的基本目的是提高产品形象、强化推广力度、提高产品购买率。

(3)独家分销。所谓独家分销，是指企业在某一地区仅选择一家中间商推销其产品。通常双方协商签订独家经销合同，规定中间商不得经营竞争者的产品，以便控制中间商的业务经营，调动其经营积极性，占领产品市场；企业也不得再向其他中间商供货，保证中间商的利益。独家分销适用于消费者非常重视品牌，尤其是重视私人品牌的产品，例如，很多奢侈品通常利用这种分销渠道模式。这种渠道模式，也常被用于产业用品分销的过程中，这种渠道模式有利于企业强力控制渠道，也有利于企业形象的打造。

**营销小链接**

渠道扁平化

渠道扁平化是以企业的利润最大化为目标，依据企业自身的条件，利用现代化的管理方法与高科技技术，最大限度地使生产者直接把商品出售(传递)给最终消费者，以减少销售层级的分销渠道。

渠道扁平化的实现，往往通过减少产品和消费者接触的中间环节，实现产品和消费者的直接接触。这种渠道结构也往往有利于降低产品的最终售价，增加渠道组织的透明度和信息传递效率，减少渠道冲突产生的可能。由于生产商和经销商的不断成熟和壮大，现代许多企业纷纷缩短渠道层次。这种渠道模式的扁平化趋势在我国IT行业比较明显。

## 第二节　分销渠道策略

在整个市场营销管理工作中，渠道策略对影响整个营销策略至关重要。有效的渠道设计应以确定企业所要达到的市场目标为起点。营销活动的重点就是满足消费者的需要，而分销渠道又是搭建在企业与消费者之间的桥梁。

### 一、影响分销渠道选择的主要因素

#### (一)产品因素

产品本身的特点，是影响企业选择分销渠道的最主要因素。例如，海鲜、时令蔬菜这些易变质的商品需要使用直接渠道，避免较多环节的时间消耗；产业市场中，体积较大且重量较大的很多商品，也尽可能选择直接渠道；低值易耗品，由于商品单位价值较低且市场需求面广，所以应该采用长渠道和宽渠道。

#### (二)市场因素

在一个目标市场中，市场的容量、消费者的购买频率、消费者的集中度等都对渠道长度和渠道宽度的设计有着重要影响。例如，目标市场的市场区域范围大，一般采用长渠道、宽渠道的销售模式；销售市场的区域范围较小且市场的商品比较集中，则可以更多考虑短渠道。

### （三）企业自身因素

企业自身的生产经营能力、服务水平、经济能力及控制渠道的能力等都会影响企业的渠道结构。例如近些年来，很多实力强大的大型企业不愿意更多地受制于中间商的控制，纷纷自建销售渠道；而很多中小型企业，资金或实力都无法自建销售渠道，只好借助于中间商作为自己的销售平台，提供售后服务等。

### （四）其他

除上述营销要素外，还有很多宏观、微观因素影响着企业的渠道结构。例如，宏观经济形势、国家相关政策、消费者购买习惯等都直接、间接地影响着渠道的构建。

因此，只有正确掌握影响渠道选择的要素，才能更好地制定渠道策略，有效进行渠道布局。

## 二、分销渠道设计

### （一）确立渠道目标

确立渠道目标可能是多样的，这个目标是以总体的市场营销目标为基础，并以总体营销规定的服务产出水平为准则，将渠道费用减少到最低。扩展网点、提升产品形象、开拓新市场等都可能成为企业渠道建立的目标。

### （二）确定渠道模式

企业在进行分销渠道的设计时，首先要决定采取什么类型的渠道，即要确定采用哪一种或哪几种类型的渠道来分销产品。是采用直接销售渠道还是采用间接销售渠道？如果企业决定通过中间商分销产品，就要对所用中间商的类型进行决策：是批发商还是零售商？是什么样的批发商和零售商？用不用代理商？具体选择哪些中间商？

1. 确定渠道的长度

在确定了渠道类型后，若是用间接渠道和复合渠道等分销产品，企业还面临着确定渠道长度的决策。技术和服务含量较大的产品，如电脑、汽车等，需要较短的渠道；消费者选择性不强，但要求方便购买的产品，如日用小百货，则适宜采用较长的渠道。

2. 确定渠道的宽度

确定渠道的宽度，是指渠道的每个层次使用同种类型中间商数目的多少，实际上是对宽、窄渠道的选择确定。不同类型中间商承担营销职能的范围不同，而每一产品在整个营销过程中所需完成的销售工作量是不变的，如果选择了能承担大部分职能的中间商，产品销售环节就可相应减少；反之，如果选择的中间商只能完成有限的营销职能，其他职能必得由另外的中间商承担，则环节必然就多。分销渠道宽度的选择主要取决于产品类型：便利品显然需要密集分销；选购品一般适合选择分销；特殊品可选择独家分销。

3. 确定中间商的数目

确定中间商的数目，即决定渠道的宽度，是指每个渠道层次使用多少个中间商。这一决策在很大程度上取决于产品本身的特点、市场容量的大小及市场需求面的宽窄。

4. 确定渠道成员的权利和责任

在确定了渠道的长度和宽度之后，为保证分销渠道的畅通，需要进一步规定渠道成员彼此的条件和应尽的义务，主要涉及价格政策、销售条件、市场区域划分、相互服务等方面，需要明确中间商的权利和责任。

价格政策要求企业必须制定出其产品具体的价格，并有具体的价格折扣条件，如数量折扣、促销折扣、季节折扣等政策。销售条件要求企业制定出相应的付款条件，如现金折扣，对中间商的保证范围，如不合格产品的退换、价格变动风险的分担等方面的保证。区域销售权利是中间商比较关心的一个问题，尤其是独家分销的中间商。因此，企业必须把各个中间商所授权的销售区域划分清楚，以便于中间商拓展自己的业务，也有利于企业对中间商的业绩进行考核。

企业与中间商的职责问题对营销渠道的正常运转具有重要的影响，同时也对交易条件的制定具有重要影响。企业必须制定相应的职责与服务范围，明确企业要为中间商提供哪些方面的服务，承担哪些方面的职责；中间商要为企业提供哪些方面的服务，承担哪些方面的职责。一般情况下，相互的职责和服务内容包括供货方式、促销的相互配合、产品的运输和储存、信息的相互沟通等。

### (三)渠道方案的评估

当企业拟使用几种渠道方案时，需要对多种渠道建设方案进行评估。具体来说，渠道的经济性、可控性及与该企业目标的一致性等指标，都是企业评估渠道的重点。

## 三、分销渠道管理

在设计完合适的渠道结构后，对该渠道的中间渠道成员进行科学的管理，是渠道高效运营的保证。分销渠道的管理过程对广大市场营销管理者至关重要。

### (一)选择渠道成员

企业吸引理想中间商的能力各不相同。有些企业可以毫不费力地吸引到合适的中间商来分销其产品，主要是这些产品声望很高且代理或经销这些产品获利空间较大；而有些企业要寻找产品代理或经销的中间商十分困难。选择渠道成员，企业一般都应明确它的选择条件或标准，这些条件包括中间商开业时间的长短、声誉的好坏、过去经营其他产品成效的记录、偿付能力、人员素质、协作精神和发展潜力等。如果中间商是独立的零售商，还要考虑其门店地点、顾客类型等。

### (二)培训渠道成员

在日益激烈的市场竞争中，让自己的渠道成员具有一定的企业文化、相关的业务技术和一定的服务水平，对提升整体的渠道运营能力非常有效。因此，对渠道成员进行培训，对提升渠道管理水平、建立共同愿景具有重要的作用。

### (三)激励渠道成员

由于中间商是一个独立的经营者，不是受雇于企业，因此，其必然有自己的目标、利益和策略。而且由于中间商与企业所处的地位不同,考虑问题的角度也必然不同,这就会产生矛盾。所以,如何处理好产销矛盾,让中间商能够努力为企业推销产品,是激励渠道成员的重要任务。

利用销售权与专营权政策、强力的促销支持、奖励政策、价格折扣、建立战略联盟等,都是有效的渠道激励手段。

### (四)协调与渠道成员的关系

企业与中间商按照分销合同的要求完成目标任务,通过合作共赢、有效沟通,使渠道中的成员协同合作。

### (五)评价渠道成员

评价渠道成员,可以从很多方面进行,如销售业绩、市场覆盖率、送货时间及遗失品的处理等。测量中间商的绩效,主要有两种方法:一种是将每一中间商的销售绩效与上期的绩效进行对比,并以整个群体的升降百分比作为评价标准;另一种是将各中间商的绩效与该地区基于销售潜量分析所设立的配额相比较。

### (六)分销渠道的调整

相对于市场营销组合的其他三个要素,分销渠道的调整难度最大且风险最大,但是合理地进行渠道调整是非常重要的。为了适应市场需要的变化,对整个渠道系统或部分渠道成员必须随时加以调整。

分销渠道的调整可以从三个方面来考虑:从经营的具体层次看,可能涉及增减某些渠道成员;从特定市场规划的层次看,可能涉及增减某些特定的分销渠道;在企业系统计划阶段,可能涉及整个分销系统构建的新思路。

1. 调整某些渠道成员

在分销渠道的管理与改进活动中,最常见的问题就是增减某些中间商。调整的内容包括:(1)功能调整。即重新分配渠道成员应执行的功能,使之最大限度地发挥自身潜力,从而提高整个分销渠道的效率。(2)素质调整。即通过培训、帮助等方法,提高渠道成员的素质水平,从而提高渠道的效率。(3)数量调整。即增加或减少渠道成员,以提高分销效率。

2. 调整某些分销渠道。

随着市场需求和企业环境的不断变化,原有的某些分销渠道有可能失去了原来的价值,所以增加或减少渠道结构对整个渠道的目标来说都是非常重要的。例如,近些年来,很多企业开始纷纷“触网”,建立新型销售渠道,形成了线上线下良性渠道竞争机制。

3. 调整整个分销渠道系统

这是分销渠道改进和调整的最高层次。对企业来说,最困难的渠道变化决策就是调整整个分销渠道系统,因为这种决策不仅涉及渠道系统本身,而且涉及营销组合等一系列市场营销政策的相应调整,因此必须慎重对待。例如,报社、杂志社将通过邮局发行报刊改为自办发行;自我国禁止任何形式的传销活动后,有的企业改为通过店铺进行销售;等等。

总之,在“得渠道者得天下”的今天,高水平的渠道管理工作,是企业市场营销总体目标实现的重要保证,也是企业生存和发展的必要条件。市场营销工作者应该重视渠道管理,将其看作企业生存和发展的重大议题。

# 第三节　批发商与零售商

## 一、批发商的定义

批发是指一切将物品或服务销售给为了转卖或者商业用途而进行购买的人的活动。从事批发活动的中间商称为批发商。

随着近些年来零售业的崛起，很多消费者甚至企业开始怀疑批发商存在的必要性，其实批发商的存在，是社会化大生产的产物，它的存在具有一定的合理性。从企业角度来看，一方面，一部分财力雄厚的制造商为了保持在制造上的优势，宁愿把钱投在生产设备上，也不愿投资于费用高昂的分销渠道中，因此需要中间商这样的中间渠道环节；另一方面，在渠道的另一端，零售业仍存在着大量个体、小型独立店，它们也要依靠大大小小的批发商，从批发商处小批量购进商品。

## 二、批发商特点及分类

批发商处于产品流通的起点和中间阶段，交易对象是生产企业和零售商，一方面它向生产企业收购产品，另一方面它又向零售企业批销产品，并且是按批发价格经营大宗产品。其发展呈现出一定的特点。

### (一)批发商的特点

批发商与零售商都属于分销渠道的中间商，都是商品流通过程中连接生产者与消费者的桥梁。但是，无论是从销售对象还是从销售数量上，批发商都有其自身的特点。

1. 交易对象不同

批发商从事的是企业之间的商品买卖，一般不直接同消费者发生交易，批发商的交易结束后，商品没有成为最终消费品。而零售商从事的交易是把商品直接卖给个人消费者。

2. 交易的批量不同

批发活动是大批量的交易，消费者购买频率小；而零售活动销售产品的数量小，消费者购买频率高。

3. 渠道布局

相对于零售商来说，批发商的服务对象较少且规模较大，所以不需要像零售商一样进行覆盖面较广的渠道布局。具有有限数量、高水平运营能力的一个或几个批发商，足可以支撑整个细分市场的渠道管理工作。

### (二)批发商的分类

批发商主要有以下三大类型：

1. 商人批发商

商人批发商又称独立批发商，是指取得产品所有权的批发商，即自己进货、取得产品所有权后再批发出售的商业企业，他们是批发商中最主要的部分。根据其职能和提供的服务是否完全，可将其分为完全服务批发商和有限服务批发商两大类。

（1）完全服务批发商。这类批发商的特点是持有存货，有固定的销售人员，提供信贷、送货、协助管理等全套服务。

（2）有限服务批发商。有限服务批发商是指为了减少成本费用、降低批发价格，只执行传统批发商的一部分职能或提供一部分服务的批发商。这种批发商又可以分为：

①现购自运商。现购自运商经营有限的、周转快的产品，它们向小零售商销售并收取现金，不赊销，一般也不负责送货，顾客要自备货车去批发商的仓库选购货物，当即付清货款。一般来说，现购自运商都是小零售商的股东。

②承销批发商。承销批发商通常经营煤、木材、大型设备等大宗、高成交额的商品。因资金投入大，它们不是先买后售，而是先收到客户订单，再与生产商联系订货，并由生产商根据交货条件和时间直接向顾客发货。从收到订单起，承销批发商就拥有这批货物的所有权，并承担风险，一直到将货物送交顾客时为止。由于承销批发商不持有存货，因此经营成本较低，可以为顾客节约成本。

③货车批发商。它们往往开着车送货上门，通常是在固定时间、按固定线路访问固定客户。货车批发商销售的产品极为有限，主要销售生鲜易腐食品，如牛奶、面包、冷饮等。

④货架批发商。是指专营非食品的家用器皿、化妆品、简装书、小五金商品等的批发商。货架批发商直接在零售店内设置货架、展示商品、管理进货，这意味着批发商要等商品售出之后才对零售商收款。在此过程中，货架批发商承担了送货、上架、持有存货和融资等多项职责，即由生产厂家或批发商将商品摆在零售商分给它们的货架上，自己管理送货、补货，有时还做现场促销。

2. 经纪人和代理商

经纪人和代理商主要可分为以下几类：

（1）产品经纪人：产品经纪人的主要作用是为买卖双方牵线搭桥，协助他们进行谈判，交易达成后向雇佣方收取费用。他们并不持有存货，也不参与融资和承担风险。

（2）制造代理商：也称制造商代表，在代理商中所占比重最大，主要任务是为签约的制造商寻找顾客、推销产品。不过，这类代理商只被委托代理制造商的部分产品，而且无权选定交易条件和价格。

（3）销售代理商：销售代理商和制造代理商有很大的不同。销售代理商被授权销售制造商的全部产品，并对交易条件、销售价格有较大的影响；销售代理商的推销范围一般不受地区限制；每一个制造商只能使用一个销售代理商，而不得再委托其他代理商或设置自己的推销机构。

（4）采购代理商：采购代理商根据协议为委托人采购、收货、验货、储存及运交货物。例如，服装市场上通常有大量的采购代理员，他们受托为各种零售商采购合适的服装、服饰和用品。

（5）佣金商：佣金商一般在批发市场上有自己的摊位和仓库，可替委托人储存、保管货物，且有责任替委托人发现潜在的客户、获得优惠的价格、打包、送货、提供市场信息及短期商业信用。佣金商对委托代销的货物有较大的自主权，且因储存、保管的货物多为生鲜易腐商品，必须因时制宜，抓住销售机会。佣金商卖出货物后扣除佣金和其他费用，将余款汇给委托人。

3. 自营批发机构

生产企业的自营销售组织与企业生产部门相对独立，它实际承担着企业产品的分销职能。当生产企业由于某种原因决定不采用或仅部分利用中间商（包括批发商和零售商）时，公司的销售分支机构就要负责完成应由中间商完成的职能。

此外，还有一些存在于其他特殊经济部门、行业的专业批发商，如为农产品集散服务的农产品收购调运商、为石油集散的中转油库、为某些特殊购销方式服务的拍卖公司等。

## 三、零售商的特点及分类

零售业是国民经济中的一个大行业，从业人数众多，零售销售额占国民生产总值的比重很大，社会商品零售总额是国家制定宏观经济政策的重要参考指标和依据。零售是处于整个渠道组织中最后一个中间渠道环节，零售商是直接面向消费者的一个渠道组织。

### （一）零售商的特征

1. 零售商的交易对象是最终消费者

零售商的分布受一国的人口数量、人口地理分布、市场分布状况的影响较大。

2. 零售商的交易活动是零星、频繁地进行的

零售商的主要业务活动是把商品直接卖给最终消费者，由于最终消费者的购买时间、购买习惯受传统风俗习惯的影响，因此，零售商的业务活动具有明显的时间性和季节性。

3. 零售商与消费者直接接触

由于零售商在渠道中的位置，零售商与最终消费者直接接触，因此，消费者对零售商的职业道德、商业信誉、文明经商等预期较高。

4. 存在生命周期

由于受经济发展水平、新技术的应用等因素的影响，零售业本身也存在着生命周期现象。

### （二）零售商的分类

从经营形式上看，目前零售商的类型主要分为有店铺零售、无店铺零售。

1. 有店铺零售

有店铺零售的特点是在店内零售产品与服务。其主要类型有以下几种：

(1)专业商店。专业商店是专业化程度较高的零售商店。其特点是专门经营某一大类产品，但规格、花色、品种较齐全，如服装店、运动用品店、家具店、花店和书店等。专业商店的经营要求具有较高的专业知识和操作技能，销售与服务密切结合，能为消费者提供周到的服务。

(2)百货商店。通常在每个城市的中心商业区或购物中心都会有一两家大型百货公司。百货公司由多个专业商品部组成，经营商品品种多、范围广，所以也称为百货商店。

(3)超级市场。超级市场通常规模很大、成本低、薄利多销，采用自助的服务方式，因而产品价格也较低廉。主要经营各种食品、洗涤用品、家居日常用品等。其特点是，消费者自取自选、自我服务、定量包装、预先标价、顾客出门时一次交款，因而可以节约售货时间、节约成本，避免或减少消费者与售货员之间的矛盾。

(4)便利店。便利店是设在居民区附近的小型商店，主要销售家庭日常用品、食品等周转速度快的便利品。便利店的规模一般较小，它的主要特点是，为广大消费者提供购物地点和时间上的便利。便利店选址通常深入到居民住宅区或加油站，使顾客可以就近方便地购买到商品。便利店一周营业七天，每天营业时间很长，方便消费者随时购买。消费者在这里购买主要是为了临时补缺，所以即使价格相对比较高，消费者也愿意支付。

(5)折扣百货店。折扣百货店是第二次世界大战以后发展起来的零售形式,20世纪60年代后获得了较大的发展。其突出的特点是,以比一般百货商店便宜得多的价格大量销售商品。与传统百货店相比,折扣百货店的最大优势是商品加价率低,虽然经营的商品大类同样广泛,不过为降低经营成本,折扣百货店的购物环境相对较差,提供的服务也相对较少。

(6)仓储商店。仓储商店是一种集仓储、批发、零售于一体的自选商场。这种商场形似仓库,内部不做豪华装饰,是一种不重形式,以大批量、低成本、低售价、微利促销和服务有限为特征的零售形式。通过减少中间环节、节约装潢费用、店址选在非中心地区等各种手段,降低营运成本,减少经营费用,为消费者提供价廉物美的产品,达到以低价大量销售产品的目的。

(7)连锁商店。连锁商店是指在同一家大型商店的控制下,统一店名、统一管理、统一经营、实行集中采购和销售。连锁商店由于规模大,具有大量采购、大量销售的能力,因此可获得规模经济效益。但缺点是,如果权力过于集中,灵活性和应变能力会较差。连锁商店可以是超级市场的连锁、专用品商店的连锁、百货商店的连锁,也可以是旅店连锁、快餐店连锁。

连锁是一种组织形式,而非经营方式。由于各国法律规定的不同,有些连锁商店的成员也不都属于同一所有者,或服从同样程度的统一管理。

(8)特许经营。特许经营是指特许权授予人与特许权被授予人之间通过协议授权受许人使用特许人已经开发出来的品牌、商号、经营技术、经营规模的权力。受许人必须先付一笔首期特许费,此后每年按销售收入的一定比例支付特许权使用费,换得在一定区域内使用该商号出售该产品或服务的权利,且必须遵守合同中的其他规定。特许经营被誉为当今零售和服务行业最有潜力和效率的经营组织形式,特别适合那些规模小而且分散的零售和服务业。

2. 无店铺零售

无店铺零售是指不经过店铺销售产品的零售形式。由于科技发展及竞争关系,越来越多的企业采用无店铺零售的方式出售产品。

(1)上门推销。上门推销可能是最古老的分销方式,可用于产业市场,也可用于消费者市场。其具体做法是,销售人员直接上门,或挨家挨户,或逐个办公室推销。对于零售业来说,直销是一种价格昂贵的销售,不仅需要支出一笔较大的上门推销费用,而且这些推销人员单位时间所完成的平均销售额也远比店铺售货员低。此外,支付直销人员的佣金通常占产品价格的20%~30%,并且还要支付招聘、培训、管理、激励销售人员的费用。

(2)自动售货。使用硬币的自动售货机是第二次世界大战后出现的一种新型无门市零售形式,在美国相当普遍,如出售饮料、糖果、糕点、香烟、化妆品、平装书、音像制品、报刊、胶卷等自动售货机。它的最大优点是十分方便。但由于投资和成本较高,所以出售产品的价格比一般水平要高出15%~20%。

(3)邮购商店。邮购商店是指营销人员把信函、样品或者广告直接寄给目标顾客的营销活动。目标顾客的名单可以租、购或者与无竞争关系的其他企业相互交换,但应注意避免重复,以免同一份邮寄品两次以上寄给同一顾客而引起反感。

近年来,广告邮购发展很快,零售商也可通过电视、广播等媒体说明商品的规格、款式、价格,供消费者来函订货。

(4)网络商店。网络商店是指营销人员通过互联网、传真等电子通信手段开展营销活动。目前,像书籍、计算机软硬件、旅游服务等已普遍在网上开展销售。

(5)电视购物。电视购物是指营销人员通过在电视上介绍产品,或赞助某个推销商品的专题节目,开展营销活动。在我国,电视是最普及的媒体,电视频道也较多,有助于发展电视购物。

## 本章习题

### 一、名词解释

分销渠道　　直接渠道　　间接渠道　　密集分销　　选择分销　　独家分销　　批发商　　零售商

### 二、简答题

1. 试说明批发商和零售商的特点及分类。
2. 简述企业分销设计的过程。
3. 选择分销渠道应该考虑哪些因素?

### 三、操作训练题

请你选择某一企业,经过充分调研后,为其设计合理的渠道流程。

### 四、案例分析题

**世界零售巨头的新布局**

2015 年初,世界零售巨头沃尔玛公布的 2015 财年的年报信息显示,公司全球电子商务的销售额约为 122 亿美元,同比增长 22%,而公司财年总收益约为 4 857 亿美元,同比增幅约为 2%,电商销售额在总收益中的占比约为 2.5%。未来,将会对电商发展提速,重点是推进电商和实体业务之间的融合。

2015 年 2～4 月,沃尔玛集团在中国市场的净销售额增长 1.9%。在中国,沃尔玛也正在加紧布局三、四线城市,河北邢台、内蒙古赤峰等多个三、四线城市都是沃尔玛购物中心的进入地。

同时,沃尔玛也在不断投资物流中心,实现最后一公里。目前已经有 9 家干货及 11 家鲜食配送中心,满足附近多家实体店的需要。

**思考题:**你如何看待沃尔玛重新布局渠道?

# 第十一章
# 促销策略

**【学习目标】**

1. 了解促销组合的构成及影响因素；
2. 认识促销对企业营销的重要作用；
3. 掌握促销组合的基本内容以及各种促销方式的主要特点；
4. 掌握广告策略和推销策略。

**【案例导入】**

**"限客进门"促销法**

意大利的菲尔·劳伦斯开办了一家七岁儿童商店，经营的商品全是七岁左右儿童吃、穿、看、玩的用品。商店规定，进店的顾客必须是七岁的儿童，大人进店必须有七岁儿童做伴，否则谢绝入内，即使是当地官员也不例外。商店的这一招不仅没有减少生意，反而有效地吸引了顾客。一些带着七岁儿童的家长进门，想看看里面到底"卖的什么药"，而一些带着其他年龄孩子的家长也谎称孩子只有七岁而进店选购商品，致使菲尔的生意越做越红火。后来，菲尔又开设了 20 多家类似的商店，如新婚青年商店、老年人商店、孕妇商店、妇女商店等。妇女商店，谢绝男顾客入内，因而使不少过路女性很感兴趣，少不得进店看一看。孕妇可以进妇女商店，但一般无孕妇女不得进孕妇商店。戴眼镜商店只接待戴眼镜的顾客，其他人只得望门兴叹。左撇子商店只提供各种左撇子专用商品，但绝不反对人们冒充左撇子进店。所有这些限制顾客的做法，反而起到了促进销售的作用。

促销是市场营销 4P 组合策略之一，是其中最富变化、最显活力的部分。一个企业在开发适销对路的产品、制定有吸引力的价格和开辟顺畅有效的分销渠道之后，还必须组织一系列以说服顾客采取购买行动为最终目的的活动。通过这些活动，使潜在消费者了解产品，引起其注意和兴趣，激发其购买欲望和购买行为，从而达到扩大销售的目的。这些活动通常称为销售促进或营业推广，简称促销。

# 第一节　促销与促销组合

## 一、促销的概念及作用

### (一)促销的概念

促销是企业通过人员和非人员的方式,沟通企业与消费者之间的信息,引发、刺激消费者的消费欲望和兴趣,使其产生购买行为的活动。

促销的实质是营销者与现实或潜在购买者之间的信息沟通,一方面,企业作为产品的供应者或卖方,需要把企业的信息、所生产产品的信息、劳务的信息传递给需求者;另一方面,在促销的过程中,消费者又可以通过多种途径将企业和产品以及竞争的信息反馈给企业,使企业能及时准确地掌握市场信息,为下一步的生产经营提供有益的参考。由上可见,促销是信息的双向沟通过程,而且是不断循环的双向沟通。

促销有以下几层含义:(1)促销的核心是沟通信息;(2)促销的目的是引发、刺激消费者产生购买行为;(3)促销的方式有人员促销和非人员促销两大类。

### (二)促销的作用

随着现代市场营销观念的建立和日益被社会接受,促销已不仅仅是单纯的促进产品所有权转移的商业行为,通过促销活动还可以增加产品需求,促进整个社会生产的发展和繁荣,维持一定的生活水平。而作为市场营销组合的重要组成部分之一,促销对企业的整体营销活动具有重要作用,具体表现为以下几个方面:

1. 及时传递信息

产品在进入市场前后,企业要通过有效的方式向消费者和中间商及时提供有关产品的信息,以引起他们的注意,激发他们的购买欲望,促使其购买。同时,要及时了解中间商和消费者对产品的意见,迅速解决中间商销售中遇到的问题,从而密切生产者、中间商和消费者之间的关系,畅通销售渠道,加强产品流通。

2. 引起购买欲望

企业针对消费者和中间商的购买心理来从事促销活动,不但可以诱导需求,使无需求变成有需求,而且可以创造新的欲望和需求。当某种产品的销量下降时,还可以通过适当的促销活动,促使需求得到某种程度的恢复,延长产品生命周期。

3. 突出产品特点

随着市场经济的迅速发展,市场上同类产品之间的竞争日益激烈。消费者对于不同企业所提供的许多同类产品,在产品的实质和形式上难以觉察和区分。在这种情况下,要使消费者在众多的同类产品中将本企业的产品区分出来,就要通过促销活动,宣传和介绍本企业的产品特点,以及能给消费者带来的特殊利益,增强消费者对本企业产品的印象和好感,从而促进购买。

4. 扩大市场份额

在激烈的市场竞争中,企业的形象和声誉是影响其产品销售稳定性的重要因素。通过促销活动，企业可以塑造自身的市场形象，提高在消费者中的声誉，使消费者对本企业产生好感，形成偏好，达到实现稳定销售的目的。

### (三)促销的基本方式

促销的基本方式可以分为人员促销和非人员促销两大类。人员促销主要是指人员推销；而非人员推销则包括广告、营业推广、公共关系和直接营销等多种方式。促销的基本方式如图11—1所示。

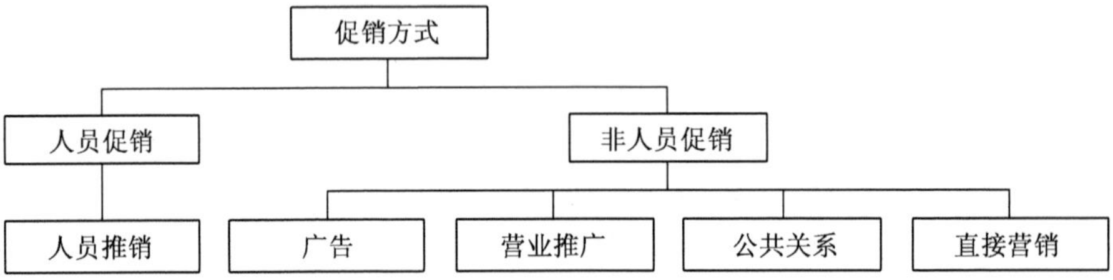


**图11—1 促销方式**

这里需要说明的是，传统的促销方式采用的是人员推销、营业推广、公共关系和广告等大众促销的手段，但是由于营销环境的快速变化，互动沟通方式——直接营销(也称直复营销)——逐渐发展起来。这种营销方式是指企业不通过中间商，而是通过网站、电视、广播等方式向顾客传递产品信息，顾客直接通过网站、电话等订购，企业通过快递把产品送到顾客手中。直接营销通过特殊的媒体和消费者数据库进行一对一直接回应沟通，与其他传统的促销方式相比有着明显的优势，通过集中付费的800或400电话，或消费者通过电话、E-mail直接沟通，建立消费者数据库，长此以往，厂商和消费者之间就建立了长期稳定的营销关系。

## 二、促销组合

### (一)促销组合的概念

促销组合是指企业有计划、有目的地把人员推销、广告、公共关系、营业推广等促销方式适当配合和综合运用，形成一个完整的销售促进系统或促销策略。例如，可以通过广告来传递有关企业及产品的信息；可以通过各种营业推广来增加消费者对产品的兴趣，进而促使其购买；可以通过公共关系来改善企业在公众心目中的形象；可以通过人员推销，面对面地说服消费者购买产品。这几种方式协调运作、扬长避短，形成具有最佳效果的促销决策。

### (二)促销组合的构成

广义的促销组合主要包括市场营销组合中的各种要素，如产品的式样、包装的颜色与外观、价格等，这些要素传递了某些信息。狭义的促销组合只包括具有沟通性质的促销工具，如各种形式的广告、包装、展销会、购买现场陈列、销售辅助物(目录、说明书、影片等)、劝诱工具(竞赛、赠品券、赠送样品、彩券)以及宣传等。

### (三)促销组合的内容

常见的促销组合及其手段如表 11—1 所示。

表 11—1　　常见的促销组合及其手段

| 广告 | 营业推广 | 公共关系 | 人员推销 | 直接营销 |
|---|---|---|---|---|
| 影视广告 | 抽奖 | 报刊评论 | 上门服务 | 网络营销 |
| 广播广告 | 竞赛与游戏 | 演讲 | 销售会议 | 直邮营销 |
| 户外广告 | 赠品 | 研讨会 | 展销会 | 定制营销 |
| 海报和传单 | 样品 | 赞助 | | 电话销售 |
| 包装广告 | 赠券 | 事件营销 | | 电视购物 |
| 店堂陈列广告 | 折扣 | 年度报告 | | E-mail |
| 宣传册 | 展销会 | | | 传真 |
| POP 广告 | | | | |

1. 广告

广而告之是广义的广告;狭义的广告是一种付费宣传,由特定的赞助者付费,借助电视、广播、报纸杂志、户外展示、汽车、货品目录、购物指南、商品宣传书等工具传递信息。广告在商品促销方面起着重要的催化作用,通过广告,可以传递信息、沟通产需、扩大销售、加速流通、指导消费、便于购买、树立形象、塑造名牌。

2. 营业推广

营业推广是一种非常规的促销方式,它围绕着提高营业额进行促进,以唤起短期需求为目的,可获得顾客的快速反应,如免费赠送、试吃、抽奖、买三赠一、折价券等。

对消费者促销主要采取的方式有样品、优待券、退款优待、减价、奖品、竞赛、赠品、示范会等;对经销商促销主要采取的方式有购货折让、商品津贴、合作广告、中间商销售竞赛等。

3. 人员推销

人员推销是这种人类最古老的促销方式,它通过店内的销售人员推销,或销售人员主动登门造访,或在街上拦截路人兜售产品进行促销。人员推销具有灵活、适应性强的优点,且针对性很强,能得到良好的反馈。

4. 公共关系

公关活动的目标是提高企业的知名度,建立组织的良好形象,这种良好的形象恰恰是企业宝贵的无形资产,因其有不错的可信度,有助于企业产品和服务受到消费者的肯定与信任,获得社会公众的理解和支持,促进产品销售。采用的事件营销方式包括赞助社区活动、工业旅游、慈善捐助等。

5. 直接营销(直复营销)

其作为一种新型的,兼具促销与渠道功能的现代营销方式,具有目标市场层面的选择性、沟通对象的个别性、沟通过程的连续性、沟通效果的可测试性等优点,能够了解到消费者的实际需要、品牌偏好、购买频率,在竞争激烈的市场环境中突显其营销意义。

### (四)促销策略

促销策略从促销运作方式来看,可以归结为两种基本类型:推式策略和拉式策略,如图11—2所示。

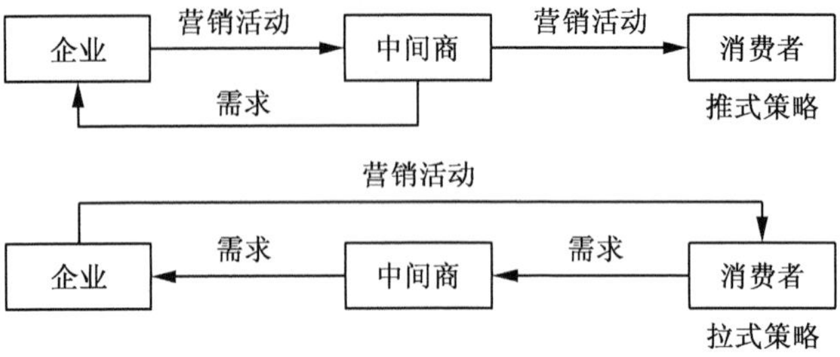


**图11—2 推式策略与拉式策略**

1. 推式策略

推式策略是指通过以人员推销方式为主的促销组合,说服中间商和消费者,使得他们接受企业的产品,最终把产品推向市场的促销策略。应该以推式策略为主的情况有:企业规模小或无足够的资金推行完善的广告计划;根据用户需求特点设计的产品;流通环节较少、流通渠道较短的产品,市场比较集中的产品;单位价值较高的产品,如特殊品、选购品。在推式策略中,企业主要面向的推销对象是批发商或零售商,主要采取人员推销和利益诱导的营业推广方式。

2. 拉式策略

拉式策略是指企业运用非人员推销为主的方式,引起消费者的购买欲望,激发购买动机,使其对本企业的产品产生需求,以扩大销售的促销策略。应该以拉式策略为主的情况有:企业拥有充分的资金,有力量支持广告活动计划;市场大、价值低的便利品;产品具有差异化、富有特色;产品具有隐藏性质,须告知消费者;流通环节较多、流通渠道较长、市场范围比较大的产品。在拉式策略中,企业主要面向的推销对象是消费者,主要采取大量的广告方式。

## 三、影响促销组合策略的因素

影响促销组合策略的因素很多,企业在制定促销组合策略时,主要考虑以下几方面因素:

### (一)促销目标

促销目标是企业从事促销活动所要达到的目的。促销目标取决于企业的总体营销目标,但在不同时期及不同的营销策略下,企业进行的促销活动都有其特定的促销目标。企业的促销目标可以分为两类:一是增强企业获利能力的长期目标;二是提高企业销售和利润的目标。促销目标不同,对促销方式选择的侧重点也就不同。前者注意企业良好形象的树立,处理好企业与社会、企业与政府、企业与公众等之间的关系,借以创造良好的外部环境,在促销的四种手段中,公共关系是实现这一目标的主要手段。后者则比较依赖于广告、营业推广和人员推销。

### (二)产品的类型

对不同性质的产品必须采用不同的促销组合。技术复杂、单价昂贵的商品适用人员推销,如生产设备、计算机等高技术产品。通过推销人员面对面的专门介绍、操作演示、售后安装、调试等技术保障使顾客深入了解产品,达到良好的促销作用。反之,结构简单、标准化程度较高、价格低廉的产品适合广告促销。一般来讲,对消费品促销时,因市场范围广,应较多地采用广告宣传,以起到宣传面广和传播速度快的作用;工业品促销时,因购买者的购买量较大,市场相对集中,应以人员推销为主。

### (三)产品的生命周期

1. 投入期

以广告为主,通过各种传媒,大力宣传新产品的品牌、特性、功能、服务等,使消费者对刚投入市场的新产品有所了解和认识。

2. 成长期

产品已被消费者和用户认识,销售量开始迅速上升,促销以广告为主,但重点应从一般性提高产品的知名度,转移到提高产品的偏好度、树立产品特色与品牌形象方面来,因此应对原有的广告内容重新挑选和调整。

3. 成熟期

这个时期有更多的竞争者进入市场,大多数消费者已了解产品,促销的主要目标是力图使企业的产品在竞争中处于优势。这时,消费品促销应以广告为主,广告的内容着重强调产品的价值和给消费者或用户带来的特殊利益,以保持并扩大企业产品的市场占有率。同时还应配合使用营业推广,增强对消费者或用户的吸引,以坚定其在成熟期继续购买本企业产品的信心。工业品促销则要更多地使用人员推销,挖掘潜在市场,巩固老用户,争取新用户。

4. 衰退期

市场需求已饱和,可替代的新产品已在市场上批量出售,消费者的兴趣和爱好开始转移,产品销量急剧下降。这一时期应大量削减原有产品的促销费用,仅针对某些老用户保持一定份额的营业推广开支,再配合少量提示性广告。具体内容如表 11－2 所示。

**表 11－2　　产品生命周期不同阶段促销组合与目标重点**

| 产品生命周期 | 促销目标 | 促销组合 |
|---|---|---|
| 投入期 | 建立产品知晓度 | 介绍性广告、人员推销 |
| 成长期 | 提高市场知名度和占有率 | 形象建立型广告等 |
| 成熟期 | 提高产品的美誉度,维持和扩大市场占有率 | 形象建立型和强调型广告、公共关系,辅以营业推广 |
| 衰退期 | 维持信任和偏好,大量销售 | 营业推广、提示性广告 |

### (四)市场因素

产业市场和消费者市场在顾客数量、购买特点和分布范围上相差甚远,各种促销方式的效果也不相同,最大的区别是在产业市场上更多采用人员推销,而在消费者市场上则大量采用广告。这是因为，产业市场上的顾客数量少，分布集中，购买批量大，适宜人员推销；而消费者市场上的顾客数量多且分散，通过广告，可以用较低的相对成本达到广而告之的目的。具体内容如图 11－3 所示。

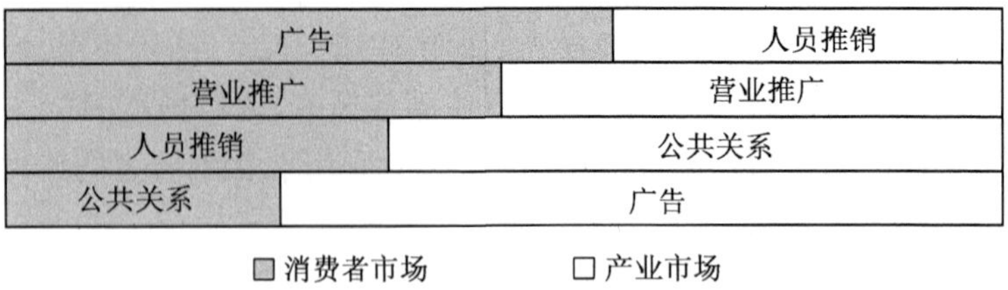


**图 11－3　不同产品市场类型促销方式相对重要程度**

**（五）预算因素**

企业开展促销活动，必然要支付一定的费用。费用是企业经营十分关心的问题，并且企业能够用于促销活动的费用总是有限的。因此，在满足促销目标的前提下，要使投入的费用达到最好的效果，并且能够适应竞争的需要，避免盲目性。

# 第二节　人员推销策略

## 一、人员推销的概念及特点

### （一）人员推销的概念

人员推销是企业派出推销人员直接向目标消费者推销商品和劳务，使其采取购买行为的促销活动。人员推销是应用十分普遍而又十分古老的促销手段。人员推销的过程是将推销商品从推销人员转移给推销对象的过程。在人员推销活动中，推销人员、推销对象和推销商品这三个要素是一个统一体。

### （二）人员推销的特点

1. 双向沟通，反馈性好

在人员推销过程中，一方面，推销人员将有关产品的特性、用途、使用方法、价格等方面的信息传递给顾客；另一方面，推销人员通过观察和了解，又将顾客对产品的性能、规格、质量、价格、服务等方面的要求及时反馈给企业，为企业制定战略规划和营销策略提供依据。

2. 当面洽谈，方式灵活

推销不只在推销过程可以亲自观察到顾客对推销陈述和推销方法的反应，并揣摩其购买心理变化过程，还可以有针对性地调整自己的推销方式、方法，以适应不同顾客的需要，从而达成交易。

3. 建立友谊，培养关系

推销人员与顾客直接见面、长期接触，可以促使买卖双方建立友谊，密切企业与顾客之间的关系，易于使顾客对企业产品产生偏爱，在长期保持友谊的基础上开展推销活动，有助于建立长期的买卖协作关系，稳定地销售产品。由于人员推销对推销员的素质要求高、费用较高，并且访问客户的数量受到时间和费用的限制，因此主要用于买主数量有限、分布区域集中、购买批量大的产业市场。

4. 支出较大，费用较高

由于每个推销人员直接接触的顾客有限，销售面窄，特别是在市场范围较大的情况下，人员推销的开支较多，这就增大了产品销售成本。

5. 对推销人员的素质要求高

人员推销的效果直接取决于推销人员素质的高低，并且随着科学技术的发展、新产品的层出不穷，对推销人员的素质要求也越来越高。要培养和选择出理想的推销人员比较困难，而且耗费也大。

## 二、人员推销的任务与基本形式

### （一）人员推销的任务

1. 寻找顾客开拓市场

推销人员不仅要与现有顾客保持密切联系，更主要是深入市场，寻找并培养新顾客。

2. 传递信息，促进销售

推销人员必须向目标市场传递有关企业产品信息，通过信息的沟通，赢得用户的信任与好感。

3. 热情服务，协调关系

为用户提供技术咨询、业务指导、帮助解决运输问题等。当供需双方发生误解和纠纷时，要善于协调关系，化解矛盾。

4. 收集信息，预测需求

推销人员在销售产品的同时，还担负着一定的调研和情报收集分析的任务。通过捕捉市场信息，了解同类产品的市场状况来预测市场需求动向。

### （二）人员推销的基本形式

1. 上门推销

上门推销是常见的人员推销形式。它是由推销人员携带产品的样品、说明书和订单等走访顾客，推销商品。这种推销形式可以针对顾客需要提供有效的服务，方便顾客。

2. 柜台推销

柜台推销又称门市推销，是指企业在适当地点设置固定门市，由营业员接待进入门市的顾客，推销产品。门市的营业员是广义的推销员。柜台推销与上门推销正好相反，它是等客上门的推销方式。由于门市里的产品种类齐全，能满足顾客多方面的购买要求，为顾客提供较多的购买方便，并且可以保证商品完好无损，故顾客比较乐于接受这种方式。

3. 会议推销

它是利用各种会议向与会人员宣传和介绍产品，开展推销活动，如订货会、交易会、展览会、物资交流会等。这种推销形式接触面广、推销集中，可以同时向多个推销对象推销产品，成交额较大，推销效果较好。

## 三、人员推销的基本策略及推销步骤

### （一）人员推销的基本策略

在人员推销活动中，一般采用以下三种基本策略：

1. 试探性策略

试探性策略又称“刺激—反应”策略。这种策略是在不了解顾客的情况下，推销人员运用刺激性手段引发顾客产生购买行为的策略。推销人员事先设计好能引起顾客兴趣、刺激顾客购买欲望的推销语言，通过渗透性交谈进行刺激，在交谈中观察顾客的反应；然后根据其反应采取相应的对策，并选用得体的语言再对顾客进行刺激，进一步观察顾客的反应，以了解顾客的真实需要，诱发顾客的购买动机，引导顾客产生购买行为。

2. 针对性策略

针对性策略是指推销人员在基本了解顾客某些情况的前提下，有针对性地对顾客进行宣传、介绍，以引起顾客的兴趣和好感，从而达到成交的目的。因推销人员常常在事前根据顾客的有关情况设计好推销语言，这与医生对患者诊断后开处方类似，故针对性策略又称“配方—成交”策略。

3. 诱导性策略

诱导性策略是指推销人员运用能激起顾客某种需求的说服方法，诱导顾客产生购买行为。这种策略是一种创造性推销策略，它对推销人员的要求较高，要求推销人员能因势利导，诱发、唤起顾客的需求，并能不失时机地宣传介绍和推荐所推销的产品，以满足顾客对产品的需求。因此，从这个意义上说，诱导性策略也可称“诱发—满足”策略。

### （二）人员推销的步骤

不同的推销方式可能会有不同的推销工作步骤，通常情况下，人员推销一般包括以下七个相互关联又有一定独立性的工作步骤：

1. 寻找顾客

可以通过现有顾客以及其他销售人员介绍、查找工商名录和电话号码簿等多种途径来寻找潜在顾客。

2. 事前准备

在走出去推销之前，推销人员必须掌握产品知识、消费者知识和竞争者知识三方面的知识。产品知识主要是关于本企业情况及本企业产品的特点、用途、功能等各方面情况。消费者知识主要包括潜在消费者的个人情况，具体用户的生产、技术、资金情况，用户的需要，购买决策者的性格特点等。竞争者知识主要包括竞争者的能力、地位和它们的产品特点等。同时，还要准备好样品、说明材料，选定接近顾客的方式、访问时间、应变语言等。

3. 接近

即推销人员开始登门访问，与潜在顾客开始面对面交谈，要注意给顾客一个好印象，并引起顾客的注意。这一阶段，推销人员要注意以下几个方面：

（1）给顾客一个好印象，并引起顾客的注意。因而，穿着、举止、言谈、自信而友好的态度都是必不可少的。

(2)验证在准备阶段所准备的全部情况。

(3)为后面的谈话做好准备。在接近顾客时,注意使自己有一个正确的心态,即友好和自信。所谓友好,指自己与对方是进行利益交换,是互惠互利的交换;所谓自信,指你不是低人一等求别人,你的企业产品是能经得起考验的。

4. 介绍

这是推销过程中的重要一步。介绍要注意通过顾客的视、听、触摸等感官向顾客传递信息,其中视觉是最重要的。在介绍产品时,要特别注意说明该产品可能给顾客带来的利益,要注意倾听对方的发言,以判断顾客的真实意图。

5. 处理异议

顾客在听取介绍的过程中,总会提出一些异议,推销人员应当具有与持不同意见买方洽谈的语言能力和技巧,能解释、协商,并随时有应对否定意见的措施和论据,但不要争辩。

6. 成交

在洽谈、协商的过程中,推销人员要随时给予对方能够成交的机会。介绍过程中如发现顾客表现出愿意购买的意图,应立即抓住时机成交。

7. 售后追踪

售后追踪的目的是了解顾客是否满意已购买的产品,发现可能产生的各种问题,表示推销人员的诚意和关心,并听取顾客对企业产品提出的改进意见。

## 四、推销人员的素质

人员推销是一个综合复杂的过程。它既是信息沟通过程,也是商品交换过程,又是技术服务过程。推销人员的素质决定了人员推销活动的成败。推销人员一般应具备以下素质:

1. 态度热忱,勇于进取

推销人员是企业的代表,有为企业推销产品的职责;同时,他又是顾客的顾问,有为顾客的购买活动当好参谋的义务。企业促销和顾客购买都离不开推销人员。因此,推销人员要具有高度的责任心和使命感,热爱本职工作,不辞辛苦,任劳任怨,敢于探索,积极进取,耐心服务,同顾客建立友谊,这样才能使推销工作获得成功。

2. 求知欲强,知识广博

广博的知识是推销人员做好推销工作的前提条件。较高素质的推销人员必须有较强的上进心和求知欲,乐于学习各种必备的知识。一般来说,推销人员应具备的知识有以下几个方面:(1)企业知识。推销人员要熟悉企业的历史及现状,包括本企业的规模及其在同行业中的地位,企业的经营特点、经营方针、服务项目、定价方法、交货方式、付款条件和产品的保管方法等,还要了解企业的发展方向。(2)产品知识。推销人员要知晓产品的性能、用途、价格、使用知识、保养方法,以及换代产品比原产品新增的功能和利益以及竞争者的产品情况等。(3)市场知识。推销人员要了解目标市场的供求状况及竞争者的有关情况,熟悉目标市场的环境,包括国家的有关政策、条例等。(4)心理学知识。推销人员要了解并适时适地地运用心理学知识来研究顾客的心理变化和需求,以便采取相应的方法和技巧。(5)财务知识。推销人员了解财务知识是保证销售收入顺利回收的重要前提。此外,推销人员还应了解政策法规的最新变化及影响等知识。

3. 文明礼貌，善于表达

在人员推销活动中，推销人员推销产品的同时也是在推销自己。这就要求推销人员注意推销礼仪，讲究文明礼貌，在说明主题的前提下，语言要诙谐、幽默，给顾客留下良好的印象，为推销获得成功创造条件。

4. 富于应变，技巧娴熟

销售人员要举止适度，谦恭有礼，仪表端庄，态度从容，谈吐文雅，口齿伶俐，平易近人，谨慎机敏。绝对避免与顾客争吵，保持良好的礼貌和风度。为了推销成功，推销人员要准确地了解顾客的愿望、需要、爱好、职业和购买习惯，利用推销艺术，帮助顾客克服疑虑，把握良好的成交机会。优秀的推销员，能够做到不卑不亢、知己知彼、灵活机动、运用自如。

## 营销小链接

推销员之歌

初出茅庐做推销，掌握技巧很重要，营销特点要鲜明，专业知识要记牢。
实践技能要掌握，动手动脚要动脑，出发之前多准备，各种工具少不了。
地图名片身份证，包装说明价格表，避免盲目去乱跑，资料一定整理好。
拜访之前细思考，各种因素想周到，穿戴整齐懂礼貌，第一印象很重要。
见面第一先介绍，名片同时要递到，少说多听细观察，顾客姓名要记牢。
若遇顾客生意忙，稍稍等等比较好，若是顾客有时间，不妨陪他随意聊。
天南海北都要谈，天文地理都必要，察言观色多端详，寻找话题投其好。
把握气氛融洽时，不失时机谈产品，特点优点需求点，真正卖点要谈到。
避开价格谈价值，不看便宜看功效，各种优点都谈到，顾客心理把握好。
无论行情如何变，客户关系要搞好，锦上添花容易做，雪中送炭更重要。
生意虽然重利益，输赢心理不能要，跳出输赢谈共赢，共同发展是正道。
浑身解数都使尽，仍有顾客流失掉，不计前嫌多关注，反目为友岂不好？
海纳百川容乃大，英雄气度不能小，上述诸事都做到，销售一定能做好。
说千道万一句话，诚信原则最重要！

## 五、推销人员的选聘与培训

### （一）推销人员的选聘

选聘推销人员可以有两种途径：一是从企业内部选聘人员到推销部门工作；二是从企业外部招聘，即在社会范围内招聘品德端正、作风正派、业务能力较强的人员。无论从哪种途径招聘人员，都需要经过严格的考试。选聘程序因企业而异。一般程序是：由报名者填写一份能够说明本人基本情况（如姓名、年龄、教育程度、健康状况等）的个人简历表格。符合企业选聘条件的即可接受面试和笔试；通过面试和笔试，可以对应聘者的语言表达能力、仪表风度、应变能力、基础知识、综合分析能力等进行考察，择优录用。

### （二）推销人员的培训

对选聘的推销人员，必须经过培训后方能上岗。对在岗推销人员也要定期培训，使他们及时了解企业的新产品、新的经营计划和市场策略，进一步提高素质。培训的内容通常包括企业知识、产品知识、市场知识、心理学知识和政策法规知识等。培训推销人员的方法有很多，主要有以下三种方法：一是课堂讲授。企业聘请一些专家、教授和有丰富经验的推销员，在课堂上讲授基础理论和专业知识、推销方法和技巧。二是现场实习。由企业有经验的推销人员带领受训人员参加各种推销实践活动。三是委托培训。委托其他单位或大专院校为其代培推销人员，使他们得到科学、系统、全面的培训，但费用较高，应量力而行。

### 六、推销人员的激励与评估

#### (一)对推销人员的激励

企业为了扩大产品的销路，牢牢占领市场，必须充分调动推销人员的积极性，运用各种激励手段，使推销人员能够感受到工作和个人的价值，从而发挥其最大潜力。对推销人员激励的手段主要有：(1)销售定额。各地区将每年的目标任务分配给每个销售人员作为销售定额，并根据定额完成情况决定报酬的多少。(2)佣金制度。是指企业按销售额或利润额的大小给予销售人员固定或根据情况可调整比率的报酬。它能激励销售人员尽力工作，形成竞争机制。但是由于各种产品及用户的特点不同，推销人员的工作难度也会有所差别，企业在工作分配上的平衡度不易把握。因此，销售人员的佣金也要因产品、工作性质的不同而异。通常，推销人员的固定工资占 70%，机动工资约占 30%。

#### (二)对推销人员的评估

为了对推销人员进行有效的管理，同时也作为分配报酬的依据，必须对推销人员的工作业绩建立科学的评估、考核制度。对推销人员业绩的科学评估，首先需要阅读和分析有关情报资料，包括推销人员根据考核指标所撰写的定期报告。其次要建立有效的评估标准。评估标准应能反映推销人员的销售绩效，主要指标有销售量及增长率、毛利、每天访问次数、访问成功率、平均订单数、销售费用与费用率、新顾客的增加数及失去的顾客数等。同时也要注意一些客观条件，如销售区域的潜力、地理状况、交通条件等。这些条件都会不同程度地影响销售效果。最后实施正式评估，企业在占有足够的资料、确立科学的标准之后，就可以正式评估。大体上，评估有以下两种方式：

一种方式是将各个销售人员的绩效进行比较和排队。这种比较应当建立在各区域市场的销售潜力、工作量、竞争环境、企业促销组合等大致相同的基础上，否则，显得不太公平。同时，比较的内容也应该是多方面的，销售额并非是唯一的，销售人员的销售组合、费用及对净利润所作的贡献也要纳入比较的范围。

另一种方式是把推销人员目前的绩效同过去的绩效相比较。这种方式有利于衡量推销人员工作的改善状况。除了对推销人员的工作成绩进行评估外，在有条件的情况下，也应对推销人员的素质进行评估。素质评估包括对推销人员的知识、人格、思想品质、奋发向上精神的评价。

## 第三节　广告策略

广告有着悠久的历史，我国原始社会后期，夏禹铸九鼎，象征国家政权，以示天下；周文王演绎八卦，让人刻成碑文，以此示众。这些是社会行为的广告。还有些传递信息的商业广告，如把招牌悬挂在商店门楣上。以上都是早期的广告，并且早期的广告形式多样，比如口头广告、幌子广告，还有文字广告和招牌广告。这些广告都使得信息得到传播，并且深深地影响着人们的生活。

## 一、广告的概念与构成要素

### (一)广告的概念

"广告"一词来源于拉丁语"Adventure"，原意为"诱导"，而"Advertising"是英文表示的广告，含义为"引起注意，告知"。现代汉语中，广告的含义就是"广而告之"的意思，即广泛地告之公众某种事物的宣传活动。广告分为广义的广告和狭义的广告。广义的广告概念是维持和促进现代社会生存与发展的一种大众化的信息传播工具。狭义的广告主要是指经济广告，指传播与促进产品及劳务销售有关的经济信息。广义的广告把广告看作一种付费的信息宣传活动，狭义的广告把广告看作一种产品促销手段。《中华人民共和国广告法》中广告的定义是：广告是广告主支付一定的费用，有计划地通过一定的媒介和形式，直接或间接地宣传自己的产品和服务，并说服消费者购买的信息传播活动。

### (二)广告的构成要素

广告能同时将信息传递给成千上万的消费者，因此在促销的各种活动方式中，使用最广泛的就是广告。从以上的概念中可以看出，一则完整的广告需要具备以下五个要素：

1. 广告主

即广告活动的当事人，任何广告要明确广告的信息是由谁发出的。广告主可以是借助广告来推销产品和服务的工商企业；也可以是非营利组织，包括学校、医院、科研协会；甚至政府也可以采用各种形式发布广告，比如，政府经常在电视上发布些公益广告。

2. 广告媒体

广告媒体是指传播产品和劳务信息等所运用的物质与技术手段。少数人向多数人进行信息传播的物质或工具都可成为广告媒体。

3. 广告对象

即广告信息的受众，接受广告信息的消费者。广告不是针对所有的消费者，而是根据企业的营销要求，选择企业的目标或潜在消费者进行宣传。如果广告对象不明确，就会影响广告的效果。

4. 广告费用

广告费用是指广告主确保广告活动正常进行而支付的各种费用，包括广告调研费、广告设计制作费、广告媒体费以及工作人员的相关支出等。广告主希望通过广告费用的投入换取更大的经济效益。

5. 广告信息

广告信息是指广告传播的内容，即广告的客体。广告信息的来源十分广泛，有的来源于人文地理、日常生活；也有的来源于政治经济，例如，国外竞选时，政治候选人也经常通过广告形式把自己介绍给社会公众；当然也有来源于人们日常生活中的信息。广告信息包括产品信息、服务信息、观念信息等。

## 二、广告的作用

广告是一种经济行为，能迅速、广泛地传播信息，对沟通供应、生产、销售、消费者之间的信息发挥了重要的作用，促进了产品的流通。在市场营销活动中，广告对于消费者和生产者的作用主要表现在以下几个方面：

1. 沟通产销

现代化的大生产，使得传统格言“酒香不怕巷子深”不再适应现代化的商业活动。企业需要一条传播信息、沟通产需的渠道，把各种消息传播到消费领域。而传播信息是广告最基本的功能，随着经济的发展、社会的进步，这种功能愈加突显出来。一个企业不善于做广告，就难以取得成功。

2. 促进销售

激发消费者需求的方式有多种，但是最为直接有效的方式就是广告，而广告的直接目的就是促进销售，使企业获利。形形色色的广告，使得消费者在潜移默化中接受了企业所宣传的观念，改变了自己的消费习惯，转移了购买目标，使得企业的产品销售与日俱增，牢牢地占据了市场。此外，广告虽然不能直接带来利润，但是广告对产品信息广泛而有效的传播，大大降低了产品销售和劳务销售的实际成本，最大限度地促进了产品的销售。中国是一个人口众多的超大型市场，需求的任何微小改变，都会对企业产生巨大的影响。对此，企业都很重视广告。据统计，在发达国家，投入 1 元广告费，可回收 25～30 元的收益，比值是 1∶25～1∶30；而我国作为广大的市场，该比值是 1∶15～1∶25。

3. 引导消费

广告是一门艺术，好的广告能够陶冶情操、丰富人们的物质生活。广告传播的过程，就是对消费者的消费兴趣和消费欲望培养和刺激的过程。新产品层出不穷，有关信息可以通过广告来传递，潜移默化地改变人们的购物习惯。站在琳琅满目的商品柜台面前，消费者的头脑里会想象着那些精彩的广告，下意识地根据广告的宣传购买产品。广告是多门学科的综合成果，给人以美的感受，加上优美的音乐，调动消费者潜在需要，继而诱导消费者进行购买。

4. 利于竞争

市场经济从某种意义上来说是竞争经济，竞争是商品经济的自然产物，哪里有销售，哪里就有竞争。对于生产厂商来说，竞争既是挑战，也是动力。随着科学技术的发展，各企业之间的技术差异越来越小，同类产品无论是在质量还是价格功能方面的竞争都越来越激烈。为了在竞争中脱颖而出，更加适应消费者的物质文化需求，很多企业都利用广告这个手段促进销售，开拓市场，塑造企业的良好形象。

## 三、广告的类型

对广告进行分类是企业运用广告开展市场营销活动的前提，有助于企业提高广告的针对性和功效。

### (一)按照广告的诉求对象分类

1. 消费者广告

在整个广告行业中,这类广告占绝大部分,多是生产和销售日常生活用品的。

2. 工业用户广告

这类广告主要是生产和经营原材料及其设备和零部件、办公用品等的部门,向使用这些产品的组织进行宣传。这类广告的市场不是终端用户,其在具体操作时要根据产业市场中的购买对象和购买者行为特征来考虑。

3. 商业批发广告

这类广告一般是由生产企业向批发业和零售业发布,或者由批发业之间发布,或者由批发业向零售业发布。广告的诉求对象一般是这些行业机构进货的决策人员。

### (二)按广告的诉求目的划分

1. 开拓性广告

又称报道式广告。开拓性广告的目的是开拓某一新市场,通过向消费者介绍产品的性质、用途、价格等,引导消费者对产品产生一定的印象。其经常用于新产品的导入期和成长期前期。

2. 说服性广告

说服性广告以说服为目标,目的是推销某品牌的产品,加深消费者对此品牌的印象。说服性广告一般用于产品的成长期后期与成熟期前期。

3. 提醒性广告

即经常或间歇式播放,提醒消费者不要忘记这一品牌,刺激消费者的重复性购买,增加消费者对品牌的忠诚度,提高消费者购买率。提醒性广告一般适用于产品成熟期后期和衰退期。

### (三)按广告的诉求地区划分

1. 全国性广告

传播范围包括全国。产品一般通用性比较强,销量大,选择性很小,使用范围比较广,区域比较分散。媒体一般选择能够覆盖全国的媒体。

2. 区域性广告

这类广告以特定地区为传播目标,诉求对象限定在某个地区,比如东北、西北、西南。媒体一般选择在某一地区发行或者是地区性媒体,比如《东亚经济新闻》、黑龙江电视台等。

3. 地方性广告

这类广告只是针对当地或地方商业圈发布广告。广告媒体一般选择覆盖当地的各类媒体,比如在公园附近发放地产广告。

## 四、广告的特点

1. 传播面广

广告是借助大众媒体传播信息的,它的公众性和普及性赋予广告突出的"广而告之"的优点。广告主可以通过电视、报纸、广播、杂志等大众传媒在短期内迅速将其信息告之众多的目标消费者和社会公众，这是人员推销等其他促销方式无法比拟的。

2. 传递速度快

广告是利用大众媒体传递信息的，大众传媒是一种迅捷的信息传播途径，它能使广告主发布的信息在很短的时间内传达给目标消费者。因此，在现代信息化社会，它是一种很有效率的促销方式。

3. 表现力强

广告是一种富有表现力的信息传递方式，它可以借助各种艺术形式、手段与技巧，为企业提供一个企业将其产品感情化、性格化、戏剧化的表现机会，增大其说服力与吸引力。

## 五、广告的设计过程

广告的设计过程就是企业在总体营销战略的指导下，对企业的广告活动进行一系列规划和控制的过程，它涵盖了广告策划的全部活动。

### (一)确定广告目标

广告的设计首先要考虑的因素就是广告目标的设定，广告的最终目标是增加销售量和利润。但是企业利润的实现，是企业营销组合策略综合作用的效果，广告只能在其中发挥应有的作用。因此，广告目标概括起来主要有以下几个方面：

1. 显现

目标在于透过广告把商标、企业名称传递给社会，让大家知道这家企业的存在，当推销人员去拜访时，消费者对产品有初步的了解。

2. 认识

企业在目标顾客已看到或听到广告后，进一步要通过广告让顾客充分认识企业和产品，记住产品的性能、品质和特点。

3. 态度

目标在于增进目标顾客对企业和产品的喜爱程度，希望通过广告改变人们的态度和思考方式，更倾向于本企业的产品。

4. 销售

一切广告的最终目的都在于增进销售，但广告本身很可能并不会达成某一交易。以销售为目标的广告，重点在于宣传现在就买的理由。

企业究竟选择什么样的广告目标，需要具体分析以下一些重要因素：第一，要考虑企业的市场发展总策略，广告目标必须与之相协调；第二，要考虑产品的市场生命周期，处于不同阶段的产品，广告目标也必然不同；第三，考虑消费者的行为特征，消费者对于不同的产品有不同的购买特点，在购买过程中也有不同阶段的行为特征，广告必须针对具体情况和要求来选择相应的目标。

### (二)广告设计

广告设计就是把广告目标的要求转换成稿件和图像，以便能正确理解广告给人们传递的信息。广告要先于实物进入人们的现实生活中，那么，能让消费者欣赏、理解和接受广告就会关系到产品的销售效果。广告设计的过程如下：

1. 确定广告的主题

广告的主题就是广告的中心思想、广告的灵魂、广告宣传的重点。没有主题或者主题不明确的广告,让人看了之后不知道广告在说些什么。因此,一方面,广告要明确主题,针对特定消费者的心理进行构思和选择,使得产品的形象能够让消费者接受;另一方面,要根据产品的质量、价格、性能和功效等确定广告的主题,利用广告来宣传本企业产品的差异性,宣传产品的品牌。但是,无论是根据消费者的心理还是产品的特性来确定广告的主题,都应强调产品给消费者带来的利益。

2. 广告表现形式的设计

广告表现形式是基于广告主题,进行广告原稿和视觉形象的创作,包括文稿的撰写、图像的绘制、画面的拍摄等的选择和处理,使之成为独立形象的广告作品。好的广告不仅取决于好的广告主题,即对顾客"说什么",还取决于广告的表现形式和广告手法,即解决"怎样说"的问题。广告表现的具体方式多种多样,代表性的方式主要有生活片段式、解决问题式、示范式、介绍式、证明式、推荐式、悬疑式、比喻式等。广告的基本手法有两种:直接表现和间接表现。直接表现是一种说理式广告,以传播产品知识为主,直接宣传产品的性能、质量、特点、服务等。间接表现则是以诱导为主,侧重以情感人,主要宣传产品或服务给消费者带来的利益和属性特征。

## 六、广告媒体及选择

媒体,英文为"media",是指将信息传播给社会大众的工具。广告媒体是广告主与广告接受者之间起连接作用的媒介物,是广告宣传必不可少的物质条件。随着科学技术的发展,越来越多的物质与工具被开发和利用,成为广告的传播媒体。

广告是通过广告媒体进行传播的。在整个过程中,不同的媒体具有不同的特点。为了达到不同的目的,广告宣传要使用不同类型的媒体。

### (一)广告媒体的类型

1. 报纸广告

报纸是最古老的主要媒体之一,它与杂志、广播、电视等一起被看作传播广告的最佳媒体,常被称为四大媒体。虽然报纸的广告收入低于电视广告,但是其自身具备许多难以取代的优势。

报纸媒体的优势是:(1)覆盖面广,发行量大。(2)报纸的信息传递迅速,报纸大多是当日发行,出版频率高,读者通常可以阅读到当天的报纸。(3)报纸广告的选择性强,读者阅读时比较主动。(4)报纸的读者广泛且稳定。(5)广告费用低,对大多数中小型广告主来说有能力承担,并且广告投资风险也相对较小。

报纸媒体的不足是:(1)报纸广告的注目率低,读者阅读报纸时往往倾向于新闻报道和感兴趣的栏目,如果没有预定目标,或者广告本身表现形式不佳,读者往往会忽略广告。(2)报纸印刷效果不好,吸引力低。(3)广告时效短,重复性差,只能维持当期的效果。

2. 杂志

杂志以登载各种专门知识为主,是各类专门产品的良好广告媒体。它作为广告媒体,优点有:(1)广告针对性强,具有明显的读者选择性。(2)有效性强,便于阅读和保存。(3)因杂志发行面广，可以扩大广告的宣传区域。(4)杂志编排整洁、灵活，每则广告都显得醒目。(5)印刷精美，易引起读者注意。

其缺点表现在：(1)出版周期长，时效性差。(2)读者较少，传播不广泛。(3)杂志媒体的印刷复杂，更改和撤换不方便，广告费用高。

3. 广播

广播媒体包括无线电台和有限广播网。广播媒体是一种声音媒体，是传播信息速度最快的媒体之一。广播媒体的优越性有：(1)传播迅速、及时。(2)制作简单，费用较低。(3)具有较高的灵活性。(4)听众广泛，通俗易懂。

使用广播做广告的局限性在于：(1)时间短促，广告内容不便记忆。(2)有声无形，印象不深。(3)观众注意力不集中。(4)不便查证，不便留存。

4. 电视

电视是视、听结合的先进工具，因其有图文并茂之优势，现已成为最重要的广告媒体。具体来说，电视广告媒体的优点有：(1)综合视觉、听觉，表现力丰富，感染力强。(2)传播面广，渗透力强。(3)娱乐性强，被注意力高。

电视广告媒体的不足是：(1)时间性强，不易存查。(2)费用昂贵。一是制作成本高，周期长；二是播放费用高。(3)因播放节目和广告多，易分散受众的注意力。

5. 户外广告

凡是能在露天或公共场合通过广告表现形式同时向许多消费者进行诉求，能达到推销商品的形式都可称为户外广告媒体。根据媒体发生作用的媒介可以将户外广告分为五个类型：绘制类、光源类、电子类、空中媒体及其他户外媒体。其中，其他户外媒体包括赛场广告、雕塑广告、电话亭广告等形式。户外广告的优点是：(1)节约成本，复现率高。(2)灵活多样，覆盖率高。(3)图文清晰，视觉冲击力强。

户外广告媒体存在的局限性有：(1)信息量少，干扰性强。(2)宣传范围小，区域性强。(3)不易评估效果。

6. 互联网

传统的大众媒体通常有一定的限制性，而网络广告有其得天独厚的优势，具体表现在：(1)互联网传播范围广，网络广告可跨越时空，有广泛的传播力；(2)内容详尽，交互查询，互动性和针对性强，无时间约束；(3)广告效果易统计；(4)广告费用较低。

网络广告不足之处表现在：(1)当前网络人口较少，受众群体较小；(2)有的网络广告缺乏诱惑力；(3)互联网的虚拟性致使网上浏览者对广告心存抵触。

此外还有一些广告媒体，如邮寄、电梯、电影、橱窗、车船、霓虹灯、商品包装等。

### (二)广告媒体的选择

每一种媒体都有其独特的优势，也存在不同形式的缺陷，这决定了企业从事广告活动必须对广告媒体进行正确选择，否则将影响广告效果。媒体的选择会受到种种因素的制约，主要因素包括以下几种：

1. 产品特性

各种产品的特点不同，在使用价值、使用范围和宣传要求上也有所不同，因而对媒体广告的选择会有直接或间接的影响。通常，对高技术产品进行广告宣传，应面向专业人员，多选用专业杂志；而对一般生活用品进行广告宣传，则适合选用能直接传播到大众的广告媒体，如广播、电视等。需要视听才能了解到的产品，选择广播就可以达到目的。

2. 目标受众的媒体接触习惯

广告媒体受众既是广告信息的传播对象，也是接触广告媒体的视听众，是影响广告效果媒体工具选择的重要因素。传播范围广但收听、收看率低的媒体仍是无效的。今天媒体获得较大的发展，目标受众与媒体接触无论是在数量上还是在频率上都大幅度增加。媒体受众在年龄、性别、民族、文化水平、信仰、习惯、社会地位等方面的特征，以及是否经常接触媒体、接触媒体的习惯方式等，直接关系到媒体的选择。因此，有针对性地选择为广告对象所易于接受的媒体，是增强广告促销效果的有效方法。

3. 媒体的传播范围

任何媒体都有特定的传播范围和传播对象。就传播范围而言，其传播范围的大小直接影响到广告信息传播区域的宽窄。媒体的传播范围并非越大越好，泛泛的传播范围实际上是毫无意义的，重要的是媒体传播范围的分布以及分布范围内的主要对象与广告的目标受众的特征相符。在媒体的选择时，如果企业的产品是行销全国的，应以全国性的报纸、杂志或者中央电视台等作为广告媒体；属地方性销售的产品，可通过地方性报刊、电台、电视台等传播信息。

4. 媒体的影响力

受众对媒体的认知会直接影响其对媒体中广告的认识和接受。媒体的影响力对受众接受广告有很大的影响，这就是媒体选择中的“光环效应”。广告媒体的影响力是以报刊的发行量和电视、广播的收视(听)率高低为标志的。选择广告媒体应把目标市场与媒体影响程度结合起来，能影响到目标市场每一个角落的媒体是最佳选择。

5. 广告预算费用

广告是付费的宣传，因此在选择广告媒体时，必须考虑企业的经济支出能力。各广告媒体的收费标准不同，即使同一种媒体，也因广告时间和位置的不同实行不同的收费标准。考虑媒体费用时，应该注意其相对费用，即考虑广告促销效果。电视是最昂贵的媒体，而报纸则较便宜。但是，最重要的还不是绝对成本数字的差异，而是目标沟通对象的人数构成与成本之间的相对关系，即效率的比较。

## 七、广告效果的测定

广告效果是指广告作品通过广告媒体传播之后所产生的作用。因为广告是费用较高的促销活动，因此，要对广告进行效果测定。广告效果的测定包括两个方面：一是信息传递效果；二是销售影响效果。

### (一)广告效果评估的意义

1. 有利于增强企业的广告意识

一般而言，广告主对广告的作用有一定的认识，但是对广告的效果究竟有多大，不是很了解，这影响到广告主的信心，也影响确定广告费用的预算控制。如果对广告效果进行评估，具体说明广告的效力，能使得广告主增强广告意识，提高广告的信心。

2. 加强广告目标管理

广告效果的评估，可以检查和验证广告目标是否明确、广告媒体的运用是否合适、广告发布的事件和频率是否得当、广告主题是否突出、广告创意是否新鲜独特等。企业要实现既定的目标，就要加强管理。通过对广告活动的各个过程、每个阶段所产生的效果进行评估，有助于企业全面而准确地掌握广告活动的现状，能够及时发现问题、总结经验，控制和调整广告活动的发展方向，确保广告活动能够始终按照既定的目标运行。

3. 保证广告朝着科学化的方向发展

广告效果的评估，是运用科学的方法和科学手段对广告活动进行定性与定量分析，判定广告的传播效果和销售效果，其涉及的学科范围比较广。因此，广告评估必然会推动广告朝着更加科学化、规范化、系统化的方向发展，促使广告业蒸蒸日上。

### （二）广告沟通效果的测定内容

测定沟通效果的目的在于分析广告活动是否达到预期的信息沟通效果。沟通效果的测定主要是针对广告对消费者的知晓、认知和偏好所产生的影响的测定。其目的在于确定广告是否正在产生有效的沟通。其内容一般包括：

（1）对广告注意度的测定。是指各种广告媒体吸引人的程度和范围，主要测定读者比率、收听率、收视率、点击率等。

（2）对广告记忆度的测定。是指消费者对于广告的主要内容，如企业名称、产品名称、广告语等记忆度的测定，从中检查广告主题是否鲜明、突出。

（3）对广告理解度的测定。是指消费者对于广告内容、形式理解度的测定，从中可以检查广告的设计和制作中存在的问题并加以解决。

（4）对购买动机形成的测定。了解广告与消费者购买动机形成之间的关系，进而研究广告在促销中的作用，为企业调整营销策略提供依据。

### （三）常见的广告效果测定方法

测定广告效果的方法多种多样，下面列举几种常见的方法。

（1）历史比较法。又称事前事后法、历史销售效果测定法。这种方法以刊载广告前后商品销量的状况比较来说明广告的实际业绩。

（2）区域比较法。这种方法是选择两个条件类似的地区作为检验广告效果的对比方法，其中一个地区刊载广告，另一个地区不刊载广告，进而在一段时间后，比较两个地区的销售效果。

（3）广告效益法。又称每元广告费促销法，用来计算每元广告费对商品销售的影响程度，以便用商品增销计划来编制广告预算。通常来说，每元广告效益越大，广告效果也越好。

（4）促销法。选择两个条件类似的地区。一个地区只发广告，不进行促销配合；另一个地区既发广告又进行促销配合。在一定时期后对两个地区的销售效果进行考量。

（5）广告费用比率法。此方法用来测定广告计划期内企业的广告总开支对商品总销售量的影响。其计算公式为：

$$广告费用比率=(广告费\div销售量)\times100\%$$

例如，某企业某季度的广告费用为 10 万元，其商品的销售额为 1 000 万元，那么计算出的广告费比率为 1%。再与前一季度的广告费进行相比，因为广告费比率越小越好，进而调整相应的广告策略。

# 第四节　公共关系策略

## 一、公共关系的概念和特征

### (一)公共关系的概念

公共关系(public relations)又称公众关系,简称"公关"或 PR。公共关系是指某一组织为改善与社会公众的关系,促进公众对组织的认识、理解及支持,树立良好的组织形象而进行的一系列活动。从营销的角度看,公共关系的活动目标主要是提高企业的知名度,取得社会、公众的信赖,树立良好的组织形象,这种形象无疑是企业宝贵的无形资产,从而有助于企业的产品及服务受到消费者的肯定和信任,获得社会舆论的理解与支持,从而有助于拓展产品市场、促进产品的销售。因此,公共关系在促销中的重要性越来越被企业所认识。

### (二)公共关系活动的主要对象

公共关系活动的主要对象是社会公众。社会公众又包括两个部分:

1. 企业内部公众

企业内部公众是指企业决策部门与内部职工之间的公共关系,如股东、职工等。保持士气和展现员工工作业绩,通常是公共关系的一个目标。企业通常通过企业新闻、公告通知、年会等形式与内部公众进行沟通。此外也有一些其他的形式,如部门联欢、员工生日聚会等。

2. 企业外部公众

企业外部公众一般是指顾客、媒体、政府、社会组织和商业团体以及竞争者等。企业作为社会组织中的一分子,每时每刻都与相关的社会公众发生着频繁的经济联系和社会联系。企业公关就是与这些社会公众建立良好的联系。对于一个企业而言,企业的公共关系形象包括产品形象、服务形象、员工素质形象、环境保护形象和社会成员形象等。良好的公共关系形象无疑是企业的无形资产,可有效促进企业与顾客及合作伙伴的沟通,增强企业产品的市场吸引力。

### (三)公共关系的作用

1. 树立良好的企业形象和声誉

企业的形象和声誉是无形财富。良好的形象和声誉是企业富有生命力的表现,也是公关的真正目的所在。企业以公共关系为促销手段,利用一切可能的方式和途径,让社会公众熟悉企业的经营宗旨,了解企业的产品种类、规格以及服务的方式和内容等情况,使企业在社会上享有较高的声誉和较好的形象,以促进产品销售的顺利进行。

2. 强化社会公众之间的相互关系

企业在经营中必然要与社会各个方面发生关系。通过公共关系,将企业的动态传达给消费者,可以使得消费者对企业产生好感。通过公共关系,可以增进与之相关的企业之间的感情。通过公共关系,将企业的信息传递给企业的股东、投资者、贷款银行、政府部门,博得他们对企业的支持和信赖。总之,通过公共关系,强化企业同各方面公众的关系,使企业的工作更加顺利，从而使企业与各方面的关系更加稳固。

3. 化解企业面临的危机

企业生存的环境是动态的、变化的，可能会在企业发展的某个时期面临着危机。这些危机有时候可能是因为企业自身的失误，也可能是源于公众的误解，还可能源于竞争对手的不当竞争，这些危机不能及时处理，就会给企业带来经济上、形象上难以估计的损失。当危机来临之时，在查清事情原因的前提下，区别对待。这里有两种可能的情形：一是对于公众的误解或他人的蓄意陷害。对此要利用大众传媒进行必要的、充分的解释。公关人员不应该采取与公众对立的粗暴态度，而应以事实为依据，帮助公众认清事实，必要时可借助行政或法律手段来保护企业形象和利益。二是确因企业自身过失危害了公众利益。对此，公关人员应实事求是，尽早将处理结果和改进措施公之于众，以显示企业的诚意，获得公众的谅解，使恶劣影响减小到最低限度，帮助企业恢复声誉。

4. 增强企业内部的凝聚力

企业从事公关活动，能沟通企业上下、内外的信息，建立相互间的理解、信任与支持，协调和改善企业内部环境，达到企业内部和企业外部人际关系的和谐统一。向企业内部职工宣传管理决策部门的经营宗旨、工作意图，并及时将员工的意见、反映、要求反馈给决策部门，增强员工的责任感和荣誉感，提高企业的凝聚力。有凝聚力的企业才是充满活力、充满竞争力的组织。常用的方式有：定期印发企业内部刊物，宣传企业的方针及目标；举办恳谈会，与职工进行心理沟通；关心职工福利，鼓励职工的工作热情；开展针对职工家属的公关活动，解决职工的实际困难；等等。

5. 促进产品销售

企业的许多活动都是为了研究消费者的需求，进而通过扩大产品的销售来获取利润，公共关系对企业的销售起到很大作用。在现代市场营销中，由于科技的进步、信息的共享、企业竞争的加剧，产品的质量和价格差距变得非常小，消费者对于产品的选择很多情况下是对企业的一个甄选。有时候，企业的形象对于产品的销售异常重要，通过公共关系，可传播企业信息，树立良好的企业形象，使得消费者对企业信赖，进而对产品产生好感，最后采取购买行动，这种作用是公共关系独有的。正因为公共关系对于促销的重要作用，许多企业都开始重视公共关系，在企业内部设立公共关系部门，开始利用公共关系。

## 二、公共关系的职能及活动方式

公共关系在企业营销管理中占有重要地位。在企业内部，公关部门介于决策者与各职能部门之间或介于职能部门与基层人员之间，负责沟通和协调决策者与职能部门之间、各职能部门之间以及职能部门与成员之间的相互关系；在企业外部，公关部门介于企业与公众之间，对内代表公众，对外代表企业，沟通、协调企业与公众之间的相互关系。公共关系部门无论是独立的职能部门，还是隶属于某一职能部门，它都具有相同的职能及活动方式。

### （一）公共关系的职能

一般来说，企业公共关系的目标是促使公众了解企业形象，通过企业与公众的双向沟通，改善或转变公众态度。公共关系作为一门经营管理的艺术，其职能主要表现在信息监测、舆论宣传、沟通协调和危机处理这几个方面。

1. 信息监测

企业环境监测是公共关系部门的重要职能之一。信息监测主要监测企业外部环境的变化，以便企业与外部环境的变化保持动态的平衡。企业进行信息监测主要检测的是企业形象和公众环境信息，使得企业对外部环境保持高度的敏感性，充分了解外界有利影响或不利作用。在环境变化中，使得企业既可以抓住机会，又可以及时规避风险。

2. 舆论宣传

企业公关部门通过运用大众媒体的宣传或通过策划相关的公共关系活动，将企业的经营宗旨、企业文化、企业精神等信息及时传递给公众，增强企业内部、外部公众的了解，实现最佳的舆论，营造良好企业生态环境，从而使整个事业获得成功。这种宣传一般是采用新闻纪录片、新闻发布会、记者招待会等，依靠信息的真实性、客观性及内在的新闻性来提高企业的知名度，力图以一种美好的形象出现在公众面前，让公众心悦诚服。

3. 沟通协调

企业的运营面对错综复杂的社会、经济与人际关系。因此，建立一种有效的协调沟通机制，是企业公关的一项最基本的职能。内部公众要进行情感沟通，使得企业员工上下一心，为企业经营目标而努力。对于外部公众而言，要联络感情、赢得支持，取得公众的信赖和认同。协调沟通的目的是通过有效的沟通，减少矛盾，调节冲突，实现内部团结、外部和谐的环境状态。

4. 危机处理

企业必须对外部环境的变化保持高度敏感性，特别是对其中潜在的问题和危机及时发出预报，并能够随机应变，采取科学的对策，即通过合理的工作机制进行危机预警管理。当企业遇到风险或危机事件并且足以使企业形象受到损害时，公关人员应该及时应变，妥善处理危机。

### (二)公共关系的活动方式

公共关系的活动方式是指以一定的公关目标和任务为核心，将若干种公关媒介与方法有机地结合起来，形成一套具有特定公关职能的工作方法系统。企业由于规模、活动范围、产品的特性不同，没有一个统一的公关模式，但是按照公共关系所要达到的目的来看，公共关系的活动方式有以下几种：

1. 宣传性公关

根据企业的意图，运用报纸、杂志、广播、电视等各种传播媒介，采用撰写新闻稿、演讲稿、报告等形式，向社会各界传播企业有关信息，以形成有利于企业形象的社会舆论导向。其特点是主导性强、时效性强、传播面广、推广组织形象效果好。

2. 征询性公关

征询性公关是以采集社会信息为主、掌握社会发展趋势的公共关系活动模式。其目的是通过各种咨询业务，如制定调查问卷、进行民意测验、设立热线电话、聘请兼职信息人员、举办信息交流会等工作，加强双向沟通，使组织了解社会舆论、民意民情、消费趋势，为企业的经营管理决策提供信息，使企业行为尽可能地与国家的总体利益、市场发展趋势和民情民意一致，更好地为社会公众服务。

3. 交际性公关

这种方式是通过语言、文字的直接沟通，为企业广结良缘，协调矛盾，化解冲突，巩固传播效果，为企业创造“人和”的社会环境，可采用宴会、座谈会、招待会、谈判、专访、慰问、电话、信函等形式。交际性公关具有直接沟通、形式灵活、信息反馈快、富有人情味等特点，在加强感情联络方面效果突出。

4. 服务性公关

服务性公关是指企业组织向社会公众提供的各种附加服务和优质服务的公共关系活动。其目的在于，以实际行动使目标公众得到实惠。服务性公关通过如消费指导、消费培训、免费修理等方式，提高公众满意度，塑造良好的组织形象，争取公众的支持，增强组织的市场竞争力，促进组织的稳步发展。服务性公共关系的特点是依靠本身实际行动做好工作，其特别媒介是服务，而不是依靠宣传。

5. 赞助性公关

赞助性公关是通过赞助文化、科教、环保、公益等事业，支持社区福利事业，参与国家、社区重大社会活动等形式来塑造企业的社会形象，提高企业的社会知名度和美誉度的活动。这种公关方式的公益性强、影响力大，但成本较高。企业的赞助活动可以是独家赞助（又称单一品牌赞助），也可以是联合赞助。

# 第五节　营业推广策略

## 一、营业推广的概念与特点

### （一）营业推广的概念

营业推广（sales promotion）是指为了刺激需求而采取的能够迅速产生激励作用的促销方式。由于它是直接围绕着提高销售额而进行的推广活动，因此又称为销售促进。营业推广经常是人员促销、广告、公共关系等方式的一种辅助手段，用于特定时期、特定产品的销售。

### （二）营业推广的特点

1. 营业推广促销效果显著

营业推广的方式多种多样，一般来说，只要合理，就可以在短期内迅速让消费者了解产品，促进消费者接受产品，并且，其强烈的利益诱导，在很大程度上可以吸引消费者重复购买，所以都能收到显著效果，而不像广告与公共关系那样需要一个较长的时期才能见效。因此，营业推广适合于在一定时期、一定任务的短期性的促销活动中使用。

2. 营业推广是一种辅助性促销方式

人员推销、广告和公共关系都是常规性的促销方式，而多数营业推广方式则是非正规性和非经常性的，只能是它们的补充方式。虽然能在短期内取得明显的效果，但它一般不能单独使用，常常配合其他促销方式使用，才能更好地发挥其作用。

3. 大量使用营业推广会降低品牌忠诚度

采用营业推广方式很多的方法会呈现强烈的吸引气氛。不过，这种方式的有些做法也常使顾客认为企业急于抛售产品，因此要适可而止、适时展开。如果频繁使用或使用不当，消费者会对产品的质量、品牌产生怀疑，对购买产品持观望态度，进而会降低品牌忠诚度。因此，企业在开展营业推广活动时，要注意选择恰当的方式和时机。

## 二、营业推广的主要方式

### （一）针对消费者的营业推广方式

针对消费者，营业推广的目的在于鼓励现有消费者大量、重复、及时购买，同时吸引和培养新的消费群体，激发新顾客使用本企业产品。其推广方式主要有以下几种：

1. 赠送样品

赠送样品是指向目标消费者免费提供一定量的服务或产品的营业推广方式。这种方式的作用有两个：一是鼓励受赠者购买，提高惠顾率；二是可以获取消费者对产品的反应。样品赠送可以有选择地赠送，但对高价值产品不宜采用。

2. 送赠品

送赠品即消费者购买某种产品时，在原有产品基础上赠送一些物品的促销方式。赠送物品可以与产品一致，也可以与产品不同；可以是无偿赠品，也可以是有条件赠品。总之，通过这种方式可以缩短或拉近与消费者的距离，从而促使消费者采取购买行动。

3. 优惠券

优惠券是指持券者在特定的条件下可以享受某种优惠的凭证。优惠券适用的场合很多，可以用来扭转产品或服务销售下滑的局面，也可以在新产品上市时用以吸引消费者的购买兴趣，而发放的对象可以是有贡献的老顾客，也可以是一般的潜在顾客。

4. 优惠

如果消费者能够在购买时获得可能得到的经济优惠就会刺激消费者的购买，这里的优惠通常包括减价优惠和退款优惠。减价优惠是指在特定的时间和特定的范围内调低产品的销售价格，因其能给消费者带来实在的利益优惠而深受消费者的青睐。退款优惠是指在消费者提供了产品的购买凭证后就可以退还其购买产品的全部或部分款项的促销方式。优惠的优点是，可以维护对品牌的忠诚度，并且能够了解到消费者的有关资料。

5. 以旧换新

以旧换新是指消费者凭使用过的产品，或者使用过的特定产品的证明，在购买特定产品时可以享受一定优惠的促销活动，这类方式一般由生产企业使用。

6. 演示

演示是指在销售现场对特定的产品进行使用示范，引发消费者对该产品的兴趣或增加对该品牌商品功能的信任感，从而促进销售。其适用的时机是，当产品操作相对复杂，或者是产品更新换代有改进之时。这种演示可以定点、流动进行，但是大多数情况下企业不会一直进行。如果不需要工作人员进行不停的操作，借助商场里打开的音响、电视等，就可以持续进行演示。

### （二）针对中间商的营业推广方式

针对中间商，营业推广的目标是保证现有渠道的稳定，促使中间商维持较高的存货水平，刺激中间商积极销售产品，加强与中间商的联系，达到与其共荣的目的。其推广方式主要有：

1. 折扣鼓励

折扣鼓励包括现金折扣和数量折扣。现金折扣是指生产企业对及时或提前支付货款的经销商给予一定的货款优惠;数量折扣是指生产企业对大量进货的经销商给予一定额外进货量的优惠。

2. 经销津贴

为促进中间商增购本企业产品,鼓励其对购进产品开展促销活动,生产企业给予中间商一定的津贴,主要包括新产品的津贴、清货津贴、降价津贴等。

3. 宣传补贴

有的生产企业需要借助经销商进行一定的广告宣传,为了促进经销商进行宣传的积极性,经销商可以凭借进行了宣传的有关单据,获得厂家一定数额的补贴。

4. 陈列补贴

随着终端竞争的激烈,生产企业为了给产品在终端获得一个较好的销售位置,往往给予中间商一定的陈列补贴,希望经销商维护产品在终端竞争中的位置优势。

5. 销售竞赛

销售竞赛是指生产企业对业绩优秀的中间商进行特殊鼓励,包括货款返还、旅游度假、参观学习等。

6. 展览会

展览会一般是指由零售商举办、面对广大消费者、通过增加产品的选择性和在展销期间的某些优惠来吸引消费者的一种营业推广方式。通过这种形式,可以让经销商获知本行业的市场发展和行业发展情况,有利于增加其业务能力和市场信息。

#### (三)针对销售人员的营业推广方式

针对销售人员,营业推广的目标是在维持现有产品销售的基础上,鼓励其积极销售新产品,同时寻找更多的新顾客。营业推广方式主要有:给完成任务的销售人员一定的销售奖金;为提高销售人员的业务技能与技巧进行的培训进修;召开总结经验和工作方法的会议;等等。

### 三、影响营业推广的因素

#### (一)当地政府的限制

在不同的国家或地区,对营业推广方式在当地市场上采取不同程度的限制。有的国家规定,企业在当地市场上进行营业推广活动时要事先征得政府部门的同意;有的国家则限制企业销售推广活动的规模。如法国政府规定:禁止抽奖,免费赠送的物品不得超过消费者所购买商品价值的5%。还有的国家对销售推广的形式进行限制,规定赠送的物品必须与推销的商品有关,诸如杯子可作为咖啡购买者的赠品,而餐具就不能作为推销洗衣机的随赠礼品。有一项研究表明:在法国,最有效的销售推广方式是降价、贸易折扣和免费样品;在巴西,最有效的销售推广方式是附送礼品;在匈牙利、荷兰和希腊,最有效的销售推广方式是贸易折扣。

#### (二)经销商的合作态度

同中间商合作是扩展营销规模的有效途径,但要得到当地经销商或者中间商的支持与协助，能否由经销商代为分发赠品或优惠券，由零售商来负责现场示范或者商店陈列等，对于拓宽销售市场非常关键。

### （三）市场的竞争程度

进行销售推广活动一般有两种情况：一是为了扩大市场份额；二是迫于竞争对手的压力。市场的竞争程度、竞争对手在促销方面的动向或措施，将会直接影响到企业的销售推广活动。例如，当竞争对手推出新的促销举措来吸引顾客时，企业就不能不采取相应的对策，否则就有可能失去顾客而丧失市场。同样，企业在海外目标市场进行销售推广活动，也会遭到当地竞争者的反对或阻挠，甚至通过当地商会或政府部门利用法律或法规的形式来加以禁止。例如，美国通用电气公司通过与当地企业合资的形式成功地打入日本的空调市场，其主要促销措施是：以海外免费旅游度假方式来奖励推销成绩突出的经销商，并对顾客实行超值赠送彩色电视机的刺激。随后，这些举措遭到当地电器生产厂商的反对，他们利用贸易协会通过决议，禁止以海外旅游形式作为奖励措施，并做出了限制赠品最高价值的规定，以阻止推销。

## 四、营业推广的决策过程

### （一）建立营业推广的目标

营业推广活动的决策一般是从目标的确立开始的。营业推广目标是在企业总营销目标的前提下，根据企业的具体需要确定的。作为一个企业来讲，每个阶段都会有不同的目标，营业推广目标的确定，就是要明确推广的对象是谁，要达到的目的是什么。只有知道推广的对象是谁、产品所处的生命周期阶段，才能有针对性地制定具体的推广方案。比如说，从产品所处的生命周期看，在投入期，营业推广的目标主要是为了缩短产品与顾客之间的距离，诱使目标消费者试用新产品、认知新产品；在成长期，营业推广的目标主要是鼓励消费者重复购买，刺激潜在购买者和增强中间商的接受程度；在产品成熟期，营业推广的目标在于刺激大量购买，吸引竞争品牌的消费者，保持原有的市场占有率；在产品衰退期，营业推广的目标是快速大量销售，尽可能地处理积压库存产品，加速资金周转。

### （二）选择营业推广形式

营业推广的方式方法很多，但如果使用不当，则适得其反。因此，选择合适的推广工具是取得营业推广效果的关键因素，前面已经对营业推广的形式进行了基本的介绍，不同的形式其效果是不同的；同时，一个查特定的营业推广目标可以采用多种形式来实现。企业在选用营业推广形式时应综合现阶段营业推广的目标、产品的类型、企业的竞争地位、企业的资金规模等进行综合的考量。

### （三）制定营业推广方案

在为营业推广活动确定了目标和具体的工具后，还需要对营业推广活动制定具体的行动方案。一个完整的营业推广方案应该包括以下几方面的内容：

1. 营业推广范围

企业要确定本次营业推广活动的产品范围和市场范围，即决定是对单项产品进行促销还是对系列产品促销、是对新产品促销还是对老产品促销、是在所有的销售区域进行促销还是在特定的市场内促销。

2. 诱因量的大小

诱因量是指活动期间的产品优惠程度与平时没有优惠时进行比较的差异，它直接关系到促销的成本。诱因量的大小与促销效果密切相关，因为诱因量的大小直接决定了消费者是否购买。

3. 传播媒体的类型

传播媒体的类型是企业选择何种媒体作为促销信息的发布载体。不同的媒体有不同的信息传递对象和成本，其效果必然不同，这是企业在营业推广方案中应明确的问题。

4. 推广的配合安排

营业推广要与营销沟通的其他方式如广告、人员销售等整合起来，相互配合，共同使用，从而形成营业推广期间的更大声势，取得单项推广活动达不到的效果。

5. 营业推广时间

控制好营业推广的时间长短也是取得预期促销效果的重要一环。推广的期限，既不能过长，也不宜过短。这是因为，时间过长会使消费者感到习以为常，失去刺激需求的作用，甚至会产生疑问或不信任感；时间过短会使部分顾客来不及接受营业推广的好处，收不到最佳的促销效果。一般应以消费者的平均购买周期或淡旺季间隔为依据来确定合理的推广时间。营业推广时间的确定包括三个方面的内容：举行活动的时机、活动的持续时间和举办活动的频率。

6. 营业推广费用的预算

科学合理地制定预算，为活动的顺利开展提供了有力的保障。营业推广的费用通常包括两项：一是管理费用，如组织费用、印刷费用、邮寄费用、培训教育费用等；二是诱因成本，如赠品费用、优惠或减价费用等。

此外，在方案中还要有其他内容，如奖品兑换的具体时间和方法、优惠券的有效期限、营业推广活动的具体规则等。

## 本章习题

**一、名词解释**

促销　　非人员促销　　促销组合　　公共关系　　营业推广

**二、简答题**

1. 简述“推式策略”与“拉式策略”的特点及适应的情况。
2. 什么是公共关系？其主要方法有哪些？
3. 什么是营业推广？其主要采取哪些方法？
4. 如何进行广告媒体的选择？

**三、操作训练题**

结合某一产品，设计促销方案。

## 四、案例分析题

**淘宝网上商店的促销策略研究**

一、网店内部促销策略

针对淘宝网上商店的特点，网站内部促销策略着重考虑销售促进和信用管理两种方式。

(一)销售促进

网店内部的销售促进手段以免邮费、打折、赠品为主，其余方式为辅。

1. 免邮费

网络购物中间环节的邮费问题一直是买家关注的焦点问题之一，这会影响到买家对于网购价格优惠的感知。目前，邮寄主要分为邮局、物流快递、特快专递等。平邮的价格较低，但周期长；物流快递价格适中，送货周期在3～5天；特快专递的价格昂贵。因此，快递公司是最被买家接受的。店主可以根据买家所购买商品的数量来相应地减免邮费，让消费者从心理上觉得就像在家门口买东西一样，不用附加任何其他费用。

2. 打折

由于打折促销直接让利于消费者，让客户非常直接地感受到了实惠，因此是目前最常用的一种阶段性促销方式。折扣主要采取以下两种方式：一是不定期折扣。在重要的节日，如春节、情人节、母亲节、圣诞节等，进行8～9折优惠，因为在节日期间人们往往更具有购买潜力和购买冲动。店主应选择价格调节空间较大的商品参加活动，并不是全盘选中。

3. 赠品

赠品促销的关键在于赠品的选择。一个适当的赠品，会对产品销售起到积极的促进作用，而选择不适当的赠品只能使成本上升、利润减少、顾客不满意。选择合适的赠品应该注意：第一，不要选择次品、劣质品，这样做只会适得其反，影响店铺的信用度；第二，选择适当的能够吸引买家的产品和服务，例如，可以赠送试用装或小样，还可以赠送无形的东西——服务；第三，注意赠品的预算，赠品要在网店能够接受的预算范围内，不可过度赠送赠品而造成成本加大。

4. 会员、积分

凡在网店购买过商品的顾客，都成为网店的会员。会员不仅可享受购物优惠，同时还可以累积积分，用积分免费兑换商品。此方式的优点是：可吸引买家再次来店购买，以及介绍新卖家来店购买，不仅可以巩固老顾客，使其得到更多的优惠，还可以拓展、发掘潜在买家。

5. 红包

红包是淘宝网专用的一种促销工具，各位卖家可以根据各自店铺的不同情况灵活制定红包的赠送规则和使用规则。通过此种手段，可增强店内的人气。由于红包有使用时限，因此可促进客户在短期内再次购买，有效提升网店的销量。

6. 积极参与淘宝网主办的各种促销活动

淘宝网不定期会在不同板块组织不同的活动，参与活动的卖家会得到更多的推荐机会，这也是提升店铺人气和促进销售的一个好办法。要想让更多的人注意网店，店主就要经常到淘宝网首页、支付宝页面、公告栏等关注淘宝举行的活动，并积极参与。

(二)信用管理

信用评价是会员在淘宝网交易成功后，在评价有效期内(交易后3～45天)，就该笔交易互相做评价的一种行为。评分分为“好评”“中评”“差评”三类，每种评价对应一个信用积分，具体为：“好评”加一分，“中评”不加分，“差评”扣一分。据调查，一方面，网店的信用级别会对消费者的购买决策产生影响；另一方面，买家在交易后对卖家所给的信用评价表示关注。

二、网店外部促销策略

网店外部促销策略可以采取搜索引擎、销售联盟、网店推广和网络广告四种方式。

(一)“三管齐下”专攻搜索引擎

许多用户上网首先浏览的页面是淘宝搜索引擎页面，这时，脑海中就会出现一些他们所需求商品的关键词,然后通过引擎搜索到符合条件的商品。因此,要想提高网店商品被浏览的概率,就必须对搜索引擎排列原理有充分的了解。

(二)"1+1>2"促销策略——销售联盟

对于销售商品的性质相同、价位区间相同、网店的目标顾客也相同的网店,可以采取竞争品协同营销的策略,即销售联盟。也就是说,让许多的竞争网店联合成为集群,同时通过网店内友情链接将这些竞争网店链接起来,友情链接可以促进网店之间商品信息的交流,无形中给加入销售联盟的网店带来一部分"转移顾客"。这样就会形成一个"销售圈",可以提高网站知名度与成交率,还能更好地与顾客建立关系。

(三)网店推广——在淘宝社区和论坛发帖、回帖

在淘宝社区论坛发布有吸引力的帖子是提高店铺知名度和人气的一种方法,即以作者的身份发布帖子,阅读帖子的人越多,店铺被点击的概率就会越大。另外,也可在论坛的好帖后面跟帖,虽然比自己发帖的效果差,但也能起到宣传网店的效果。

(四)网络广告——广告推荐位和淘宝旺旺

合理运用广告推荐位和淘宝旺旺,会有效提高网店的知名度。(1)广告推荐位。广告推荐位是将有限的区域划分"出售",性质与道路两旁的平面广告相似。目前,淘宝网的广告位分为三种:社区首页广告(需50个银币)、论坛广告(需20个银币)、站内信广告(需30个银币)。(2)淘宝旺旺。店主在选择广告媒体上不应忽视淘宝网所特有的即时通讯软件——淘宝旺旺。这款软件是阿里巴巴为淘宝个性化定制的商务交流软件,淘宝网上商店的目标消费者群体来自淘宝网的用户,因此淘宝旺旺就顺其自然地成为信息沟通工具。店主通过旺旺向老顾客和潜在顾客发送店铺或商品信息,也可以就产品和服务方面的问题进行互相交流。

资料来源:向会英、张姝媛:"淘宝网上店铺的促销策略",《商场现代化》,2007年第11期。

**思考题:**

1. 淘宝网为什么要采用内部促销策略和外部促销策略?这两种策略的目的是什么?
2. 本案例中,淘宝网采用的促销策略是推式策略还是拉式策略?
3. 在你日常消费中,你觉得淘宝网的促销策略哪些方面还需要改进?如何改进?

# 第十二章
# 市场营销计划、组织与控制

**【学习目标】**

1. 掌握市场营销组织的主要类型；
2. 了解市场营销计划的内容；
3. 了解市场营销控制的主要内容。

**【案例导入】**

**"金锣"山东市场营销组织创新**

金锣集团从沂蒙山区贫瘠的大地上破土而出，其生猪屠宰、肉制品综合加工能力均居全国前列，与肉类巨头双汇、南京雨润形成三足鼎立之势。

近几年来，山东区域的肉制品市场发生一系列重大变化：消费者肉类需求的变化，产品类别和品种的急剧扩充，零售终端格局的变化，肉类竞争格局的演变，竞争对手区域战略、策略和市场手段的创新等，使得市场环境变数丛生，对金锣掌控区域市场的能力提出了严峻挑战。面对这种情况，金锣适时根据市场环境变化，开展了一系列营销组织创新工作。

一、完善并共享市场职能

在集团公司总部增设市场部，全面提高集团公司营销体系的营销功能，在市场信息收集、研究、共享反馈，新产品研究、开发与推广，品牌规划和形象传播等方面，则采取整合的策划推广体系，从而确保集团公司在品牌形象、市场管理、营销信息系统管理方面的统一和资源共享。

二、营销专业化

为了避免区域营销组织不同产品种类销售的内部协调困难和严重内耗，提高细分品种产品的营销水平和能力，就需要在冻品和肉制品的销售上分别实现独立的业务队伍、独立的销售管理体系、独立的销售行政体系。为此，金锣集团对冻品和肉制品两大类产品分别设立独立的区域销售组织，独立运作和管理。

三、减少管理层次

降低区域营销组织的重心，由原来的营销总部—区域大区—省级办事处—地区业务组，转变为营销总部—省级大区—地区级办事处—县级业务组。

四、增大组织宽度

考虑到双汇等竞争对手在山东市场的组织创新，为了确保市场的高渗透率，金锣撤销区域大区(原来涵盖数省和地区)，改为省级大区，增加大区数量。

在金锣的不断创新下，在肉制品残酷的竞争中，金锣一次次地击退了竞争对手发起的猛攻，市场占有份额和销售额均呈现持续快速的强劲增长势头，不仅确保山东区域市场内的领导地位"雷打不动"，更为其他区域市场的营销组织创新提供了崭新的思路和宝贵的运作经验。

金锣的案例告诉我们，在面对激烈的市场竞争的时候，合理有效的市场营销计划、组织、控制和实施工作，对企业的生存和发展至关重要。作为现代营销管理者，只有牢牢掌握营销管理的规律，正确地完成市场营销管理的计划、组织、控制等相关管理工作，才能保证企业的市场营销工作顺利进行，从而为企业带来巨大的商业利润。

# 第一节　市场营销计划

## 一、市场营销计划的含义与作用

### (一)市场营销计划的含义

市场营销计划，又称品牌计划，是关于某个具体产品、品牌如何进行市场营销的安排和要求，是在某个市场实现产品目标的市场营销战略的具体化。具体来说，市场营销计划是管理者在确定的时间和范围内，采取具体工作步骤来达到确定的市场营销目标等一系列决策筹划过程。

### (二)市场营销计划的作用

市场营销计划是市场营销活动方案的具体描述，它规定了企业各种经营活动的任务、策略、政策、目标以及具体指标和措施。这样就可使企业的市场营销工作按既定计划有条不紊地进行，从而避免营销活动的混乱或盲目性。归纳起来，市场营销计划的作用主要表现在以下几方面：

1. 市场营销计划详细表述出企业预期的经济效果

这样，可使企业确定明确的发展目标，减少经营的盲目性，以便在整个计划执行期中根据预期的目标，不断调整行动方案，采取相应措施，力争达到预期目标。

2. 市场营销计划确定了企业实现计划活动所需的资源

企业可事先测算活动所需资源数量，并据以判断企业所要承担的成本费用，有利于进一步精打细算，节约费用开支。

3. 市场营销计划描述了将要进行和采取的任务与行动

企业可以以任务为基础，以活动为导向，明确规定各有关人员的职责，使他们有目标、有步骤地争取完成或超额完成自己的任务。

4. 市场营销计划有助于监测企业各种市场营销活动的行动和效果

这样就使企业能有效控制营销活动，协调各部门的关系，顺利开展营销活动，完成企业的各项任务和目标，使企业获得进一步的发展。

总之，市场营销计划对任何企业经营来说，都是至关重要和不容忽视的基本计划，只有根据这种详细阐明企业活动方案的计划，企业的生产经营目标才能实现。

## 二、市场营销计划的内容

企业市场营销计划大致包括六个方面，如图12—1所示。

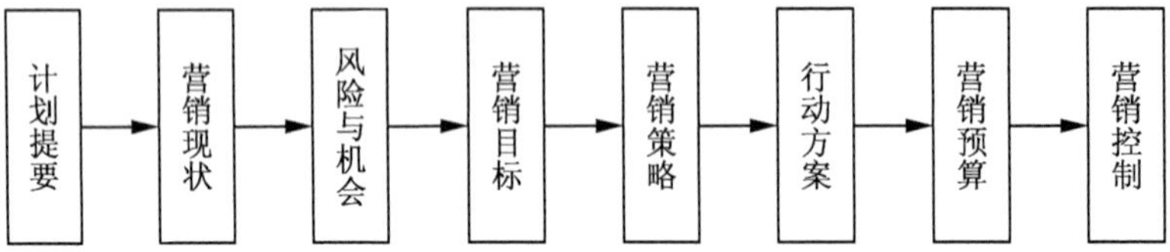


**图12—1　营销计划的内容**

### （一）计划提要

计划提要是市场营销计划的开始，主要指针对市场营销的目标及相关建议给出简短的概述。市场营销计划要有正式的文字，在计划书的开头要对计划营销目标和措施作简要的概括，这样会使管理者快速了解计划的核心内容。

### （二）营销现状

市场营销现状分析，主要是对现有市场营销环境中的产品、竞争者、分销渠道、消费者行为和宏观环境等因素进行梳理，重点包括：

（1）市场情况。说明市场的规模、细分市场，以及市场近几年销售额、顾客的消费水平及影响消费行为的各种环境因素等。

（2）产品情况。应说明近年来产品在市场的销售量、销售价格及获利水平。

（3）竞争情况。应说明主要的竞争对手是谁，竞争对手的产品市场占有率如何，其质量、定价、促销、分销等方面所采取的策略是什么，产品变化趋势如何，等等。

（4）分销渠道情况。应说明各分销渠道的销售额及未来发展趋势等。

（5）宏观环境。影响该产品市场营销宏观环境的相关因素，如国家出台的相关政策法规等。

### （三）风险与机会

主要概述企业外部的机会与风险、企业内部的优势和与劣势。所谓风险，是指营销环境中存在着的对企业营销的不利因素；所谓机会，是指营销环境中对企业营销的有利因素，即企业可以取得竞争优势和差别利益的市场机会；所谓优势，是指企业可以利用的要素，如高质量的产品；所谓劣势，是指企业欠缺的应加以改进的部分，如宣传促销不力等。优势和劣势是企业的内在因素，反映企业在竞争中与对手相对的长处和短处。成功的企业营销应是：发挥自身优势，找准与竞争对手的差异，迎合消费者喜好，准确定位。

### （四）营销目标

企业发展的风险与机会及内部的优势与劣势明确之后，要拟订营销目标，用以制定战略和行动方案。营销目标的核心部分是营销计划，它指导营销策略和行动有序开展。营销目标主要包括两大部分，即财务目标和市场营销目标，如销售额、投资收益率、市场占有率、利润额等。

### (五)营销策略

营销策略是指达到上述营销目标的途径或手段，主要包括目标市场的选择和市场定位战略、营销组合策略、营销费用等。

1. 目标市场

营销策略中首先应明确企业的目标市场，即企业进行市场细分、明确具体的服务对象后，进行准确的市场定位。

2. 营销组合

即企业在产品、渠道、定价和促销等方面实施有效策略，以便更好地服务各细分市场所采取的营销策略。

3. 营销费用

为确保上述营销活动的开展，应测算出总体营销过程中的花费。

### (六)行动方案

即把营销策略转化为具体的行动方案，说明在每个营销环节做什么、谁来做、什么时候做、需要多少成本等，即将营销战略具体化。

### (七)营销预算

营销预算基本上就是一个关于预计盈利或亏损的报告，概述计划所预期的财务收益情况。企业内部各业务部门编制出营销预算后，送至企业高管审批，预算经批准后，就成为企业原材料购买、产品生产、服务经营及各项营销活动的依据。

### (八)营销控制

营销控制是对营销计划执行过程的监控。即将计划规定的目标和预算按季度、月份或更小的时间单位进行分解，以便主管部门能够对计划执行情况随时掌控和了解，督促各部门按照计划任务推进工作，确保计划的完成。

## 三、市场营销计划的程序

市场营销人员编制任何完整的计划，都应遵循如下程序，如图 12－2 所示。

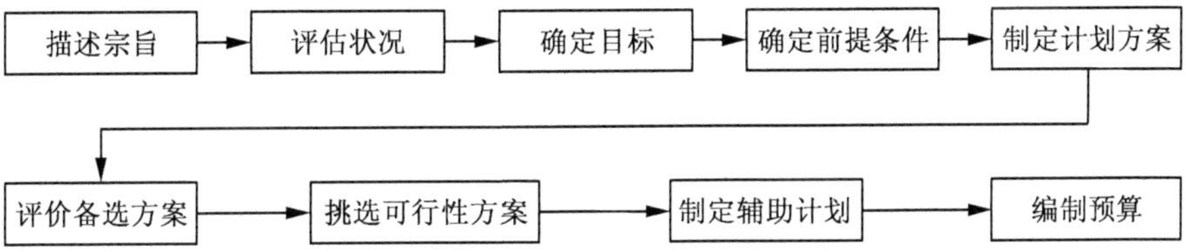


**图 12－2　市场营销计划程序**

1. 描述宗旨

计划工作过程起始于企业的使命和宗旨，对于新创企业、处于重大变革时期的企业，或者是企业需要员工正确地理解企业宗旨时，企业都应该将其宗旨贯彻到计划的制定和实施工作中去，让员工了解并接受组织的使命和宗旨，这对于计划的快速有效实施十分重要。

2. 评估状况

对企业当前经营状况作出评估，是制定和实施计划工作方案的前提。其主要是对市场状况、竞争状况、产品状况、分销渠道状况，企业自身的优势、劣势，以及对外部环境的机会和威胁进行综合分析。

3. 确定目标

主要是指在某一个细分市场上，该企业所希望达到的最终销售效果，这个效果依赖于整个市场营销计划方案的实施。

4. 确定前提条件

前提条件是关于要实现的营销计划的环境假设条件，它对计划的执行起关键作用。

编制营销计划的人越能彻底地理解和同意使用一致的计划前提条件，企业营销计划就越发协调。

5. 制定计划方案

计划方案是指导和协调企业营销工作的工作文件，这个文件可以清晰地使市场营销工作的所有工作人员明确工作内容，指导具体的行动。

6. 评价备选方案

评价备选方案是指根据前提和目标来权衡各种因素和目标，比较各个方案的利弊，对各个方案进行评价。评价所得出的结论，一方面取决于评价者所采用的标准，另一方面取决于评价者对各个标准所赋予的权重。在多数情况下，存在许多可供选择的方案，而且有很多可考虑的可变因素和限制条件，评估会极其困难，可借助于运筹学、数学方法和计算机等来评估方案。

7. 挑选可行性方案

在挑选方案的过程中，可以挑选 1～2 个最优方案，在实际执行过程中，根据企业所处的具体环境以及环境的随时变化，进行及时调整。当然，在方案挑选的过程中，营销管理者要多听取各方面的意见和建议。

8. 制定辅助计划

辅助计划就是总计划下的分计划，它是总计划的基础。

9. 编制预算

根据本企业或本部门的具体情况，做出合理的预算方案。预算方案既不可过高，造成资源浪费；又不可过低，影响整个营销活动的实施。

## 第二节　市场营销组织

营销组织是企业管理组织结构中很重要的一部分，一个有共同目标且富有创造力的企业营销组织，对整个企业来说至关重要。

## 一、市场营销组织的含义

市场营销组织是指企业内部涉及市场营销活动的各个职位及其结构，即企业的市场营销组织。其作用是，为了适应营销环境的变化，有效地实现市场营销的战略目标，通过开展市场营销活动，对企业的人员、相关物资及职责权限，进行重新划分，协调各个营销部门，形成有效的管理体系。

## 二、市场营销组织类型的演变

从市场营销部门的演变来反映营销组织变化过程。市场营销部门发展至今经历了简单销售部门、有辅助职能的销售部门、独立的营销部门和现代的营销部门四个阶段，这四个阶段也体现了企业经营理念的转变。

### (一)简单销售部门

20 世纪 20 年代前，西方企业主并不重视市场营销，也没有营销部门这个概念，通常，企业主会指派一个其他职能部门的负责人兼职负责企业的推销活动，活动的主要内容就是广告和促销。截至 20 世纪 30 年代，西方国家企业基本上以生产观念为主，营销组织基本上都属于这种形态，如图 12－3 所示。

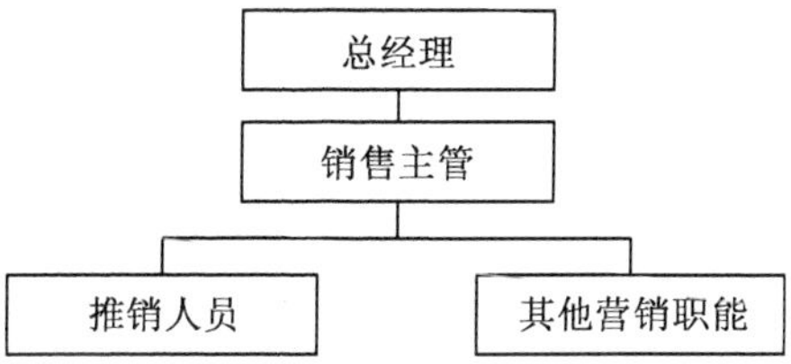


**图 12－3　营销组织第一阶段**

### (二)有辅助职能的销售部门

随着企业规模的扩大、业务的增多，企业除了需要雇用销售人员外，还需要聘请富有经验的营销主管来处理除销售以外的其他营销业务，包括广告宣传、市场调研、销售服务等一些新增加的营销功能，营销组织结构也调整为如图 12－4 所示的类型。

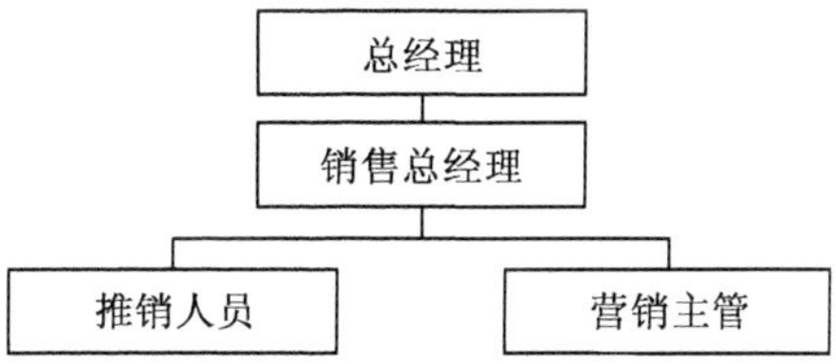


**图 12－4　营销组织第二阶段**

### (三)独立的营销部门

随着企业规模的扩大,市场营销的工作范围也越来越大,重要程度也逐步提升。很多企业开始重视市场营销工作,负责营销工作的副总经理和负责推销的副总经理具有同样的地位。企业想要取得良好的营销效果,就需要这两个部门的密切配合。这一阶段,营销组织结构如图12—5所示。

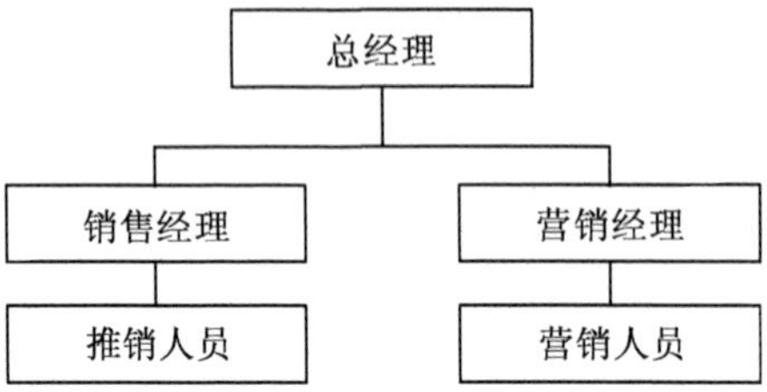


**图12—5 营销组织第三阶段**

### (四)现代的营销部门

在实际工作中,销售部门和营销部门的矛盾逐渐显现。一般来讲,销售部门经理着眼于眼前利益,擅长完成眼前的实际任务;而营销部门经理则着重于企业长远利益,擅长把握市场的总体变化,策划长期的营销策略。所以,现代营销观念的确立,导致推销、营销合并为一个职能部门,最终形成现代的营销部门,21世纪的很多企业营销组织结构就是这样的形式(见图12—6)。

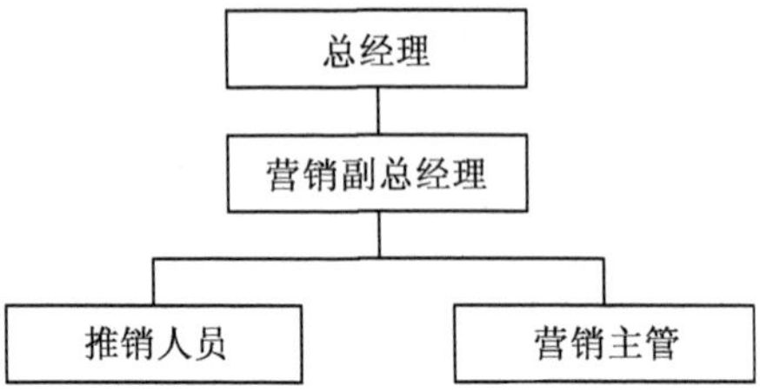


**图12—6 营销组织第四阶段**

## 三、市场营销组织设计

市场营销组织类型多样,各有千秋,企业在决策组织模式时,要充分考虑到不同的市场环境、不同的企业实际情况,选择合适的市场营销组织。下面分析几种市场营销组织类型。

### (一)职能型组织

职能型组织结构是最常见的市场营销组织形式,即按职能分工,在营销总经理负责下分设广告与促销、销售、营销调研和营销行政事务等运作部门,组成市场营销组织。这种组织结构的优点是易于管理、分工明确;缺点是营销效益太低,协调困难。这种组织形式适用于产品品种少或产品营销方式大体相同的企业,如图12—7所示。

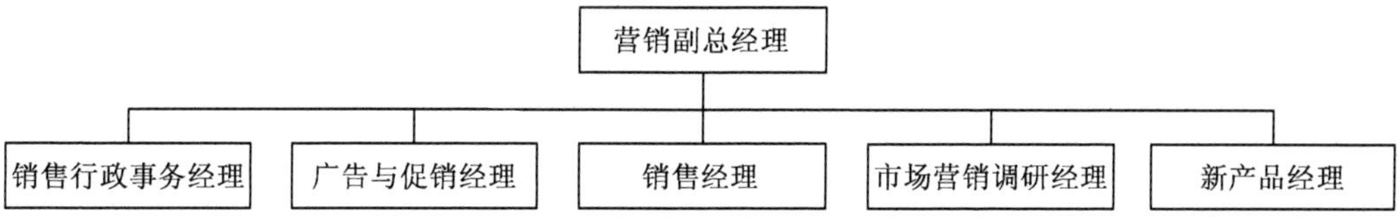


**图 12—7　职能型组织**

### （二）区域型组织

企业规模较大、市场范围较广时，企业可以按照地理区域划分工作范围。这种组织结构的优点是，可以考虑不同地区主客观环境的差异性，有针对性地开展营销活动；这种组织结构的缺点是，可能造成机构冗杂、引发窜货等。这种组织结构适用于市场范围广、销售业务重的企业。目前，很多企业的营销组织结构采取的都是这种形式，如图 12—8 所示。

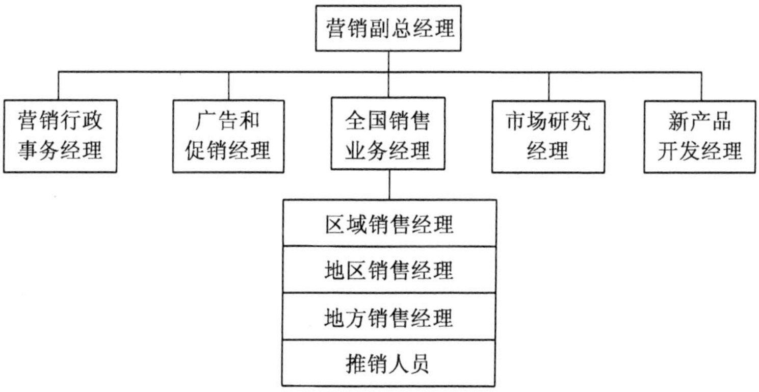


**图 12—8　区域型组织**

### （三）产品或品牌型组织

这种组织结构往往是企业拥有多种产品或品牌，在保留职能管理的基础上，根据产品或品牌的类别不同来进行营销人员的有效组织。这种组织结构的优点是，可以根据市场的变化，灵活有效地进行工作，充分调动员工的积极性；缺点是，可能造成组织机构冗杂、部门冲突，出现各自为政的局面。这种组织结构适用于产品组合深且宽的大型企业，如图 12—9 所示。

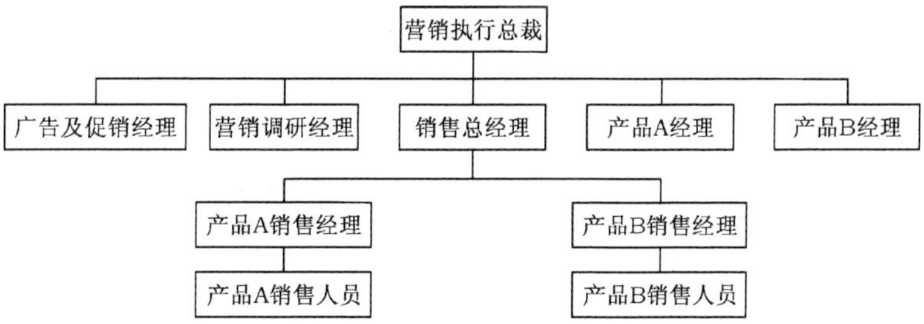


**图 12—9　产品或品牌型组织**

### (四)市场管理型组织

市场管理型组织结构即以消费者需要为导向来设置企业的营销结构。这种组织结构的优点是,能充分考虑到消费者的不同需求,更好地满足不同消费者群的需要,也有利于企业加强销售和开拓市场。这种组织结构的缺点是,容易存在权责不清和多头领导的矛盾。这种组织结构适用于产品线单一、市场各种各样、分销渠道多的企业,如图12—10所示。

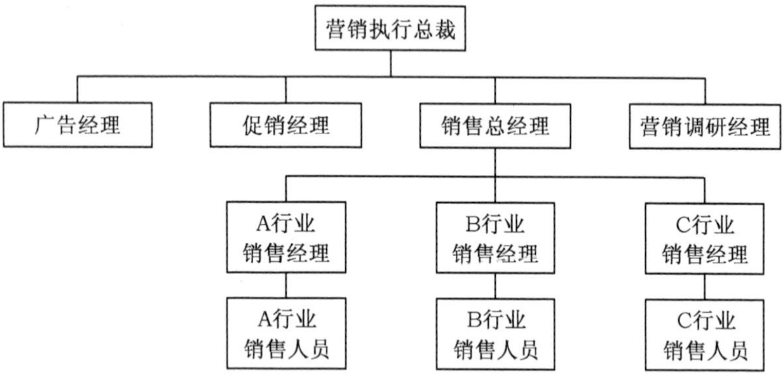


图12—10 市场管理型组织

### (五)产品/市场管理型组织

这种组织结构是基于产品管理型和市场管理型组织结构基础上出现的,这种组织结构既有产品经理,又有市场经理。通过这种模式既保证了特定消费群体的有效研究,又保证了特定产品的针对性经营。但是矩阵组织的管理费用高,容易产生内部冲突。

很多企业,在实际的市场营销工作中的做法是:只有针对相当重要的产品和市场才需要同时设置产品经理和市场经理。因为这种组织形式能够带来较大的经济效益,可以避免各自为政的缺陷;但这种组织结构的缺点是,容易遇到职责不清而相互推诿的问题。

## 四、市场营销组织设计步骤

规划和构建高效的市场营销组织是每个市场营销管理者的一项重要工作。组织结构建立起来后,要随着企业自身的发展和外部环境的变化,不断调整市场营销组织,以满足市场营销发展的需要。根据市场具体环境变化,市场营销组织设计要经过以下步骤:

### (一)分析组织环境

宏观环境和微观环境因素是影响企业营销组织构建的重要因素。在不断变化的经济环境中,企业必须分析可控环境因素和不可控环境因素。其中,可控环境因素有企业现有组织结构、人员构成、企业内部相关政策等;不可控环境因素包括政治、经济、文化等宏观因素。这些因素都对企业营销组织结构产生重要影响。

### (二)职位设置

主要是构建职位类型、职位层次和职位数量。职位的设置如果过多,有可能造成机构冗杂,效率低下;职位设置如果过少,又可能造成营销实力不足的情况发生。因此,合理的职位设置对营销组织结构非常重要。

1. 职位类型

针对市场营销组织的需要和企业内部条件,设立相应的职位,方法有三种:

(1)直线型和参谋型。处于直线型职位的人员行使指挥权,领导、监督、指挥和管理下层人员;处于参谋型职位的人员则拥有辅助性职权,提供咨询、建议等。直线型和参谋型职位的界限有时不是很清楚,一个主管人员可能既处于直线职位,又处于参谋职位,取决于他所起的作用及行使的职权。

(2)专业型和协调型。职位越专业化,它的协调性越差,越需要协调型职位从整体上进行协调和平衡。项目经理或小组制都属于这一类型。

(3)临时型和永久型。临时型的职位主要是因为在短时期内企业为完成某项特殊任务或临时性的工作而设立的,如组织进行大规模调整时。永久型的职位是相对于临时型职位而言的。严格地说,企业中没有一个职位是永久的,只是对于组织相对稳定。

2. 职位层次

职位层次是指每个职位在组织中地位的高低。在不同的企业中,相同的职位,地位的高低却不同。比如有的企业重视推销,不重视销售辅助;有的企业重视销售辅助,不重视推销。

3. 职位数量

职位数量是指建立组织职位的合理数量。它同职位层次密切相关。职位层次越高,辅助性职位数量越多。

### (三)设计组织结构

组织结构的设计与企业采用的职位类型密切相关。企业若采用矩阵型组织,就要建立大量的协调性职位;若采用金字塔型组织,就要建立相应的职能性组织。组织结构的设计,目的是强调组织的有效性,在节约成本和费用的基础上,提高组织的工作效率。市场营销组织的设计应随着市场状况和企业自身发展目标的变化而变化,并且要考虑到将来,为未来组织结构的设计、调整打好基础。

### (四)配备组织人员

企业配备组织人员时必须为每个职位制定详细的工作说明书,并根据说明书配备人员。在新组织建立的过程中,人员配备工作比较容易,主要是根据说明书配备人员,安排具体工作。再造组织的人员配备工作相对而言较为复杂,必须重新考核现有员工的水平,以确定他们在再造组织中的职位,而且解雇原有的职员或招聘新的职员也常常面临很多问题。

### (五)组织评价与调整

任何一个市场营销组织都要受外部环境和内部因素的影响,经常不断地对组织结构进行评价,及时调整不适应市场变化和企业目标的组织结构,使市场营销组织始终高效率地为企业服务。市场营销管理者应该注意外部环境的变化、组织主管人员的变动、组织中的人际关系等。

总之,市场营销组织的设计和发展是一个动态的过程,企业必须根据实际工作内容的变化进行相应的变化,以保证营销组织处于一个良好的状态。

**营销小链接**

宝洁的品牌经理制

品牌经理制是指在企业内部建立产品经理组织制度，以协调职能型组织中的部门冲突。企业所生产的各种产品差异很大，产品品种太多，在按职能设置的市场营销组织无法处理的情况下，建立品牌经理制度是适宜的。其基本做法是，由一名产品市场营销经理负责，下设几个产品线经理，产品线经理之下再设几个具体产品的品牌经理负责各具体产品。

宝洁公司是在1913年提出品牌经理概念的，但直到1926年，公司才真正采用这个制度。1926年宝洁开始销售佳美香皂，这是和其主打产品象牙肥皂相竞争的一种产品。当时是由麦克爱尔洛埃负责佳美香皂的销售工作，但销路不好。按照一般规律，当一种新产品投入市场时，老产品往往要退出市场，被新产品所替代。他觉得这种营销方法并不科学，同时，由几个部门负责同类产品的推销和广告，容易顾此失彼。于是麦克爱尔洛埃向公司的最高领导提出"一种品牌一个经理"的建议。这个建议是一种新的管理办法，称为"品牌"管理。这不仅仅是一个费用问题。刚巧那时的最高领导是一个勇于创新的人，就同意了麦克爱尔洛埃的办法，即一个品牌经理必须把产品的全部销售过程承担起来。结果，宝洁公司采用这种制度后，多种产品各有了销路，公司也因此成为拥有38个消费品大类的大企业。宝洁针对一家广告公司同时承办两种相同产品的广告而无法"两全其美"的状况，从1900年开始就把广告委托给广告公司承办，当时有20家左右。实行品牌经理制度后，广告公司也相应地分别为每一个品牌出谋划策。很快，"品牌经理"制度奏效了，宝洁公司各种产品的生命周期拉长了，例如，汰渍洗涤剂已行销40多年，浪峰牙膏已行销30多年，佳美香皂已行销60多年，象牙肥皂已行销110年以上。

# 第三节　市场营销控制

市场营销控制是营销管理中非常重要的一部分，使企业的营销活动处于一个良好的状态下是营销控制的根本目的。

## 一、市场营销控制的含义

市场营销控制就是依据营销计划，检查衡量营销计划的执行情况，并根据偏差来调整营销活动，或调整营销计划。营销控制能够对营销计划的组织实施提供基本的保证。营销控制质量的高低直接影响到企业的战略目标能否按计划的要求实现。

营销控制既检验营销各项工作是否按预定计划运行，同时也检查营销计划的正确性和合理性。根据营销控制的内容，企业会进行营销计划的适时调整，使营销计划和实际执行达到一致。营销控制是营销管理的一个重要职能。

## 二、市场营销控制的步骤

市场营销控制的步骤如图12—11所示。

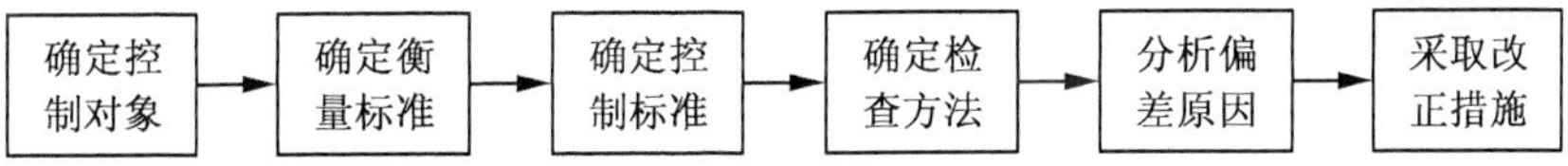


**图 12—11　市场营销控制的步骤**

**(一)确定控制对象**

营销活动的控制对象既包括销售收入、销售成本和销售利润等财务指标,这些指标直接反映了企业市场营销活动的效果;同时,控制对象还包括其他市场营销活动内容,如广告效果、赠品发放情况、销售人员的工作效率等,这些工作内容直接影响着最终的营销效果,因此常常处于企业的严密监控之下。

**(二)确定衡量标准**

一般情况下,企业的营销目标可以作为营销控制的衡量标准,如销售额指标、销售增长率、利润率、市场占有率等。当进行营销过程控制时,问题就比较复杂了,需要建立一套相关的标准。

**(三)确定控制标准**

控制标准是衡量标准定量化,即以某种衡量尺度表示控制对象的预期活动范围或可接受的活动范围。企业制定控制标准一般应允许有一定的浮动范围,不可绝对化。如企业的推销员在一定的市场中的销售业绩定额,在淡季和旺季是有差异的,控制标准在淡季和旺季就要进行合理调整,不可以一成不变。

**(四)确定检查方法**

确立了控制标准后,就要把控制标准与实际结果进行比较,检查的方法有多种,如直接观察法、统计法、文卷调查法等。例如,很多企业在短时期内开展了赠品发送活动,在活动过后,企业会直接致电消费者进行核实,以确定终端活动的真实性和效果。

**(五)分析偏差原因**

执行结果与计划发生偏差的情况是经常出现的,要确定产生偏差的真正原因,就必须深入了解情况,分析是市场营销活动实施过程中的问题,还是计划本身的问题。只有直面问题,才能找出偏差出现的原因。

**(六)采取改正措施**

针对存在的问题,应提出相应的改正措施,提高工作效率,这是营销控制的最后一个步骤。采取改正措施必须抓紧时间,尽量减少可能造成的损失,以保证计划目标顺利实现。

## 三、市场营销控制的类型

市场营销控制的主要类型有四种,如表 12—1 所示。

表 12—1　　市场营销控制类型

| 控制类型 | 负责人 | 控制目的 | 控制方法 |
| --- | --- | --- | --- |
| 年度计划控制 | 最高主管<br>中级管理人员 | 检查计划目标是否完成 | 销售情况分析<br>市场占有率分析<br>营销费用率分析<br>财务分析<br>用户反馈跟踪 |
| 盈利能力控制 | 营销主管人员 | 审查企业盈亏原因 | 各产品、地区、细分市场、分销渠道的盈利能力分析 |
| 效率控制 | 管理人员<br>营销控制人员 | 评估与提高经费开支的效率及效果 | 人员推销效率<br>广告效率<br>营业推广效率<br>分销效率 |
| 战略控制 | 最高主管<br>市场营销审计人员 | 检查企业是否最大限度地利用了市场营销机会 | 市场营销审计 |

### (一)年度计划控制

年度计划控制是一种短期的即时控制,是营销管理人员根据年度计划监控营销效果,并采取改进措施的控制。年度计划控制的目的是,确保企业实现它在年度计划中的预期销售利润及其他目标,及时妥善地解决企业潜在的问题。

1. 年度计划控制的步骤

(1)制定标准。即必须在年度计划中建立本月或本季度的目标,如销售目标、利润目标等。

(2)监督检查。即营销管理者必须跟踪目标在市场上的执行情况。

(3)因果分析。即管理者必须对任何严重的偏离行为的原因作出判断。

(4)改正措施。即采取最佳行动,使目标与计划一致。

2. 年度计划控制的方法

(1)销售分析。销售分析是指衡量和评估销售目标与实际销售情况之间的关系。对这一分析有两个特定的方法:

①销售差距分析。它是用以衡量在销售目标执行中不同的因素对销售差距的影响程度。

②区域销售分析。这种方法是用来审核导致销售差距的具体产品和区域。

(2)市场占有率分析。即市场份额分析。如果企业市场占有率升高,就意味着它比其他竞争者处于优势地位;如果市场份额下降,则意味着相对落后于其他竞争者。市场占有率分析有四种衡量标准:

①总的市场占有率。是指企业的销售额占全行业总销售额的百分比。使用这一标准,需要作出两项决策:第一,市场占有率选用单位销售量还是销售金额来表示。用单位销售量表示的市场占有率仅说明了商品单位销售数量的变动;销售金额表示的市场占有率则表明了销售量和价格的综合变动。第二,限定有关行业的范围,即明确认定本行业所包含的产品和市场。

②可达市场占有率。是指企业的销售量占其所服务市场的百分比。所谓服务市场是指企业产品最适合的市场,并且是营销努力所达到的市场。企业可能有近 100%的可达市场占有率,但总的市场占有率可能很低。

③相对市场占有率(相对其他三个竞争者)。这是指企业销售额相对于其他三个最大竞争者总销售的百分比。

④相对市场占有率(相对市场最大竞争者)。这是指企业销售额相对于市场最大竞争者的销售额的百分比。相对市场占有率超过100%,说明该企业是市场领导者;相对市场占有率等于100%,说明该企业和市场最大竞争者同为市场领导者,如果该企业的市场占有率增加了,则表明该企业的市场成长速度比同行业其他竞争者进步得快。

企业决定运用哪种市场占有率后,再来查找所需的相关资料。总的市场占有率要求有相关行业的总销售的资料;可达市场占有率要求企业要留意其服务市场,并受到企业产品线变化和地区市场覆盖面变化的影响;相对市场占有率则要求必须有若干具体竞争者的销售数据。

(3)营销费用率分析。年度计划控制为了确定企业在实现销售目标时所需的费用支出,需要检查与销售有关的市场营销费用,关键是看市场营销费用对销售额的百分比。

(4)财务分析。为了使企业能从整体上分析企业的费用、利润情况,从而进一步合理使用资金,企业需要对财务状况进行分析。主要是通过企业在市场营销方面一年来的销售利润率、资产收益率、资产报酬率和资金周转率等指标了解企业的财务状况。

(5)用户反馈跟踪。在有效的量化分析基础上,企业往往还会采用定性分析方法对用户的反馈情况进行跟踪。电话访问法、问卷法是很多企业经常使用的方法,通过这些方法对客户进行反馈跟踪。

### (二)盈利能力控制

企业必须对产品、地域、消费者群体、细分市场、分销渠道和订货量的盈利能力进行分析控制。这方面信息可帮助管理层决定哪些产品或者营销活动应该扩大、哪些应该收缩或者取消。营销盈利能力分析的第一步是确定各种活动所引起的职能性费用(如广告和货运);第二步是测量通过各种渠道进行销售所产生的职能性费用;第三步是为每种渠道编制一份营销损益表,并对各表进行分析,通过渠道损益分析,所得结果可作为企业进行分销渠道决策的重要依据。

### (三)效率控制

企业的营销管理包括很多管理内容,只有这些管理内容效率提升,才能够保证整个营销活动处于高效水平。效率控制就是指运用一系列指标对营销的各项工作进行日常管理的方法。效率控制指标包括以下几项:

1. 销售人员的效率控制指标

销售人员的效率控制指标主要是指每个销售人员每天平均的销售访问次数、每次销售访问的平均时间、每次销售访问的平均收益、每次销售访问的平均成本、每次销售访问的招待成本、每百次销售访问而订购的概率、每期间的新顾客数、每期间丧失的顾客数、销售成本对总销售额的百分比。

2. 广告效率控制指标

广告效率控制指标包括媒体触及每千人的广告成本、广告受众所占百分比、广告前后顾客对产品态度的变化、受广告刺激所引起的顾客询问次数。

3. 促销效率控制指标

促销效率控制指标包括按促销价格出售的产品占总销量的百分比,优惠券和赠券回收的比例,单位销售额的促销成本,促销引起的顾客咨询增加次数及销售量增加的百分比。

4. 分销渠道效率评价指标

分销渠道效率评价指标包括商品库存总量、入库和出库量、库存周转率以及每条渠道单位产品的分销成本等。

**(四)战略控制**

战略控制是总体目标的控制，企业必须经常对其整体市场营销活动作出检查和评估，通常通过市场营销审计来检查和评估。

市场营销审计是对企业或一个业务部门的营销环境、目标和活动等方面所作的全面、系统、独立和定期的检查，确定问题范围和发展机遇，提出可行的解决方案，以提高总体营销效益的一种控制方法。其具有综合性、系统性、独立性和定期性的特点。

## 本章习题

**一、名词解释**

市场营销计划　市场营销组织　职能型组织　产品型组织　市场管理型组织　市场营销控制

**二、简答题**

1. 什么是市场营销组织？简述其主要类型。
2. 为什么市场营销计划要准备两套方案？
3. 简述市场营销效率控制的内容。

**三、操作训练题**

请收集某一公司营销组织结构的资料，分析它是什么类型的组织。

**四、案例分析题**

2015 年 4 月，陈朝辉为他自己所投资创立的 3C 云端创投咖啡(以下简称 3C 咖啡)举行了剪彩仪式。3C 咖啡的正式开启，使陈朝辉 O2O 商业王国“星系”图中的“云端俱乐部 O2O 整合云”板块拥有了真正的线下落地平台。未来 5 年内，陈朝辉和他的团队将在全国复制 100 家 3C 咖啡，形成地网，结合现有的天网——O2O list 创投网站，作为线上、线下落地平台，通过各种项目路演、快速合投、领投跟投、沙龙、培训等活动，激活并聚合 5 万个有项目操盘能力或投资能力的企业家人群(1 家咖啡服务 500 个企业家，100 家咖啡服务 5 万个企业家)，为其 O2O 王国的整个“星系”平台源源不断地输送项目和资本。

与第一代创投咖啡不同的地方在于，陈朝辉的 3C 咖啡将更多地关注“互联网＋”领域，助力传统行业的移动互联网化；同时，3C 咖啡所定位的用户不再是那些刚刚起步的创业者，而会更多地关注那些已经在行业内有一定基础的商业人群，他们有团队、有人脉、有经验，也有一定的经济基础，他们希望通过 3C 咖啡的平台能够更快地为自己的新项目嫁接到合适的资源和资本。

**思考题：**

1. 请你为 3C 云端创投咖啡项目做一套营销计划方案。
2. 分析 3C 云端创投咖啡项目未来的发展方向。
3. 在 3C 云端创投咖啡项目实施过程中需要注意哪些问题？

# 参考文献

1. 菲利普·科特勒、加里·斯特朗:《市场营销原理》(亚洲版第 2 版),机械工业出版社 2010 年版。

2. 菲利普·科特勒:《科特勒营销新论》,高登第译,中信出版社 2001 年版。

3. 菲利普·科特勒等:《科特勒谈营销》,高登第译,浙江人民出版社 2002 版。

4. 加里·阿姆斯特朗:《市场营销原理》(第 13 版),楼尊译,中国人民大学出版社 2010 年版。

5. 吴健安:《市场营销学》,高等教育出版社 2007 年版。

6. 王晓萍、陈月艳、刘洋:《市场营销学》,科学出版社 2008 年版。

7. 刘洋、罗云华、甄玉敏:《市场营销学》,中国铁道出版社 2004 年版。

8. 陈春花:《中国营销思考》,机械工业出版社 2006 年版。

9. 菲利普·科特勒、凯文·莱恩·凯乐:《营销管理》(第 13 版),上海人民出版社 2009 年版。

10. 刘洋:《市场营销学》,中国铁道出版社 2007 版。

11. 吴晓云:《市场营销管理》,高等教育出版社 2009 年版。

12. 韩中和:《品牌国际化战略》,复旦大学出版社 2003 年版。

13. 赵琛:《品牌学》,高等教育出版社 2011 年版。

14. 艾里斯:《品牌的起源》,机械工业出版社 2013 年版。

15. 李明合:《品牌传播创新与经典案例评析》,北京大学出版社 2011 年版。

16. 凯文·莱恩·凯勒:《战略品牌管理》,吴水龙等译,中国人民大学出版社 2014 年版。

17. 威廉·L. 科恩等:《销售管理》,刘宝成译,中国人民大学出版社 2011 年版。

18. 保罗·藤甫诺:《高级品牌管理:实务与案例分析》(第 2 版),牛国朋译,清华大学出版社 2010 年版。

19. 阿尔·里斯、杰克·特劳特:《定位:有史以来对美国营销影响最大的观念》,谢伟山、苑爱冬译,机械工业出版社 2011 年版。

20. 内格尔:《定价策略与技巧:赢利性决策指南》(第 3 版),应斌、吴英娜译,清华大学出版社 2003 年版。

21. 汤姆·纳格、约瑟夫·查莱、陈兆丰:《定价战略与战术》,龚强译,华夏出版社 2012 年版。

22. 杰克·特劳特、史蒂夫·里夫金:《重新定位》,谢伟山、苑爱冬译,机械工业出版社 2011 年版。

23. 铃木敏文:《零售心理战》,顾晓琳译,江苏文艺出版社 2015 年版。

24. 罗伯特·F. 勒斯克、帕特里克·M. 邓恩、詹姆斯·R. 卡弗:《零售管理》,清华大学出版社 2010 年版。

25. 刘文纲、魏中龙、王国顺:《零售企业自有品牌战略研究》,经济科学出版社 2014 年版。
26. 陈守则、戴秀英、戴昀弟:《现代推销学教程》,机械工业出版社 2010 年版。
27. 高微、冯兰花:《市场调查与预测》(第 4 版),首都经济贸易大学出版社 2014 年版。
28. 郭国庆:《市场营销学通论》(第 4 版),中国人民大学出版社 2011 年版。
29. 何永奇:《市场营销学》(第 3 版),东北财经大学出版社 2008 年版。
30. 甘碧群:《国际市场营销学》(第 2 版),高等教育出版社 2008 年版。
31. 庄贵军:《营销管理》,中国人民大学出版社 2011 年版。
32. 王永贵:《销售管理》,东北财经大学出版社 2011 年版。
33. 刘芸:《网络营销策划》,清华大学出版社 2010 年版。
34. 菲利普·R.凯特奥拉:《国际市场营销》(原书第 15 版),机械工业出版社 2012 年版。
35. 马尔科姆·麦克唐纳:《营销策划》(第 7 版),高杰译,电子工业大学出版社 2013 年版。
36. 卜秒金:《分销渠道管理》,高等教育出版社 2007 年版。
37. 卡瑞、俞利军:《国际营销》,上海外国语大学出版社 2009 年版。
38. 甘碧群:《市场营销学》,武汉大学出版社 2002 年版。
39. 吴青松:《现代营销原理》,复旦大学出版社 2003 年版。
40. 纪宝成:《市场营销学教程》(第 3 版),中国人民大学出版社 2002 年版。
41. 何修猛:《现代广告学》,复旦大学出版社 2008 年版。
42. 陈正辉:《广告伦理学》,复旦大学出版社 2008 年版。
43. 严学军:《广告策划与管理》,高等教育出版社 2006 年版。
44. 栗娟:《广告管理》,电子工业出版社 2010 年版。
45. 魏炬:《世界广告巨擘》,中国人民大学出版社 2006 年版。
46. 任兴洲、王薇:《商品分销网络》,中国商业出版社 1997 年版。
47. 王健:《市场营销案例新编》,清华大学出版社 2009 年版。
48. 埃策尔等:《市场营销》(第 13 版),张平淡等译,企业管理出版社 2004 年版。
49. 乔尔·埃文斯等:《市场营销学教程》,张志勇译,华夏出版社 2001 年版。
50. 小查尔斯·兰姆等:《市场营销学》(第 6 版),时启亮等译,上海人民出版社 2005 年版。
51. 万后芬:《市场营销教程》,高等教育出版社 2007 年版。
52. 叶万春:《企业营销策划》,中国人民大学出版社 2012 年版。
53. 叶万春、叶敏:《营销策划》,清华大学出版社 2013 年版。
54. 汪礼坤:《网络营销推广实战宝典》,电子工业出版社 2014 年版。
55. 肖怡:《零售学》,高等教育出版社 2013 年版。
56. 汤定娜、万后芬:《中国企业营销案例》,高等教育出版社 2007 年版。
57. 苏朝辉:《客户关系管理》,清华大学出版社 2014 年版。
58. 万后芬:《绿色营销》,高等教育出版社 2006 年版。
59. 张云起:《营销风险管理》,高等教育出版社 2011 年版。
60. 王爱民:《营销风险管理》,武汉理工大学出版社 2009 年版。